L'ISLAM

Droits e traduction et de reproduction réservés pour tous les pays,
y compris la Hollande, la Suède et la Norvège.

L'ISLAM

IMPRESSIONS ET ÉTUDES

PAR

Le Comte HENRY DE CASTRIES

> Quod si deficiant vires, audacia certe
> Laus erit : in magnis et voluisse sat est.
> PROPERCE : ad Augustum, liv. II, éleg. X.

DEUXIÈME ÉDITION

PARIS
ARMAND COLIN ET Cie, ÉDITEURS
Libraires de la Société des Gens de lettres
5, RUE DE MÉZIÈRES, 5
1896
Tous droits réservés.

L'ISLAM

PREMIÈRE IMPRESSION

Je m'enfonçais un jour dans le Sahara de la province d'Oran entre Zergoum et Segguer. Derrière moi, trente superbes cavaliers de la tribu des Oulad Yagoub marchaient en groupe confus, l'ardeur de leurs montures rendant tout alignement impossible. De temps à autre, de furieux hennissements : deux chevaux au cabrer qui se retournaient menaçants, frappant l'air de leurs membres nerveux, puis le bruit saccadé que font des chevaux très *rassemblés* marchant au pas

Un peu en avant, monté sur une jument

blanche qui énervait nos chevaux, un troubadour excitait l'enthousiasme du goum par une improvisation dont mon éloge faisait en partie les frais. J'étais pour ces cavaliers un véritable sultan et ils rivalisaient à mon égard de ces prévenances serviles dont l'Orient a le secret.

J'écoutais ces vers improvisés avec une facilité inépuisable pendant des heures et des heures et dont quelques-uns sont restés dans ma mémoire.

> Sa tente est illustre en France,
> Vois les sentinelles chrétiennes le saluer au passage.
> . . . .
>
> Aïcha, belle comme la lune au quatorzième jour,
> Aux sourcils arqués comme des noun [1],
> Elle est venue dans sa tente, la nuit passée;
> Nous avons entendu le cliquetis de ses khelkhal [2].
>
> Dénouez votre ceinture, ô fraîcheur de mon œil!
> Objet d'amour, la femme à la ceinture dénouée!
> Objet d'horreur, le cheval à la sangle lâche!
> Le cavalier dont la selle tourne pendant le combat,
> Il ne revoit plus sa maîtresse aimée.
> . . . .

---

1. Le *noun* est une lettre de l'alphabet arabe en forme d'arc de cercle.
2. Bracelets que les femmes portent à la cheville.

Et l'improvisation se continuait avec cette coupe orientale : véritables versets enfilés bout à bout, à sens incomplet, sans le moindre souci de distinguer les personnes : celle qui parle, celle à qui l'on parle, celle de qui l'on parle, confusion qui rend si difficile la pleine intelligence des psaumes à nos esprits d'Occident.

J'avais vingt-cinq ans; il faisait une belle journée d'hiver saharien, un de ces temps où la chaleur est vivifiante, où la pureté de la lumière atteint des intensités surnaturelles, où les senteurs capiteuses de l'armoise vous enivrent et où l'on sent déborder la plénitude de la vie. A toutes ces sensations s'en mêlait une plus voluptueuse et je devenais épris de cette Aïcha imaginaire dont les charmes étaient décrits avec les plus chaudes couleurs. Mais le chant du trouvère s'arrêta subitement et, s'étant retourné, il cria d'une voix grave : « Maître, c'est l'heure de l'*asser*. » Aussitôt mes cavaliers, se croyant suffisamment autorisés par ce simple avertissement, mirent pied à terre et se disposèrent à faire ensemble la prière de l'*asser*, la prière commune, plus agréable à Dieu chez les musulmans comme chez les chrétiens [1].

Je m'éloignai; j'aurais voulu rentrer sous terre! Je voyais les amples burnous s'incliner à la fois dans un geste superbe aux prostrations rituelles; j'entendais, revenant sur un ton plus élevé, l'invocation : *Allah akber!* Dieu est le plus grand! et cet attribut de la divinité prenait dans mon esprit un sens que toutes les démonstrations métaphysiques des théodicées n'avaient jamais réussi à lui donner. J'étais en proie à un malaise indicible, fait de honte et de colère. Je sentais que, dans ce moment de la prière, ces cavaliers arabes, si serviles tout à l'heure, avaient conscience qu'ils reprenaient sur moi leur supériorité. J'aurais voulu leur crier que, moi aussi, je croyais, que je savais prier, que je savais adorer.

---

[1] « Il n'est point d'entretien entre trois individus que Dieu ne soit le quatrième, ni entre cinq qu'il ne soit le sixième. » *Coran*, LVIII, 8.

Qu'ils étaient bien en harmonie avec ce paysage grandiose, ces hommes majestueusement drapés dans leurs vêtements de laine! Près d'eux, leurs chevaux, la bride à terre, subitement calmés, semblant respecter la prière de leurs maîtres. C'étaient les bêtes favorites du Prophète, qui ne dédaignait pas d'essuyer leurs naseaux avec la manche de sa tunique, sur la recommandation que lui en avait faite l'ange Gabriel.

Moi seul, dans cette immensité saharienne, j'étais disparate avec mon costume militaire étriqué, ridicule moulage de la forme humaine, vêtement presque indécent. Mais, dans ce Sahara si favorable à la pensée religieuse, je tranchais surtout par cette attitude mécréante qui me donnait l'apparence d'une brute, *d'un chien*, vis-à-vis de ces gens renouvelant à leur Dieu l'aveu d'une foi sincère et profonde. Et soudain la solennelle prédiction de la Genèse surgissait devant moi : « Que Dieu habite la tente de Sem! Que Dieu donne l'étendue à Japhet! »

Ils étaient bien là face à face les descendants

1.

des deux fils de Noé : eux, les fils de Sem, fiers de leur foi, adorant le Dieu de leurs pères, le Dieu qui avait visité la tente d'Abraham; moi, l'aryen, fils de Japhet, celui qui s'étend par la conquête.

Quand, de retour dans mon bordj, j'essayais de fixer mes impressions, je me sentais attiré de plus en plus par les beautés de l'islam. Il me semblait que, pour la première fois, dans cette vie nomade du désert, j'avais réellement vu des hommes rendre hommage à la divinité. Ma pensée se reportait à ces temples chrétiens où le plus souvent les femmes seules sont en prière, et l'indignation me venait contre cette irréligion des hommes d'Occident.

J'étais à l'âge des solutions simplistes, des généralisations superficielles, où l'enthousiasme tient lieu de critique, où l'on croit à l'absolu en ce monde, âge en un mot où l'on ne devrait jamais écrire. La beauté d'une religion me semblait être la meilleure preuve de sa vérité et, à mon insu, j'écrivais d'abondance *le Génie de l'Islamisme.*

Une pareille œuvre eût été déplorable et aurait certainement mérité le reproche « d'incroyable légèreté » que s'attirent justement de la part des orientalistes certaines productions algériennes un peu hâtives.

L'islam est aujourd'hui étudié par deux catégories d'individus : les orientalistes d'érudition et ceux que, faute d'appellation meilleure, je nomme les arabisants d'Algérie. Il est incontestable qu'au point de vue de la science, la part contributive des premiers est infiniment supérieure à celle des seconds; leurs travaux constituent des matériaux de premier ordre pour une histoire de l'islam, qui reste cependant encore à faire.

Au-dessous d'eux, à la distance qui sépare l'érudition de l'observation, sont les arabisants d'Algérie qui, vivant en contact journalier avec des musulmans, pénétrant leur pensée, leur vie, leur religion, mieux qu'il n'est possible de le faire en aucun autre pays, se croient aussi quelque droit d'écrire sur l'islam. Ils ne possèdent pas sans doute tous les traités des philosophes et des théologiens musulmans[1]. Est-ce là un bien grand défaut? Pour l'intelligence de l'islamisme contemporain, il n'est guère besoin d'une si grande érudition religieuse. L'étude un peu aride des innombrables œuvres théologiques qu'a produites l'islam primitif intéresse surtout l'histoire. La théologie musulmane a été enterrée au xiie siècle et le mahométisme a été assez fort pour triompher du libre examen qui a porté à d'autres religions de si terribles assauts. Depuis cette époque, tout musulman, lettré ou illettré, prince des croyants ou simple berger, possède

---

[1]. Je ne puis cacher que ce plaidoyer pour les arabisants d'Algérie m'a été inspiré par la critique acerbe et comminatoire d'un orientaliste hollandais, M. Snouk Hurgronje, qui traite d'amateurs les auteurs les plus consciencieux. M. Snouk Hurgronje dénonce « la regrettable nullité » d'œuvres comme celles du commandant Rinn, *Marabouts et Khouans*; de M. Delphin, *Fas, son université et son enseignement religieux*; de M. le Chatelier, *les Confréries religieuses de l'Hedjaz*, etc. Il prononce sur tous les auteurs « des arrêts de mort » dans l'espoir de « décourager et effrayer les esprits téméraires » qui osent écrire sur l'islam. La véritable science se montre plus indulgente et elle est reconnaissante du moindre effort qui l'aide à atteindre la vérité. — Cf. *Revue de l'histoire des religions*, X^e année, t. XX, p. 68, et le numéro du 11 janvier 1888 de la *Litteratur Zeitung*.

cette foi irrationnelle, naïve, inébranlable, privilège du charbonnier dans la religion chrétienne.

Il est aussi une science délicate, l'onomastique sacrée, que les philologues déclaraient indispensable pour l'étude de l'islam. Cette science des noms des dieux, peu connue des arabisants d'Algérie, n'a pas tenu ce qu'elle promettait et ceux-ci s'étonnent à bon droit quand ils entendent cette traduction nouvelle de l'invocation qui précède les sourates du Coran : « Au nom du dieu Rahman le miséricordieux. » A vouloir remonter au sens originel d'un mot, on risque de perdre son acception vulgaire. Cette érudition parfois hypothétique ne saurait prévaloir contre le consentement universel. Rahman peut avoir été le nom donné par les judéo-chrétiens au dieu de miséricorde, mais, en entrant dans l'islam, ce mot n'a plus désigné qu'un attribut d'Allah et jamais musulman ne l'a pris pour le nom de l'ancienne divinité des temps antéislamiques. Il ne me semble pas que cette découverte de l'érudition orientale, devant laquelle je m'incline, doive influer beaucoup sur l'exégèse du Coran et qu'il faille enlever au mot *rahman* sa signification de « clément », conforme à la pensée des musulmans de tous les temps et de tous les lieux.

Si, avant de mettre en œuvre mes notes d'autrefois, il me faut décliner les titres que je puis avoir pour écrire sur l'islam, je dirai que j'ai longtemps manié des populations arabes et que la psychologie du sémite m'a toujours vivement intéressé. Je me réclame des arabisants d'Algérie et je demande l'indulgence des orientalistes de marque. Je tiens surtout à ce qu'ils séparent ma cause de celle de ces arabophiles intransigeants qui, ayant traversé des pays musulmans au cours d'un voyage rapide, parlent de la religion du Prophète dans un style dithyrambique où se reflète leur enthousiasme exagéré. M. Loyson n'a pas échappé à cette fausse optique, à ce mirage particulier aux tempéraments poétiques qui les porte à tout admirer sous le ciel lumineux de l'Orient. L'ex-père Hyacinthe revenu d'Algérie, il y a quelques mois, est en proie à ce premier enivrement oriental et les jugements si favorables qu'il porte sur l'Islam sont plus d'un dilettante que d'un critique sérieux [1]. Aussi bien les questions que je me propose d'étudier n'aboutiront-elles pas à une apologie de la religion du Coran. Mais le mahométisme devient une question d'actualité, il est très en faveur chez nous : une *Revue de l'Islam* vient de se fonder à Paris et les musulmans y obtiennent cet étrange succès de voir des chrétiens — et parmi eux des fils de croisés — se cotiser pour leur élever une mosquée. J'ai donc pensé à profiter de cet engouement, peut-être un peu futile, pour faire revenir l'opinion sur quelques préjugés relatifs au Prophète arabe et à sa reli-

1. Cf. *Christianisme et Islamisme*, par M. Hyacinthe Loyson. L'état d'exaltation de l'auteur se trahit dès la première page du livre, où s'étale, dans un appareil typographique qui ajoute encore à son emphase puérile, la dédicace suivante : « A la grande âme d'Abd-el-Kader (serviteur du Puissant), le héros des Arabes, roi, prêtre et guerrier, d'adversaire de la France devenu son ami; un Français ami des Arabes, un chrétien ami des musulmans. »

gion, œuvre difficile et ingrate, car, ainsi qu'on l'a souvent constaté, jamais une conviction n'est plus tenace que lorsqu'elle repose sur l'erreur. Il m'a semblé que ce n'était pas assez pour une nation chrétienne et civilisée de respecter la religion de ses sujets musulmans, mais qu'elle devait encore chercher à la connaître. Nous sourions de pitié au récit des préventions injustes que les musulmans « ignorants et fanatiques » entretiennent contre les chrétiens, et nos préventions contre le mahométisme sont pour le moins aussi injustes. Parmi les préjugés venus du passé, il en est un plus enraciné qu'aucun autre chez les chrétiens, c'est celui qui concerne la personnalité même du Prophète arabe. Je voudrais donc dans une première étude fixer avec attention la physionomie morale de Mahomet afin d'y découvrir de nouvelles preuves de sa sincérité, admise, à de légères nuances près, par tous les historiens de religions et même par les plus autorisés des apologistes chrétiens.

CHAPITRE PREMIER

Sincérité de Mahomet.

Mahomet et les chansons de geste. — Mahomet et l'histoire. — La genèse de la foi. — La révélation du Coran. — Mahomet n'est pas un imposteur. — Fut-il toujours sincère? — Sa mort.

« Ils ont dit que Dieu avait un fils et que Mahomet était un sorcier! » me répétait invariablement un vieux thaleb de Tlemcen [1], quand il voulait esquiver une discussion religieuse que

---

[1]. Ces paroles sont attribuées à Mouley-Abd-es-Selam-el-Mechich, un des grands saints du Maroc et de l'Islam tout entier. Il était originaire de Chechaouen (50 k. au sud de Tétouan) et vivait au xiiᵉ siècle de notre ère. Son tombeau, objet de vénération, est situé dans le Djebel el Alem. Ce pieux personnage apprenant que sa doctrine avait été tournée en dérision par des chrétiens s'écria : « Ils ont dit que Dieu « avait un fils et que Mahomet était un sorcier; ils n'ont rien « laissé de ce qu'avait créé Dieu sans l'attaquer! Comment, « moi, prétendrais-je échapper à leurs calomnies? »

je cherchais à poursuivre avec lui. Inutile d'ajouter qu'il était question des chrétiens. Il la prononçait, cette phrase, malgré tout le respect qu'il devait à mon autorité, malgré nos excellents rapports, avec une intonation de pitié méprisante, la pitié d'un monothéiste pour les erreurs d'un idolâtre. La Trinité lui paraissait une fable monstrueuse au même titre que la sorcellerie de Mahomet et les chrétiens qui avaient inventé l'une et l'autre étaient gens avec lesquels on ne saurait discuter.

Qu'eût pensé le monde musulman s'il avait connu les légendes qui avaient cours au moyen âge sur Mahomet et s'il avait pu comprendre les lais de nos trouvères? La plupart de nos chansons de geste, même celles antérieures au XIIe siècle, sont animées de « l'esprit des croisades », de cette haine prodigieuse contre l'islamisme[1]. Elle avait sa source dans l'ignorance complète où l'on était de la religion des Sarra-

---

1. Cf. Léon Gautier, *les Épopées françaises*.

sins, mais par une action réflexe elle contribuait elle-même à accréditer sur l'islamisme les fables les plus grossières. C'est ainsi que prirent racine dans tout l'Occident ces préjugés si tenaces que quelques-uns survivent encore aujourd'hui. Pour tous les trouvères, les Sarrasins sont des païens [1], des idolâtres; les trois dieux principaux du panthéon musulman sont par ordre d'importance Mahom [2], Apollin et Tervagant; Mahomet avait fondé sa religion en se faisant passer pour un dieu.

> Mahomès Gomelins i fist sa loi fonder;
> Dex volt estre par force por sa loi affirmer;
> Par le mont se quida faire Deu apeler :
> Nostres Sires nel volt soffrir ne endurer [3].

« N'est-il pas bizarre, fait remarquer M. Réville, que les chrétiens carolingiens n'hésitèrent pas un moment à se représenter Mahomet l'icono-

---

1. L'Orient est appelé *la paienie*.
2. Mahom, Mahon, Mahonmet, Mahume, Baphomet, etc.
3. *La conquête de Jérusalem* faisant suite à la *Chanson d'Antioche*, composée par le pèlerin Richard et renouvelée par Graindor de Douai au xiiie siècle, publiée par C. Hippeau, Paris, 1868, 1 vol. in-8°.

claste, l'ennemi juré de toute idolâtrie, comme se faisant adorer sous la forme d'une grande idole d'or [1] ? »

Quand les Francs de la chanson de Roland [2], prenant leur revanche de Roncevaux, repoussent les Sarrasins vaincus jusque sous les murs de Saragosse, ceux-ci se vengent de leur défaite en maltraitant leurs idoles :

Apollon, leur Dieu, est là dans une grotte, ils se jettent sur lui,
Lui font mille reproches, mille outrages;
Ils le pendent par les mains à une colonne,
Le retournent à terre sous leurs pieds,
Lui donnent de grands coups de bâton et le mettent en morceaux.
Tervagan aussi y perd son escarboucle.
Quant à Mahom, on le jette dans un fossé
Où les porcs et les chiens le mordent et marchent dessus.
Jamais Dieux ne furent à telle honte [3] !

Il faut croire que les Sarrasins se repentirent vite de leur colère sacrilège et que les dieux furent relevés et restaurés, car l'empereur

---

1. A. Réville, *Une apologie anglaise de l'Islam.*
2. *La Chanson de Roland.* Texte, critique et traduction, Léon Gautier, 7ᵉ édition, 1880.
3. Laï ccxvii, vers 2 580 et suiv.

Charles en ordonne la destruction à son entrée à Saragosse[1].

Mille Français, sur son ordre, parcourent la ville en tous [sens
Entrent dans les mosquées[2] et les synagogues,
Et, à coups de maillets de fer et de cognées, [idoles
Mettent en pièces Mahomet, toutes les images, toutes les

Au XIIe siècle, Richard le Pèlerin, l'auteur de la *Chanson d'Antioche*, « très belle chanson qui ne contient pas de fables, mais la pure vérité », demande à Dieu, dans une invocation qui commence son poème, d'envoyer male confusion à ceux

Qui croient et adorent la figure Mahom[3].

Puis le trouvère, excitant les barons à la guerre sainte, leur donne le pieux conseil de renverser les idoles sarrasines.

---

1. *Chanson de Roland*, lai CCXCVI, vers 3661 et suivants.
2. *Mahumeries*. C'est de ce mot, appliqué aussi aux pratiques du culte de l'idole Mahom, qu'est venu notre mot de *momerie*, contraction de *mahomerie* ou *mahumerie*; il servit par la suite à désigner toute pratique ridicule.
3. La *Chanson d'Antioche*, composée au XIIe siècle par Richard le Pèlerin, renouvelée par Graindor de Douai au XIIIe siècle, publiée pour la première fois par Paulin Paris, Techener, 1848, 2 vol. in-12; traduite en 1862 par la marquise de Sainte-Aulaire, 1 vol. in-12, Didier

Mahomet, Tervagan deverions craventer (renverser)
Et fondre les images et à Dieu présenter[1].

L'idole de Mahon était faite des métaux et des pierres les plus précieux et très artistement ouvrée. A lire les descriptions minutieuses qu'en donne le pèlerin Richard, on jurerait qu'il vient de la contempler.

Elle était toute d'or et d'argent massif.
Vous seriez convenu sans mensonge
Qu'on n'en pût jamais voir ni souhaiter de plus belle.
Elle était grande et bien formée, avec le visage fier
. . . .
Il (Mahom) était tout d'or et d'argent, il reluisait et flamboyait,
Il était sur un éléphant, assis sur un siège en mosaïque;
Il était creux au dedans et fait à jour.
Mainte pierre y flamboie, y reluit et y brille.
Il n'y avait rien dans l'intérieur
Que de dehors on ne le vit, tant l'œuvre était bien faite[2].

Dans les moments critiques, la divinité rendait des oracles. Après une défaite des Sarrasins, l'émir (l'amiral) envoie à la Mecque chercher

---

1. *Chanson d'Antioche*, texte critique, chant I, lai v.
2. *Chanson d'Antioche*, traduction Sainte-Aulaire, chant V, lai xxiv.
3. *Ibid.*, chant V, lai xli.

Le Dieu Mahom qui arrive en grande pompe : [ment,
Les cors, les trompettes, les conques sonnent continuelle-
Les harpes, les vielles, les cornemuses font un grand bruit :
L'un sonne du chalumeau, l'autre d'un flageolet d'argent.
Les Sarrasins dansent et chantent tout haut ;
Avec grande joie ils l'emmènent jusqu'au lieu du Conseil,
Là où le pontife calife les attend.
Quand il voit Mahomet, il l'adore profondément [1].

Richard le Pèlerin raconte ensuite le procédé employé par les païens pour faire parler l'idole, qui, comme il l'a expliqué, était creuse et « n'avait rien dans l'intérieur que de dehors on ne le vît ».

On y mit un démon par des enchantements
Qui bondit là dedans et fait grand tapage ;
Il parle aux Sarrasins, on entend bien sa voix [2].

Par une étrange aberration, les auteurs de nos épopées nationales font de l'idole Mahom le signe et l'emblème du mahométisme, comme la croix est le signe et l'emblème du christianisme. Dans la geste de Beaudouin de Sebourc [3],

1. *Chanson d'Antioche*, chant V, lai XL.
2. *Ibid.*, lai XLI.
3. *Le Roman de Beaudouin de Sebourc*, troisième roi de Jéru-

la Comtesse de Ponthieu voulant abjurer sa foi devant le sultan Saladin s'écrie :

Je veux adorer Mahomet, apportez-le-moi ici [1]!

Et Saladin de commander :

Qu'on apportât Mahomet, et elle l'adora [2].

Dans un autre poème du xiv⁰ siècle qui semble être la continuation de Beaudouin de Sebourc et qui est intitulé *li Bastars de Bouillon* [3], il est

---

sa!em, est une chanson de geste composée au début du xiv⁰ siècle; elle appartient à la huitième et dernière branche du cycle des Croisades. Elle a été éditée à Valenciennes, en 1811, par M. Bocca, 2 vol. in-8°. Cf. *les Épopées françaises*, Léon Gautier; le tome IV de la collection : *Trouvères, jongleurs et ménestrels du nord de la France et du midi de la Belgique*. — Ce volume est intitulé : *Trouvères brabançons, hainuyers, liégeois et namurois*, Arthur Dinaux, Paris, Techener, 1863; *Histoire littéraire de la France*, t. XXV.

1.   Mahom voel aourer; aportez-le-moi chà!
2.   Qu'on aportast Mahom, et celle l'aoura.

3. *Li Bastars de Buillon*, publié pour la première fois, en 1877, d'après le manuscrit unique de la Bibliothèque nationale de Paris, par M. Aug. Scheler, Bruxelles, 1 vol. in-8°. Cf. la vaste épopée de Godefroy de Bouillon, publiée par MM. de Reiffenberg et Borgnet dans les tomes IV, V et VI des *Monuments pour servir à l'histoire des provinces de Namur, de Hainaut et de Luxembourg*, Bruxelles, 1846-1851.

question de deux autres divinités musulmanes : Baraton et Jupin¹.

Mais Mahon, Apollon et Tervagant restent les maîtresses idoles. Beaudouin de Bouillon ayant repoussé une sortie des habitants de la Mecque et en ayant fait grand carnage, le poète décrit la terreur des musulmans.

Païens crient et braient et font grand marrison,
Hautement réclamaient (priaient) Tervagant et Mahom².

Hugues de Tabarie, Sarrasin converti et devenu un preux des croisades, « avait esprouvé les fausses ydoles Mahom et Apollon », ainsi qu'il le rappelle au jeune bâtard de Bouillon dans les conseils qu'il lui donne avant de l'envoyer combattre Saladin (Salah-ed-Din) dans Babylone.

Li roys Salehadins qui pas n'a le coer vrai,
Est un prinches hardis, plus outrageus ne sai,
Et ses frères Corsubles, c'onques jour je n'amai ;
Bien sai que, s'il me tienent, que je n'escaperai,

1. *Pour aller guerroyer chelle gent Baraton*, lai LXXX, vers 24 ;
Pleurt à Mahonmet, Jupin et Baraton, lai LXXX, vers 2086.
2. *Li Bastars de Buillon*, vers 211 et 212.

Forment m'ont enhaï pour ce que renoiai
Mahon et Apolin, où jamais ne crerai
Fausses ydoles sont, bien esprouvé les ai[1].

Il est cependant un poëme du moyen âge où cette assimilation de Mahomet à une idole ne se rencontre pas. L'histoire authentique du Prophète, le roman de Mahomet[2] fut écrit en 1258 à Laon[3] par le moine Alexandre du Pont, sur les dires d'un Sarrasin converti, personnage très digne de foi.

> Car toute la gile[4] savoit
> Que Mahommès fist en sa vie
> Lo barat[5] et la trecherie.

1. *Li Bastars de Buillon*, lai CLXXXVIII, vers 5316 et suiv.
2. Il est inutile de rappeler que le mot *roman* désigne un poëme écrit en langue romane et que celui de Mahomet était ou avait la prétention d'être un récit parfaitement véridique des faits et gestes du Prophète. Le *Roman de Mahomet* a été publié pour la première fois en 1831, par MM. Rainaud et Michel. Les éditeurs ont joint au volume : *le Livre de la Loi au Sarrasin*, dialogue en prose, du XIVᵉ siècle, entre un chrétien, un musulman et un juif.
3.
> Chi faut li Roman de Mahon
> Qui fut fais el mont de Loon
> En l'an de l'Incarnation
> De nostre signor Ihesucrist
> Mil et. cc. cinkante et wit.

4. Tromperie.
5. Fourberie.

Mahomet y est représenté comme un baron [1] entouré de ses vassaux fondant sa religion le plus naturellement du monde et arrivant à être cru plus que « l'apostoile de Romme » lui-même.

> Molt le cuident être saint homme
> Plus que l'apostoile de Romme.
> Molt cuident en lui loyauté.

Nous nous sommes étendu sur la fable de l'idole Mahom que le roman d'Alexandre du Pont ne fit pas disparaître, parce que, nous le répétons, le souvenir des chansons de geste se retrouve encore aujourd'hui dans nos appréciations sur Mahomet et le Coran [2]. Les trouvères étaient-ils de bonne foi quand ils composaient leurs couplets? C'est une question à laquelle il faudrait une réponse de Normand : un oui et un

---

1. Tout personnage un peu important au moyen âge était pour le moins un baron. « Nos aïeux du xi⁰ siècle, étrangers à tous les souvenirs de l'antiquité, ne comprenaient qu'une seule règle pour gouverner les hommes, la délégation féodale : le baron, le comte, le roi. » (Paulin Paris, Introduction à la *Chanson d'Antioche*.)
2. Voir quelques fragments de chansons de geste et de chroniques du moyen âge réunis dans l'Appendice I.

non. Il est certain que les relations entre chrétiens et musulmans avaient dû faire connaître aux trouvères la religion de Mahomet, mais ceux-ci avaient un tout autre but que l'exactitude historique; en écrivant leurs lais, leur objectif était plus élevé : ils voulaient perpétuer la haine de chrétien à musulman, et leur unique préoccupation était d'accommoder les hommes, les faits et les idées avec les hommes, les faits, les idées de leur temps[1].

Si des poètes du moyen âge nous passons aux chroniqueurs ou aux théologiens, qui écrivent avec une tendance apologétique encore plus marquée, nous retrouvons en partie ces légendes invraisemblables et ces appréciations injurieuses sur le Prophète. Les réformés se montrent parmi les plus ardents et Bibliander dresse le plus sérieusement du monde un parallèle en bonne forme entre le diable et Mahomet.

L'œuvre du Prophète ne fut pas mieux

---

[1]. Cf. la thèse de M. Pigeonneau : *le Cycle de la croisade*, et à la fin du volume l'Appendice I.

traitée. Il suffit, pour s'en faire une idée, de lire dans la préface de l'ouvrage de Roland sur la religion mahométane [1] un paragraphe très suggestif intitulé : *Quelles peuvent être les causes du peu de connaissance que l'on a communément de la religion mahométane.* « Si, dit l'auteur, on veut imprimer une note d'infamie à quelque dogme, bon ou mauvais, mais qui ne vous plaît pas, on a recours aussitôt à l'épithète ordinaire : c'est un dogme mahométan. »

Le livre de Mahomet, écrit le R. P. Don Martino Alfonso Vivaldo, auteur du *Chandelier d'Or de la Sainte Église de Dieu, assavoir Jésus Christ,* « le livre de Mahomet ne doit pas être lu, mais, au contraire, il doit être bafoué, méprisé et jeté dans les flammes partout où on le trouvera, et comme c'est une production tout à fait bestiale, elle ne mérite pas d'être rapportée dans la mémoire des hommes ».

---

1. *La religion des Mahométans exposée par leurs propres docteurs, avec des éclaircissements sur les opinions qu'on leur a faussement attribuées,* par Reland, 1721.

Ceux qui n'allaient pas jusqu'à brûler tous les Alcorans estimaient « qu'on n'avait que faire de se donner tant de sueurs ni de dévorer tant d'épines pour apprendre des bagatelles, des niaiseries, les délires d'un individu *qui avait l'esprit en écharpe* [1] ». Les musulmans sont appelés couramment lourdauds, butors, ânes, ânes sauvages, « abominables qui remplissent une maison de femmes pour les répudier le lendemain ». Une litanie complète des diverses injures qui leur sont adressées se trouve dans un curieux document intitulé : *Advis directif pour faire le passage d'oultre mer*, par le frère Brochart, de l'ordre des Prêcheurs [2]. L'auteur énumère dans ce mémoire présenté à Philippe de Valois (1332) les divers motifs qui doivent engager le roi de France à faire une croisade. C'est dans l'exposé du *quart motif pour faire le passage d'oultre mer*

---

1. Reland, *loc. cit.*
2. Collection Reiffenberg, t. IV, *Monuments pour servir à l'histoire des provinces de Namur, de Hainaut et de Luxembourg.* Bruxelles, 1846. — Ce mémoire fait partie des documents relatifs aux croisades placés en appendice à la suite du volume où est publié le *Chevalier au Cygne*.

en la terre sainte, qu'il traça des musulmans le portrait suivant : « Mais s'il est nul qui pense et pleure en considérant de quelz gens est maintenant occupé et possessé cestui nostre propre héritage, certes c'est de gens sans Dieu, sans foy, sans loy, sans alliance et sans miséricorde qui sont hommes vilz et ors et ennemis de toute vérité, pureté, bonté et justice, adversaires de la croix, blasphémeurs de Dieu, persécuteurs du nom chrétien, abuseurs de leurs femmes espousées, coucheurs avec de jeunes enfans mascles, oppresseurs de bestes brutes, subvertissans nature, destruiseurs de mœurs et de vertus, trébuchans en vices et énormes péchiez, comme instruments du diable, vaisseaux de Lucifer, temples de mauvaistié, habitation de Sathan, gardez au jugement de vengeance et députez à l'embrasement de l'éternèle dompnation; lesquelz ont viles pensées, la char orde, la vie détestable, paroles abhominables, conversation contagieuse et toute leur voulenté et intention abandonnée à charnalité et plongiée en volupté désordonnée;

tels sont ceulx qui nous ont bouté hors des dessusdictes régions du monde; et nous ont déchacié en ce petit anglet de terre moult estroit, à la vergongne et opprobre de nous et de nostre foy; telz sont ceulx qui ont désolé la maison de Dieu et possessent la sainte cité mère de nostre foy et qui ordoient les sains lieux consacrez et beneiz. »

En 1733, l'orientaliste anglais Prideaux intitule encore sa biographie de Mahomet : *La vie de l'imposteur Mahomet*. Son traducteur nous fait savoir dans un avertissement que le docteur Prideaux, en composant cet ouvrage, se propose, entre autres vues, « de faire servir à une fin sage et chrétienne la vie d'un aussi méchant homme que Mahomet ». Telle était encore à cette date la manière, non pas d'écrire l'histoire — on n'y songeait guère — mais de « travailler à une fin sage et chrétienne » : on accablait son adversaire d'injures pour renforcer de piètres arguments, fabriqués le plus souvent avec des citations défigurées. Seul, au viie siècle, Jean

Damascène (Chrysorrhoas) fait exception. Élevé à Damas, favori des khalifes, il réfute l'islamisme avec impartialité et lui fait même l'honneur de le considérer comme une hérésie chrétienne, voisine de celle d'Arius [1]. Mais les écrits de ce docteur de l'Église orientale n'eurent aucune influence sur l'opinion d'Occident, qui continua à vivre de légendes saugrenues sur Mahomet et l'Alcoran, légendes que les théologiens chrétiens s'empressaient d'accréditer. — Cette tactique qui faisait tomber le mahométisme sous le ridicule eut pour résultat de dispenser les papes de combattre sérieusement la nouvelle religion. Les préoccupations de l'Église latine au viii° siècle étaient ailleurs; deux ennemis dangereux ravageaient alors l'Église orientale : le monophysisme et le monothélisme.

L'étude réellement impartiale de l'Islam date

---

[1]. Elle est classée sous le numéro 101 dans la liste des hérésies réfutées par le savant docteur. *Œuvres de saint Damascène*. Édition Lequien, 2 vol. in-fol. Paris, 1712, p. 110 et suiv.

de notre époque. Au XIX² siècle, la critique s'empara du sujet et suscita au Coran autant d'admirateurs que de détracteurs. Parfois le langage de ces derniers se ressent encore des violences du passé; c'est ainsi que M. Droughty, auteur d'un très remarquable *Voyage en Arabie (1876-1878)*, appelle Mahomet « un sale et perfide Arabe », oubliant que ces expressions choquantes ont perdu aujourd'hui toute leur force comme argument.

La première hypothèse que la critique ait eu à discuter a été celle de la sincérité de Mahomet, et nous avons dit que cette sincérité avait été admise, à quelques restrictions près, par la plupart des orientalistes comme par les apologistes chrétiens. Cette hypothèse ne préjuge pas, en effet, de cette autre question : le Coran est-il une révélation divine ou une œuvre purement humaine?

Pour conclure à la sincérité de Mahomet, il suffit d'établir ce seul point : Mahomet a réellement cru à sa mission prophétique. Cette mission consistait, à l'origine, à substituer le culte du Dieu unique au culte idolâtre de sa tribu.

Ismaël, chassé de la tente paternelle par la jalousie de Sarah, avait bien emporté en Arabie la religion d'Abraham, la religion patriarcale; mais il n'était resté chez les tribus arabes qu'une tradition vague de ce monothéisme primitif. Elles n'avaient pas reçu, comme celles d'Israël, ces avertissements répétés leur rappelant que le Dieu d'Abraham était un Dieu jaloux qui ne voulait pas d'associés. Peu à peu le culte des divinités étrangères avait remplacé celui du Dieu suprême. Plus tard, il est vrai, le judaïsme avait entamé quelques tribus voisines de la Syrie, mais le christianisme avait échoué et, au IVe siècle, Tite, évêque de Bosra, reconnaissait que la vie nomade empêchait la propagation de cette religion en Arabie [1].

Cette situation religieuse de l'Arabie au

---

1. Cardinal Hergenrœther, *Histoire de l'Église*.

vii⁰ siècle a été l'objet d'appréciations contradictoires. Renan déclare « qu'il n'y a pas dans toute l'histoire de la civilisation un tableau plus gracieux, plus aimable que celui de la vie arabe avant l'islamisme ». D'après lui, les tribus, moitié juives, moitié chrétiennes, devaient être travaillées par un grand mouvement religieux. Barthélemy Saint-Hilaire rappelle qu'une société si policée a eu besoin de ces leçons de morale qui nous font frémir : « Il vous est interdit d'épouser vos mères, vos filles, vos sœurs…. N'épousez pas non plus les filles de vos fils que vous avez engendrés », et tend à regarder les Arabes comme un peuple barbare, dans un état de sauvagerie assez voisin de celui où se trouvaient les Hébreux lorsque Moïse leur adressait les mêmes défenses. Sans reproduire et discuter toutes les raisons qui appuient ces opinions, nous croyons qu'une appréciation moyenne est bien près de la vérité et l'on peut dire qu'au milieu d'une masse plus ou moins idolâtre s'agitait un ferment monothéiste. Cette croyance plus élevée, mais restée à l'état vague, sans être formulée en dogme, était représentée, non par les chrétiens, dont les sectes nombreuses avaient des dogmes polythéistes, mais par des gens appelés *hanifes*[1], qui conservaient la religion d'Abraham, c'est-à-dire le monothéisme le plus simple. Mahomet reçut d'eux la première notion du Dieu unique; elle devait se transformer dans son âme religieuse en une foi telle que peu d'âmes en ont connu de si profonde, foi capable de bouleverser l'humanité. Il ne faut pas chercher ailleurs que dans les hanifes ce germe fécond. Mahomet ne savait ni lire ni écrire; il était, comme il l'a répété souvent, un prophète illettré. Cette assertion n'a été contredite par aucun de ses contemporains et ce n'est certes pas en Orient, où la vie se passe au grand jour, qu'il aurait pu recevoir une instruction clandestine. La connaissance de la

---

1. Ce terme *hanifes* désigne des hérétiques, mais ce mot doit être entendu en bonne part et appliqué à des individus passant d'une religion inférieure à une religion supérieure.

lecture et de l'écriture était à cette époque très peu répandue en Arabie et il n'y avait à la Mecque qu'un seul homme sachant écrire [1].

C'est encore peu connaître les mœurs de l'Orient que de prétendre que la riche veuve Khadidja, qui chargea le jeune Mahomet de la conduite des caravanes qu'elle envoyait en Syrie, n'eût pas confié ses intérêts à un homme dépourvu de toute instruction. Sans aller jusque sur les marchés arabes, on rencontre souvent d'excellents mandataires ne sachant ni lire ni écrire; ce sont parfois les plus fidèles.

Il est donc presque certain que Mahomet n'a pu consulter aucun livre sacré, quoi qu'en dise Alexandre Du Pont.

> Toute la loy de Jhesucrist
> Savoit par lettre et par escrit [2].

Rechercher quelles sont les sources orales où il se serait instruit des dogmes du christia-

---

1. Garcin de Tassy, *l'Islamisme d'après le Coran, l'enseignement doctrinal et la pratique* (1874).
2. *Roman de Mahomet.*

nisme, du gnosticisme ou du judaïsme peut avoir un certain intérêt, si l'on étudie les ressemblances que le Coran présente avec les Écritures. Mais cette question est secondaire. Admettons que nos livres sacrés aient servi à la composition du Coran, accordons même que le Coran en ait reproduit certains passages : le phénomène psychologique de la vie de Mahomet, cette foi au Dieu unique qui fait explosion dans son âme et soulève tout son être, n'en reste pas moins profondément inexplicable.

La crise qui détermina sa vocation fut longue et terrible. Il avait reçu du ciel une âme éminemment religieuse. La retraite était pour lui un double besoin. Tout d'abord fuir l'idolâtrie et le polythéisme des hérétiques chrétiens qu'il abhorrait également. « C'était une épine dans sa chair », dit M. Kuenen. Puis se retrouver seul avec la grande pensée qui l'obsédait : l'unité de Dieu. Il se retira sur le mont Hira et ses nuits se passèrent dans la méditation et la prière; nuits du désert qui envahissent l'âme d'émotion, nuits si admirables que les anges, d'après la légende arabe, demandent à Dieu de descendre du ciel pour les passer sur terre. Quel pouvait être dans un pareil milieu la méditation de cet homme de quarante ans, dans toute la maturité de son intelligence, mais doué de cette intelligence de sémite essentiellement intuitive et impropre à tout raisonnement discursif? Elle devait consister à répéter avec force ces mots : « Allah Ouahed! Allah Ouahed! Dieu unique! Dieu unique[1]! » que tout l'Islam a redits après lui, mots dont le sens profond nous échappe, tant l'idée monothéiste nous a pénétrés. Sa pensée revêtait ensuite les formes multiples que nous lisons dans le Coran :

« Il n'a point enfanté. Il n'a point été enfanté.

---

[1]. La proposition sémitique n'admet que deux termes : le sujet et l'attribut. Les philologues regardent comme une défectuosité de la langue cette absence du verbe *être* qui rend presque inintelligible pour un sémite la fameuse formule de Descartes : « Je pense, donc je suis. » Cela est vrai; mais ce désavantage est compensé par l'effet puissant que produit dans certaines phrases la suppression du verbe. Il semble que dans ces expressions : « Allah Ouahed! Dieu unique! Allah Akber! Dieu grand! » l'attribut soit en quelque sorte incorporé dans le sujet.

Il n'a point d'associés. Il n'a point d'égal. Nul ne peut lui être comparé, etc. »

Tous les énergiques pléonasmes de la langue arabe l'aidaient à revenir encore sur une idée déjà exprimée d'une façon si puissante. C'est d'une pareille méditation qu'a dû sortir la profession islamique : « Point de dieu si ce n'est le Dieu ! »

Telle fut la genèse de cette foi au Dieu unique, irréductible comme un roc et que l'esprit peut à peine concevoir, foi énergique dont les affirmations sont encore écoutées aujourd'hui par les musulmans et qui les distingue entre les sectateurs de toutes les religions ; ils sont bien, ainsi qu'ils se nomment, dans toute la force du terme : *les Croyants*. Jamais l'étude des Écritures ne l'eût engendrée dans l'âme de Mahomet et son esprit eût repoussé toute pluralité de nature ou de personnes comme un retour à l'idolâtrie. L'explosion de cette foi, nous le répétons, est le fait capital de la vie du Prophète et la meilleure garantie de sa sincérité.

Il est plus difficile de se prononcer sur la question de la révélation du Coran, qui n'a jamais reçu d'explication satisfaisante. Comment attribuer à l'inspiration purement humaine d'un illettré ces pages que tout l'Orient proclame être le chef-d'œuvre inimitable pour la pensée, comme pour la forme [1], ces pages qui, entendues pour la première fois par Okba-ben-Rebia, le plongèrent dans le ravissement et dont la beauté littéraire suffit à la conversion d'Omar? Des larmes mouillaient le visage et la barbe du *négus* d'Abyssinie, tandis que Djafar-ben-Abou-Taleb récitait devant lui les versets sur Zacharie

---

[1]. La valeur esthétique du Coran échappe en grande partie à nos esprits aryens et nous ne pouvons éprouver qu'un charme médiocre à la lecture d'une œuvre qui est en opposition avec le goût de notre race; ce n'est pas une raison pour contester la fascination que ce livre exerça sur les Arabes. Jean-Jacques Rousseau s'en faisait une juste idée quand il écrivait avec son exaltation habituelle : « Tel, pour savoir lire un peu d'arabe, sourit en feuilletant l'Alcoran, qui, s'il eût entendu Mahomet l'annoncer en personne dans cette langue éloquente et cadencée, avec cette voix sonore et persuasive qui séduisait l'oreille avant le cœur et sans cesse animait ses sentences de l'accent de l'enthousiasme, se fût prosterné contre terre en criant : « Grand Prophète, envoyé « de Dieu, menez-nous à la gloire, au martyre; nous voulons « vaincre ou mourir pour vous. » *Essai sur l'origine des langues.*

et sur la naissance de Jean-Baptiste ; les évêques abyssins présents à cette lecture ne pouvaient s'empêcher de s'écrier : « Voilà des paroles qui émanent de la même source d'où émanaient celles de Jésus[1]. »

« J'avoue, écrit Boulainvilliers, qu'il est difficile de penser sans étonnement à un tel pouvoir de l'éloquence humaine se présentant d'ailleurs sans adoucissement et même avec une hauteur si offensante qu'il défiait les hommes et les anges de rien composer d'égal à ce qu'il donnait au public[2]. »

---

[1]. Caussin de Perceval, *Essai sur l'histoire des Arabes*, 3 vol. in-8°, 1847. Le lendemain, Djafer fut invité à réciter les versets du Coran relatifs au Christ ; grand fut l'étonnement du négus en entendant appeler Jésus « le serviteur de Dieu, l'envoyé du Très Haut, l'Esprit de Dieu, le Verbe descendu dans le sein de la Vierge Marie ». Ramassant à terre une petite baguette il dit à Djafar : « Entre ce que tu viens de dire de Jésus et ce qu'en dit notre religion, il n'y a pas l'épaisseur de cette baguette comme différence. » Cette petite baguette fut assez forte pour empêcher la conversion de l'Abyssinie qui, comme on le sait, resta chrétienne.

[2]. Boulainvilliers, *Vie de Mahomet*, Amsterdam, 1731. L'auteur fait allusion à ce passage du Coran. « Diront-ils : C'est lui (Mahomet) qui l'a inventé, ce Coran. Réponds-leur : Eh bien ! apportez dix sourates pareilles, inventez et appelez pour vous y aider tous ceux que vous pourrez, hormis Dieu. Faites-le, si vous êtes sincères. Si vous ne l'obtenez pas,

Comment le Prophète a-t-il pu composer ce livre dans une langue exclusivement littéraire qui, comme le latin au moyen âge, n'était possédée et comprise que par les esprits cultivés[1]? D'autres — et tous n'étaient pas des illettrés — se sont levés du sein du peuple arabe, qui prétendaient avoir reçu la révélation divine; nous connaissons Mosseïlima qui se donnait comme l'égal de Mahomet et dont les sourates soi-disant inspirées furent tournées en dérision. Le Coran, à défaut d'autres titres, en eût imposé par sa splendeur littéraire. Ce livre, que Mahomet citait comme le seul miracle qu'il pût produire à l'appui de sa mission divine, reste encore aujourd'hui une profonde énigme. Il faudrait pour la

---

apprenez que le Coran est descendu avec la science de Dieu et qu'il n'y a de Dieu que Dieu lui-même. » Sourate XI, 16, 17.

1. René Basset, *la Poésie arabe antéislamique*. Le Coran, d'après Reinhardt Dozy, renfermerait un grand nombre de fautes contre la grammaire, mais ces fautes auraient été transformées dans la suite en des règles et en des exceptions aux règles. (*Essai sur l'histoire de l'islamisme*, p. 120.) Je ne sais sur quel témoignage s'appuie le savant orientaliste de Leyde pour justifier une telle opinion, mais les traités de grammaire antérieurs à l'époque islamique, si tant est qu'il en existe, doivent être des plus rares.

résoudre, ou bien admettre l'intervention surnaturelle, ou bien l'explication simpliste qui a contenté toute notre jeunesse et qui suffit encore à certains apologistes chrétiens. Pour eux le Coran est « l'œuvre artificielle d'un conquérant qui, pour accréditer son pouvoir, fabriqua de toutes pièces avec des éléments empruntés au judaïsme et au christianisme un code de morale et de culte auquel il ajouta le récit d'aventures merveilleuses destinées à certifier sa mission[1] ».

Si le problème de la révélation du Coran attend encore une solution satisfaisante, on ne saurait toutefois contester qu'il y eût en Mahomet manifestation du phénomène prophétique, en donnant à ce mot sa signification la plus étendue et en l'appliquant à la fausse comme à la véritable prophétie. Il y a prophétisme dans ce sens très général, quand une créature parle ou croit *sincèrement* parler au nom de la divinité[2]. Le

---

1. Mgr d'Hulst, *la Question biblique.*
2. Il est bien entendu que cette définition n'est pas celle des théologiens catholiques et encore moins celle des rationalistes. Loin de moi l'idée de prétendre qu'elle fait l'accord

phénomène reconnaît donc deux causes très différentes : il peut être produit par une influence surnaturelle ou amené par une « excitation de l'énergie spirituelle et de l'activité intérieure ».

Dans les deux cas il y a inspiration et il y a égale sincérité; la nature de l'inspiration, divine ou subjective, différencie seule le vrai prophète du faux prophète[1]. L'explication du phénomène prophétique donnée par l'école rationaliste et rejetée par les théologiens catholiques suffit à rendre compte de l'état du fondateur de l'Islam et devrait préserver sa mémoire de l'accusation d'imposture. On peut lui appliquer les propres expressions d'Ewald parlant des prophètes d'Israël. Mahomet « se crut saisi de l'esprit de Dieu; sa pensée ne lui apparut plus comme sa propre pensée, mais comme une per-

---

entre eux. Je n'ai cherché par cette définition qu'à faciliter les explications qui suivent et je reconnais d'avance qu'en dehors de la discussion qui m'occupe, elle peut manquer de rigueur.

1. La limite entre la véritable et la fausse prophétie ne peut se déterminer que par le caractère d'inspiration divine. Trochon, *Introduction générale aux prophètes*; Lethielleux, 1895.

ception divine; sa personnalité disparut, il n'entendit plus que la voix d'un être plus grand que lui-même. »

Y eut-il rêve, extase ou hallucination dans cette révélation médiate où Mahomet croyait entendre la voix de l'archange Gabriel? Questions difficiles à déterminer, mais de peu d'intérêt, car la sincérité serait égale dans les trois hypothèses.

Si le Coran n'est pas le verbe de la Divinité, s'il n'est qu'une conception purement subjective de l'esprit de Mahomet, retenons au moins, pour l'honneur de l'humanité, que les accents admirables du Prophète arabe ne sont pas ceux d'un imposteur. Telle n'était pas l'opinion de beaucoup de ceux qui l'ont qualifié de faux prophète. Notre pauvre vocabulaire est en partie complice de cette calomnie, en nous obligeant à cette flagrante contradiction d'appeler faux prophète un individu qui peut être parfaitement sincère.

La voix que Mahomet entendait ressemblait

à celle qui réveilla autrefois Amos; elle lui criait : « O toi qui es enveloppé de ton manteau[1], lève-toi et prêche! Ton Seigneur, glorifie-le. Tes vêtements, purifie-les! L'idolâtrie, fuis-la! » Mahomet attendit, hésita, lutta douloureusement, résistant à cet appel. Sa santé s'altéra; il éprouva la terrible angoisse que donne la crainte de perdre la raison. Vaincu après d'horribles crises, il commença sa prédication et connut le repos, repos bien relatif, car la récitation de certaines sourates (*Houd*, l'*Inévitable*, la *Frappante*) le firent blanchir à force de souffrance.

Des expressions de plus en plus fortes se pressaient sur ses lèvres; c'était un crescendo continu de la parole et de la pensée, jusqu'au moment où sa voix s'arrêtait, émue, haletante, impuissante à exprimer une pensée qui devenait surhumaine et dépassait les forces intellec-

---

1. Mahomet, l'âme brisée par l'extase, le corps épuisé et baigné de sueur, venait de s'étendre à terre et avait ramené sur lui son manteau.

tuelles et physiques. Ces états violents ont fait supposer à certains auteurs que Mahomet était épileptique. Il suffit pour faire tomber cette hypothèse de rappeler que jusqu'à quarante ans, âge de sa vocation, aucun trouble physique n'avait attiré sur lui l'attention des siens. Nul homme n'a été connu dans les moindres détails de sa vie comme le fut le Prophète; ses biographes arabes sont allés jusqu'à compter les poils blancs de sa barbe, et ils n'auraient nullement caché une maladie qui, aux yeux de tout l'Orient, a un caractère surnaturel.

L'émotion excessive qui envahissait l'âme de Mahomet et secouait tout son être n'est pas plus de l'épilepsie que celle qui est décrite par le prophète d'Israël : « Mon cœur a été brisé au milieu de moi; tous mes os ont tremblé, je suis devenu comme un homme ivre à cause du Seigneur et à cause des paroles saintes [1]. » Mahomet n'est donc pas un imposteur; il n'est

---

1. Jérémie, XXIII, 9.

pas d'avantage un plagiaire, « un prophète pillard », comme l'appelle M. Sayous[1]. On trouve sans doute des ressemblances entre le Coran et certains passages des Écritures; mais elles ont leur explication naturelle dans ce fait que Mahomet rattachait directement l'islamisme au christianisme et au judaïsme. On peut discuter si sa théorie était sincère ou forgée « pour donner à la vérité une forme plus persuasive »; mais il est impossible de la nier, dès lors il était nécessaire que, sur beaucoup de points le Coran fût en harmonie avec les deux cultes monothéistes dont il procédait et qu'il venait parachever.

Voici, résumée dans ses traits principaux, la théorie du Prophète sur les trois religions monothéistes : la religion des prophètes a toujours été la même; il y a unité dans leur doctrine depuis Adam, le premier d'entre eux, jusqu'à Mahomet. Trois livres sacrés, dépositaires de la

1. *Jésus-Christ d'après Mahomet.*

Loi, ont été révélés successivement à l'humanité : le Pentateuque, l'Évangile, le Coran. Ce que l'Évangile a été au Pentateuque, le Coran l'est à l'Évangile; Mahomet est à Jésus, ce que Jésus a été à Moïse [1]. Mais, point capital, le Coran est le dernier testament, la dernière révélation, « celle après laquelle il n'y en aura plus d'autre »; Mahomet est le dernier des prophètes, « le sceau qui ferme la chaîne sacrée ». Après lui, la Loi ne sera plus modifiée.

Rien donc de moins étonnant que ces ressemblances entre le Coran et les Écritures. Mahomet, comme le Christ, se disait venu non pour détruire, mais pour parfaire. Il était loin de se défendre de ces rapprochements et il ne cessait de dire qu'il répétait ce que d'autres pro-

---

[1]. Quelques théologiens musulmans ont fait à Mahomet l'application de ce passage de l'évangile de saint Jean : « Il vous est avantageux que moi je m'en aille, car si je ne m'en vais point, le Paraclet ne viendra pas à vous: mais si je m'en vais, je vous l'enverrai. Et lorsqu'il sera venu, il convaincra le monde en ce qui touche le péché et la justice et le jugement. » (XVI, 7, 8.) L'esprit de vérité, le Consolateur, le Paraclet annoncé ne serait autre que Mahomet dont le nom signifiant *le Glorifié* serait l'équivalent de περικλυτὸς pris pour παράκλητος.

phètes avaient enseigné avant lui. « Tous les prophètes qui t'ont devancé, lui disait la voix céleste, ont eu cette révélation : « Je suis le Dieu unique. Adorez-moi. » — « Nous t'avons envoyé pour rappeler aux hommes la doctrine qu'ils ont reçue. »

Enfin certaines de ces similitudes n'ont même pas besoin de cette justification. Si Mahomet a rencontré parfois les mêmes accents lyriques que certains prophètes d'Israël, c'est que son âme agitée des mêmes transports célébrait le même Dieu.

Foi immense, sincérité absolue, sont deux vertus que l'on ne peut refuser à Mahomet dans la première partie de sa vie. La foi resta toujours la dominante de cette âme profondément religieuse, même au milieu des fautes de la seconde période de sa vie, et la vue des succès de l'Islam n'aurait pu que la grandir, si d'un premier élan elle n'avait atteint toute sa hauteur. Les fautes du Prophète, d'ailleurs, ne sont pas telles qu'elles doivent déshonorer sa mémoire. Certes il fut sensuel : Abou-Sofian, apprenant que sa fille revenue d'Abyssinie était devenue l'épouse de Mahomet, s'écriait : « Cet homme est un fougueux étalon qu'on ne peut dompter. » Mais le Prophète ne connut jamais ni l'avarice ni le luxe : « Il s'occupait lui-même à traire ses brebis, s'asseyait à terre, raccommodait ses vêtements et ses chaussures, qu'il portait ensuite tout raccommodés qu'ils étaient [1]. » Sa sobriété était extrême et il sortit de ce monde, rapporte Abou-Horaïra, sans s'être une seule fois rassasié de pain d'orge [2]. Enfin il ne fut pas un ambitieux et il sut être le premier dans l'Arabie sans chercher à l'asservir [3]. Ses fautes furent de celles qui sont inséparables de la fra-

---

1. Abou l'Feda, *Vie de Mohammed*. Traduction Noël des Vergers. Imprimerie royale, 1837; 1 vol. in-8°.
2. C'est ce prophète si sobre que les trouvères et les chroniqueurs ont représenté comme un ribaud s'enivrant à toutes les tavernes. Voir p. 55, notes 1 et 2, et Appendice I.
3. Mahomet ne voulut avoir ni cour, ni ministres, ni serviteurs; il méprisa toujours les honneurs comme les richesses de la terre. Cet homme dont l'autorité fut si grande n'eut jamais comme insigne de son pouvoir qu'un simple sceau d'argent avec cet exergue : *Mahomet, prophète de Dieu.* Cf. Monuments arabes, persans et turcs du cabinet de M. le Duc de Blacas, 2 vol. in-8°, Reinaud, Paris, 1828.

gilité humaine. « L'homme est bien faible pour porter longtemps la mission divine et ceux-là seuls sont immaculés que Dieu a bientôt déchargés de l'apostolat[1]. »

Mais les désordres de Mahomet, eussent-ils été plus graves, ne sauraient constituer une preuve à l'encontre de sa mission prophétique. Le don de prophétie, comme celui des miracles, est un don gratuit qui ne sanctifie nullement celui qui en est l'objet. David lui-même, dont la race bénie renfermait les espérances d'Israël, tomba en adultère avec Bath-Saba. Les desseins de Dieu, impénétrables à l'intelligence humaine, semblent choisis parfois pour déconcerter notre propension à tout expliquer : Dieu a promis aux rois d'Israël que le Messie naîtrait d'eux et c'est par la fornication et par l'adultère qu'il a quelquefois voulu assurer cette descendance[2].

---

1. Renan, *Études d'histoire religieuse.* L'auteur n'admet pas la sincérité chez le prophète arabe.
2. Mathieu, I, 3 et 6. — L'Évangéliste, donnant la généalogie du Christ, tient à faire de cette fornication et de cet adultère une mention spéciale : « Juda engendra Pharès et Zara de Thamar » (voir sur la fornication de Thamar, Genèse,

SINCÉRITÉ DE MAHOMET

Mahomet avouait d'ailleurs qu'il n'était pas exempt du péché; il craignait la réprobation et se recommandait à la miséricorde divine; sa conscience était parfois pressée de terribles remords et il s'épouvantait lui-même, quand, torturé par l'inspiration, il décrivait toutes les horreurs du jugement dernier [1].

La sincérité et la droiture de celui que ses contemporains avaient surnommé *el amin*, le franc, sont plus difficiles à défendre après les premières années de prédication, alors que les circonstances eurent transformé l'apôtre du Dieu unique en un chef politique. « Il est presque impossible, dit un orientaliste très érudit et peu favorable à l'islam [2], il est presque impossible de savoir si Mahomet, dans la dernière période de sa vie — car pour la première il ne saurait y avoir de doute — croyait encore ou non à sa mission. Il y a des preuves à peu près aussi

---

ch. xxxviii). — « Le roi David engendra Salomon de celle qui avait été la femme d'Urie. »
1. D'Herbelot, *Bibl. orientale*, art. MOHAMMED.
2. Reinhardt Dozy, *Essai sur l'histoire de l'islamisme.*

fortes pour l'affirmative que pour la négative. »
Cet état de la question semble autoriser les opinions contradictoires et justifier les auteurs d'ouvrages de seconde main qui se sont déterminés d'après leur préférence pour l'une des deux hypothèses.

Une critique sérieuse a mieux à faire que d'affirmer l'une et de nier l'autre sans tenir compte des probabilités égales de chaque côté. « Mais les hommes, ainsi que le remarque M. Monod [1], ont un si grand besoin de certitude qu'ils ne sont pas éloignés de traiter comme un malfaiteur celui qui leur interdit à la fois d'affirmer et de nier et qui recommande le doute comme un devoir. »

Nous n'avons pas la prétention d'échapper à ce reproche. Cependant, placé entre deux hypothèses contradictoires et également prouvées, celle de la sincérité du Prophète et celle de sa duplicité, il reste encore à notre esprit une ressource précieuse, celle de la psychologie.

1. *Les maîtres de l'histoire.* Introduction.

Si elle ne lève pas nos doutes, elle nous fait voir du moins qu'il existe de par le monde certaines âmes religieuses sur lesquelles il est également difficile de rien affirmer. Ont-elles été sincères? ont-elles été guidées par les calculs de la politique? Nous restons pleins de défiance et d'hésitation. Qui dira si l'empereur Constantin que l'Église grecque a placé sur ses autels et auquel le sénat romain décerna les honneurs divins, fut sincère après la victoire du Pont Milvius? Mahomet, du moins, lutta toujours avec un zèle aussi ardent contre l'idolâtrie; il ne connut pas, comme le premier empereur chrétien, ces alternatives entre les idoles et le Dieu unique; sa foi monothéiste toujours aussi vive, toujours aussi rigide, entretint jusqu'à la fin dans son âme la grande exaltation du début et, s'il put avoir de loin en loin, dans la seconde période de sa vie, quelques doutes sur sa mission divine, les succès immenses de sa prédication les eurent vite dissipés. Il y a dans la sincérité bien des degrés qu'il faut savoir descendre et comprendre avant de prononcer la grave accusation d'imposture et de mystification. Mahomet, qui s'était heurté si longtemps à l'incrédulité des siens, en arriva-t-il à abuser froidement de leur crédulité? Ce n'est pas notre opinion; il fut presque toujours le premier abusé, alors même que les circonstances l'obligèrent à certaines feintes de langage. « Ils sont rares, dit Rémusat, ceux qui, pensant avoir la vérité, ne se sentent pas autorisés à mentir pour elle. »

Ceux-là même qui se refusent à croire à la sincérité du Prophète pendant la seconde partie de sa vie ne pourront s'empêcher de reconnaître que sa fin fut bien celle d'un ardent apôtre quittant la terre avec la conviction d'avoir rempli sa mission. La plus entière concordance règne parmi les historiens arabes sur le récit des derniers jours du Prophète; la très grande simplicité des détails qu'ils rapportent garantit la véracité de leurs dires et il a fallu la féconde imagination des trouvères pour inventer la fable abominable de Mahomet dévoré par des pourceaux qui le surprennent sans défense en état d'ivresse[1]. On est plus étonné de trouver le récit de cette fin honteuse et cruelle dans l'*Histoire de la première croisade* de Guibert de Nogent. Ce chroniqueur sérieux reproduit cette légende très en faveur au moyen âge et d'après laquelle les musulmans auraient pris en horreur la viande de porc depuis qu'ils auraient vu Mahomet mourir sous la dent de ces animaux[2]. Oublions ces horribles tableaux et lisons les détails émou-

1. .... Chlus Mahommez qui tant fait à prisier
Qui se laissa des truies mengier sur le fumier.
(*Beaudouin de Sebourc*. Édition Bocca, 1841, v. 549, 550.)

A. I. josdi s'ala d'un fort vin enivrer;
De la taverne issi; quant il s'en volt aler,
En une place vit. I. fumier reverser;
Mahomes si colcha, ne s'en volt trestorner :
Là l'estranglèrent porc, si com j'oï conter;
Por ce ne volt juis de char de porc goster.
(*La conquête de Jérusalem*. Édition Hippeau, 1860, v. 5517 et suiv.)

2. « Hunc cælitus assumptum astruunt et solos talos relictos ad suorum fidelium monumentum, quos etiam infinita veneratione revisunt; porcorum vero esum, justa prorsus ratione, contemnunt qui morsibus eorum dominum consumpserunt. »
Historia quæ dicitur *Gesta Dei per Francos* edita a vene-

vants de cette mort du Prophète racontée par ses biographes authentiques.

Ses forces déclinaient : au mois de mars 632, il fit son dernier pèlerinage à la Mecque, le pèlerinage d'adieu. « Allah ! s'écria-t-il du haut de la chaire de la mosquée, Allah ! j'ai porté mon message et rempli ma mission. C'est aujourd'hui que les incrédules désespèrent du triomphe. Ne les craignez plus, mais craignez-moi. L'œuvre de votre foi religieuse est consommée. »

Il rentra à Médine et fut habiter la maison d'Aïcha, son épouse préférée, avec le consentement de ses autres femmes. Sentant la mort approcher, il songea aux pauvres. Jamais il n'avait désiré les richesses et c'était son habitude, dès qu'il avait quelque argent, de l'employer à des aumônes. Quelque temps auparavant il avait cependant donné à Aïcha une petite somme à garder. Devenu malade, il exigea

rabili donno Guiberto, abbate monasterii Sanctæ Mariæ Novigenti, publiée dans le *Recueil des historiens des croisades* T. IV.

qu'elle la distribuât immédiatement aux nécessiteux et, cet ordre donné, il tomba dans un demi-sommeil. Quand il se fut éveillé il demanda à Aïcha si elle avait fait ce qu'il lui avait ordonné. « Pas encore », répondit-elle. Il lui fit chercher tout de suite l'argent, nomma les familles pauvres auxquelles il devait être distribué et dit : « Maintenant me voilà en paix. En vérité, il n'eût pas été décent de me présenter à mon Seigneur avec cet or en ma possession [1]. »

Chaque jour, pendant sa maladie, il sortait pour faire la prière de midi en présence du peuple. Le 8 juin, il se montra pour la dernière fois aux croyants assemblés. Sa marche était chancelante; soutenu par Fadhol, fils d'Abbas, et par Ali, fils d'Abou-Thaleb, il se dirigea vers la chaire d'où il avait coutume d'instruire le peuple, en attendant l'heure de la prière. Là il adressa des louanges au ciel, puis il parla aux croyants; sa voix était encore tellement forte qu'on l'en-

---

1. Cf. Reinhardt Dozy, *loc. cit.*

tendait en dehors de la mosquée. « O vous qui m'écoutez, dit le Prophète, si j'ai frappé quelqu'un sur le dos, voici mon dos, qu'il frappe; si j'ai nui à la réputation de quelqu'un, qu'il se venge sur ma réputation; si j'ai dépouillé quelqu'un de son bien, voici mon bien, qu'il se paye, et que pour cela il ne craigne pas de s'attirer ma haine, la haine n'est pas dans mon cœur. » Il descendit alors de la chaire et fit la prière de midi; comme il se disposait à remonter, un homme l'arrêta par son manteau et lui demanda le paiement d'une dette de trois dirhems. Mahomet les lui rendit aussitôt : « La honte de ce monde, dit-il, est plus facile à supporter que celle du monde à venir. » Il pria ensuite pour ceux qui avaient combattu avec lui à la bataille d'Ohod[1],

---

[1]. Les morts d'Ohod avaient été toujours chers à la mémoire du Prophète. Cette bataille (625 ap. J.-C. 3ᵉ année de l'Hégire) fut la plus sanglante de la lutte des koraïchites infidèles contre les musulmans. Les koraïchites lâchaient pied, quand les archers du Prophète placés sur la montagne d'Ohod, emportés par le désir du butin, quittèrent leur poste. Khaled, qui commandait l'aile droite des koraïchites, aperçut leur mouvement et fondit avec sa cavalerie sur les derrières de l'armée musulmane, dont il fit grand carnage. Ce fut pour les croyants un jour d'épreuve : le Prophète

et demanda à Dieu de leur pardonner. Ce fut une scène pleine de simplicité et de grandeur que celle de cette dernière prière du Prophète au milieu de son peuple : les croyants contemplaient son visage ravagé par le poison de la juive de Khaïbar[1] et ne pouvaient retenir leur émotion; Abou-Beker lui-même pleurait. « Que ne pouvons-nous, dit-il au Prophète, racheter ta vie au prix de la nôtre! »

On reconduisit Mahomet dans la maison

---

lui-même atteint d'une pierre fut blessé à la lèvre; les mailles de son casque lui entrèrent dans le visage par la violence du coup et lui brisèrent deux dents, il gisait à terre et ne fut sauvé que par le dévoûment de ses fidèles compagnons, qui lui sacrifièrent leur vie. Quand les infidèles se furent éloignés dans la direction de la Mecque, les musulmans relevèrent leurs morts; le Prophète alla à la recherche du corps de son oncle Hamza et l'ayant trouvé le ventre fendu, le nez et les oreilles coupés, « il le fit couvrir d'un manteau, pria sur lui et répéta sept fois : Allah Akber. On apporta aussi le corps des autres victimes : on les plaçait successivement auprès de celui de Hamza; il priait sur eux et en même temps sur Hamza, en sorte qu'il fit soixante-douze prières sur le corps de son oncle. » Abou l'Feda, *loc. cit.*

1. Dans l'expédition de Khaïbar, une juive nommée Zaïnab servit au Prophète un mouton rôti qu'elle avait assaisonné avec du poison. Mahomet n'en porta qu'un morceau à ses lèvres, qu'il rejeta, se sentant empoisonné. Plus tard dans la maladie dont il mourut il disait : « La bouchée de Khaïbar n'a jamais cessé de me faire souffrir; mais voici le moment où se brisent les veines de mon cœur. » Abou l'Feda, *loc. cit.*

d'Aïcha et il s'étendit épuisé de fatigue; la maladie faisant de nouveaux progrès, il dut renoncer à faire la prière au milieu des croyants; lorsqu'on vint lui annoncer que l'heure de midi était proche : « Qu'Abou-Beker, dit-il, fasse la prière au peuple [1]. » Nous connaissons par un récit d'Aïcha les détails de l'agonie. « Le Prophète de Dieu, raconte l'épouse bien-aimée, avait la tête appuyée sur ma poitrine; un vase plein d'eau était auprès de lui, il se soulevait pour y tremper sa main, et il se touchait le front en disant : « O mon Dieu! aidez-moi à sur-
« monter les angoisses de la mort! Gabriel, viens
« tout près de moi! Mon Dieu, accordez-moi votre
« pardon et réunissez-moi à mes amis d'en haut! »
Puis sa tête devint plus pesante et il retomba sur mon sein [2]. »

1. Abou-Beker dut à ces paroles d'être désigné pour Khalife après la mort du Prophète. La société théocratique instituée par Mahomet était tellement religieuse que celui-là même devait être le premier de la nation qui était le premier devant les fidèles à l'heure de la prière.
2. Tous les détails sur la fin de Mahomet sont tirés de la biographie de Abou l'Feda et du *Sirat-er-Raçoul*, collection de faits relatifs au Prophète.

Son héritage, composé d'une maison bâtie de ses mains et de quelques chamelles, fit retour au trésor public, car il avait dit : « Un prophète ne laisse point d'héritage à sa famille. Ses biens appartiennent à la nation. »

Mais laissons de côté la personne de Mahomet, nous avons voulu seulement étudier la psychologie de cette âme religieuse, parce que « la foi appelle la foi » et qu'il était utile d'insister sur celle du Prophète avant de montrer comment sa religion s'est étendue et s'étend encore dans l'univers.

CHAPITRE II

L'islamisme pendant les conquêtes et la domination arabes.

Résistance de l'Arabie à l'islamisation. — Saint Augustin et la répression du donatisme. — Expansion et tolérance de l'islam dans l'Orient byzantin. — Les conversions en Égypte sous les Ommiades. — L'islamisme en Espagne. — Persécution de Cordoue. — Flora, vierge et martyre. — Les martyrs du Maroc. — Les conséquences de la tolérance musulmane.

« Les Juifs demandent pour croire des miracles et les Grecs des raisonnements »; disait saint Paul[1]. Les Arabes ont cru sans miracles et sans raisonnements. Mahomet a maintes fois redit à ses disciples qu'il n'était qu'un simple mortel, un envoyé, et qu'il n'avait reçu aucun pouvoir

---

1. Quoniam et Judæi signa petunt et Græci sapientiam quærunt (Cor. I, 22).

miraculeux[1]. Quant à des raisonnements, nous savons combien son esprit, conforme à celui de sa race, était étranger à toute spéculation intellectuelle. Cependant l'Islam qui, en 624, au combat de Beder, comptait à peine 314 défenseurs, franchissait un siècle plus tard les Pyrénées et arrivait en plein pays de France. La Syrie, la Perse, l'Égypte, la Barbarie étaient conquises et islamisées. Ce prodigieux développement avait été précédé d'un apostolat plein de labeurs, de contradictions et de persécutions, phase obligatoire des grandes religions à leurs débuts. Peu à peu les résistances les plus opiniâtres avaient été brisées et la propagation de l'Islam n'avait plus connu de bornes. Il semble que l'expansion d'une foi religieuse puisse être assez exactement comparée au phénomène physique de la dilatation des liquides et qu'elle soit

---

[1]. « Je n'ai aucun pouvoir, soit de me procurer ce qui m'est utile, soit d'éloigner ce qui m'est nuisible. Je ne suis qu'un homme chargé d'annoncer (des promesses) et d'avertir le peuple des croyants. » (Coran, VII, 188.) « Dis-leur : « Oui, sans doute je suis un homme comme vous. » (Coran, XLI, 3.)

comme celle-ci le résultat d'un double travail : travail intérieur ou résistant et travail extérieur, appelé aussi travail moteur; le premier ne se manifeste pas, il n'a pas d'effet sensible, quoiqu'il absorbe à lui seul toute la chaleur fournie, il est uniquement employé à vaincre les résistances moléculaires; le second travail intervient après le brisement des liens moléculaires et produit, avec quelques calories seulement, cette dilatation énorme qu'on appelle vaporisation.

La force de cohésion dont l'Islam eut à triompher, avant d'arriver à l'expansion rapide et facile, fut le traditionalisme. Cet obstacle que toute religion trouve devant elle était particulièrement fort chez les Arabes, si attachés à leurs traditions, si fiers des fastes de leurs tribus, dont l'origine se perdait dans la nuit des temps. Comment adhérer à une religion qui « faisait passer leurs pères pour des impies »? Une autre cause de résistance de l'élément arabe à l'islamisme fut l'esprit d'humilité de la nouvelle religion. Le principe de l'égalité devant Dieu proclamé par le Coran, était trop contraire aux idées de cette société primitive pour ne pas rencontrer une grande opposition. Aussi en 632, à la mort du Prophète, le mahométisme s'était-il à peine étendu dans les limites de l'Arabie. Mais les premiers musulmans comptaient des esprits d'élite. Le savant abbé de Broglie n'hésite pas à le reconnaître. « Ceux qui ont cru à Mahomet, dit-il, étaient des hommes sincères, droits, des hommes de sens et d'intelligence. C'étaient Abou-Beker et Omar, ces deux Arabes qui, appelés à gouverner un immense empire, n'ont pas été au-dessous de leur tâche et se sont montrés fermes, justes, sobres, énergiques et *infiniment supérieurs aux empereurs et aux gouverneurs chrétiens qu'ils combattaient* [1]. »

La résistance opposée à la prédication de Mahomet par l'Arabie barbare et idolâtre fut — chose singulière — la seule que rencontra la nouvelle religion. Les tribus arabes étaient,

---

1. Abbé de Broglie, *Problèmes et conclusions de l'histoire des religions*, 1886.

comme nous l'avons dit, très attachées au culte immémorial de leurs ancêtres, mais elles luttaient encore plus pour leur indépendance que pour leurs idoles; elles se refusaient à accepter le Coran qui les plaçait sous l'hégémonie de l'une d'entre elles. Constituer l'unité arabe, faire une nation de ces nomades jaloux de leur indépendance, occupés à paître leurs troupeaux et à se razzier continuellement, fut l'œuvre la plus difficile réalisée par Mahomet. Il fallut toute la force du nouveau lien religieux pour maintenir momentanément cette unité qui ne pouvait être qu'éphémère. Les tribus de la péninsule arabique conservèrent la foi nouvelle, mais reprirent bientôt leur indépendance. Cependant le nom arabe, lancé dans le monde entier par les conquêtes du Coran, allait devenir dans tout le domaine de l'Islam le plus beau titre de noblesse; chacun chercha à s'attribuer une filiation le rattachant aux tribus de la péninsule, surtout à l'illustre fraction de Koreïch; de là ce nom d'Arabe appliqué à tort et à travers dans l'histoire et servant à désigner des peuples, des dynasties, des armées et des civilisations qui n'avaient de commun avec l'Arabie que la foi religieuse.

L'unification des tribus arabes sous la nouvelle loi ne se fit pas sans effusion de sang; il y eut des luttes intestines où se vidèrent sans doute bien de vieilles rancunes et qui amenèrent de part et d'autre de cruelles représailles. Mahomet attachait la plus grande importance à ce que la péninsule arabique, véritable foyer d'où l'Islam devait rayonner dans le monde entier, fût totalement conquise à la loi du Coran; ses disciples l'entendaient souvent proférer cette exclamation : « Qu'il n'y ait jamais deux religions en Arabie! » Aussi c'est aux tribus réfractaires que sont adressés les versets du livre où s'exhale la colère de Dieu.

LX. 74. *O prophète! combats les hypocrites et les infidèles, traite-les avec rigueur. La Géhenne est leur demeure. Quel détestable séjour!*
124. *O croyants! Combattez les infidèles qui vous avoisinent.*

XLVII. 4. *Lorsque vous rencontrez les infidèles, eh bien! tuez-les au point d'en faire un grand carnage et serrez fort les entraves des captifs.*

9. *Pour les incrédules, puissent-ils périr et puisse Dieu rendre vaines leurs œuvres!*

Ces versets et quelques autres passages du Coran ont fait accuser le Prophète d'intolérance. Mais ne fallait-il pas combattre, même par la violence, l'idolâtrie perverse, afin de l'extirper à tout jamais de la péninsule où elle avait déjà une première fois étouffé le monothéisme patriarcal? Ne devait-on pas préserver les nouveaux croyants de toute tentation de retourner au culte des idoles [1]? Le Dieu d'Israël n'avait-il pas fait

---

1. « Combattez les idolâtres jusqu'à ce que vous n'ayez point à combattre la tentation et que tout culte soit celui du Dieu unique. » Coran, II, 180. Les interprétateurs du Coran ont toujours distingué les idolâtres des autres infidèles. Le *madjousi*, d'après le jurisconsulte Sidi Khelil, est l'idolâtre ou le pyrolâtre dont les musulmans ne reconnaissent pas la religion, comme ils reconnaissent celles des juifs et des chrétiens. Il ne peut résider en pays musulmans, même en payant la capitation, *car elle n'est pas acceptable de lui* (Commentaire de el-Kharchi). Il doit évacuer le territoire des croyants dans un délai de trois jours à partir de la sommation qui lui en est faite, ou embrasser l'islamisme sous peine de mort. Voir note 1, p. 79. Les idolâtres sont traités avec une rigueur encore plus grande dans le Deutéronome. « Lorsque le Seigneur ton Dieu t'aura introduit dans la terre dans

les mêmes prescriptions, ordonnant d'exterminer impitoyablement les habitants des villes données à son peuple et ne permettant la clémence qu'envers les cités trop éloignées de lui pour que l'exemple de leurs abominations fût un danger pour l'observance du décalogue [1]? L'ardente foi du Prophète, sa conviction profonde que le Coran « lui avait été envoyé pour faire sortir les hommes des ténèbres à la lumière » sont des sentiments qui justifient la violence et, comme Ezéchias, Mahomet servait Dieu en traquant les idolâtres. La conversion des premières tribus avait amené de sanglantes réactions, l'Arabie était en feu. Fallait-il, par amour de la paix, que la vérité cédât devant l'erreur?

Reportons-nous aux temps peu éloignés où saint Augustin écrivait au comte Boniface sa fameuse lettre pour lui conseiller de ramener

---

laquelle tu entres pour la posséder, et qu'il aura détruit beaucoup de nations devant toi.... tu les battras jusqu'à une entière extermination, tu ne feras point d'alliance avec elles, et tu n'auras pas pitié d'elles. » (Ch. vii, 12.)

1. Deutéronome, ch. xx, 15, 16, 17, 18.

les donatistes par la violence[1]. Les hérétiques y sont comparés à des mulets qui résistent par des morsures et des ruades aux hommes qui s'occupent de les soigner; n'est-on pas obligé de les garrotter pour arriver à les guérir de leurs plaies? L'enfant lui-même peut-il être élevé sans le fouet et les autres châtiments corporels? La persécution qui retire les méchants de la perdition est pour eux le plus grand des bienfaits. « Il vaut mieux — qui en doute? — amener par l'instruction les hommes au culte de Dieu que de les y pousser par la crainte de la punition ou par la douleur; mais, parce qu'il y a des hommes plus accessibles à la vérité, il ne faut pas négliger ceux qui ne sont pas tels. L'expérience nous a prouvé et nous prouve encore que la crainte et la douleur ont été profitables à plusieurs pour se faire instruire ou pour pratiquer ce qu'ils avaient appris déjà. » Puis le saint docteur explique au comte Boniface

---

1. Lettre CLXXXV, écrite en 417. Voir Appendice II.

que la persécution peut être juste ou injuste : est juste celle des *pii* contre les *impii*; est injuste celle que les *impii* exercent sur les *pii*. « L'Église persécute par l'amour, les méchants par la haine; elle veut ramener, les autres veulent détruire, elle veut tirer de l'erreur, et les autres y précipiter. »

On ne pouvait rencontrer à la naissance de l'islamisme cet esprit de tolérance qui eût été en contradiction avec la foi fervente du Prophète et des premiers croyants; mais, dès que l'Arabie soumise eut accepté le Coran, dès que le foyer eut été allumé, l'Islam donna au monde un grand exemple de libéralisme. Aux versets menaçants lancés contre les tribus réfractaires succèdent en plus grand nombre ceux où la tolérance est recommandée.

II. 257. *Point de contrainte en religion. La vraie route se distingue assez de l'erreur.*

VI. 108. *N'injurie point ceux qui invoquent autre que Dieu, car ils injureraient Dieu dans leur indignation et leur ignorance* [1].

1. Cf. saint Paul : « Il nous faut agir honnêtement même

XX. 130. *Supporte avec patience les discours des infidèles et sépare-toi d'eux d'une manière convenable.*

XXV. 64. *Les serviteurs du Miséricordieux sont ceux qui marchent avec modestie sur cette terre et qui disent : Paix à vous » aux ignorants qui leur adressent la parole.*

Tel fut, après l'islamisation de l'Arabie, l'enseignement du Prophète et l'application qui en fut faite par les premiers khalifes nous oblige à reconnaître avec Robertson que « les sectateurs de Mahomet sont les seuls enthousiastes qui aient uni l'esprit de tolérance avec le zèle du prosélytisme¹ ». Ce fut sans doute — et ce motif ne saurait être incriminé — ce fut l'esprit de prosélytisme qui poussa les Arabes dans la voie des conquêtes; la religion du Coran se propagea derrière les armées victorieuses qui envahirent la Syrie et traversèrent dans une marche foudroyante l'Afrique septentrionale de la mer Rouge à l'Atlantique, mais l'on ne vit d'autres

avec ceux du dehors, de peur que le nom du Seigneur ne soit blasphémé. »
1. Robertson, *Histoire de Charles-Quint.*

violences que celles inséparables de la guerre : jamais une population refusant d'embrasser l'Islam ne fut passée par les armes. Au lendemain des invasions barbares, cette invasion arabe fut relativement très pacifique. Les peuples rencontrés par les armées musulmanes étaient mis dans la triple alternative ou de se convertir au Coran, ou de garder leur religion en payant un tribut, ou de s'en remettre au sort des armes [1].

Les chrétientés d'Asie et d'Afrique ne luttèrent que faiblement pour la défense de leur foi et apostasièrent en masse. La défection facile de

---

1. Telles étaient les instructions données par le khalife Abou-Beker à Khaled, lorsqu'il l'envoya conquérir la Syrie. Les peuples idolâtres, comme nous l'avons vu, étaient l'objet d'un traitement d'exception. (Voir note 1, p. 69.) Il est intéressant de rapprocher les instructions d'Abou-Beker des ordonnances du Deutéronome concernant le siège des villes et le traitement à faire subir aux Chananéens. « Si quelquefois tu t'approches pour assiéger une ville, tu lui offriras d'abord la paix. Si elle l'accepte et t'ouvre ses portes, tout le peuple qui est en elle sera sauvé, et *te servira en te payant le tribut*. Mais si elle ne veut point faire alliance et qu'elle commence contre toi la guerre, tu l'assiégeras. Et lorsque le Seigneur ton Dieu l'aura livrée en ta main, tu frapperas tout ce qui est en elle du sexe masculin, du tranchant du glaive. » Ch. xx, 10, 11, 12, 13.

ces églises dont quelques-unes, comme celle de Carthage, avaient un brillant passé, a été longtemps attribuée à la violence, à l'intolérance, au fanatisme des oppresseurs musulmans. Les auteurs de l'époque en donnaient aussi une autre explication conforme à l'esprit du temps : ils attribuaient le rapide succès des armées musulmanes aux justes effets de la colère de Dieu, qui avait voulu châtier les égarements des populations chrétiennes. Pour donner plus de poids à cet argument, en même temps que pour provoquer les fidèles au sentiment salutaire de la pénitence, de pieux écrivains en vinrent à exagérer les fautes de la chrétienté. Les armées musulmanes n'apparaissaient plus que comme l'instrument des vengeances divines : « *peccatis exigentibus, victi sunt christiani* [1] ». La conquête

[1]. *L'España sagrada, teatro geografico de la iglesia de España.* 48 vol. pet in-4°. Madrid, 1754-1856. Les volumes 1-28 seulement sont du père Henrique Florez. L'ouvrage a été continué par plusieurs auteurs. La phrase citée est tirée d'une charte du roi Bermude reproduite dans le tome XXXVII, p. 312.
On trouve dans le *Memoriale martyrum* d'Euloge : *excidium Hispaniæ propter hominum peccata.*

arabe et la défection des chrétientés d'Asie et d'Afrique sont évidemment deux événements connexes et les historiens avec raison les ont toujours réunis. Aussi bien « à cette époque la conversion et la soumission ne se séparaient jamais dans la pensée des vainqueurs [1] ». Mais l'erreur trop générale a été de considérer le second de ces événements comme ayant été causé par le premier, tandis qu'il y a pour le moins entre eux une action réflexe. Ce n'est pas tant la conquête arabe qui a amené l'apostasie des chrétiens que les défections des églises hérétiques qui ont facilité la conquête.

Arius, en niant la divinité du Christ, avait été le précurseur de Mahomet; il avait préparé les voies à l'Islam, qui ne voyait en Jésus que l'avant-dernier des Prophètes. Le dogme de la Trinité, préservé de toute attaque sérieuse depuis Mahomet, consacré par douze siècles d'une adhésion continue, est aujourd'hui si universel-

---

[1]. Funk, *Histoire de l'Église*, t. I.

lement accepté que les plus hardis des libres penseurs n'oseraient classer le christianisme en dehors des religions monothéistes en se fondant sur la pluralité des personnes divines. Aussi faut-il faire un effort pour se représenter la lutte suprême que la primitive Église eut à soutenir contre l'hérésie du prêtre d'Alexandrie. Un instant la foi de Nicée parut à tout jamais compromise; un grand désespoir envahissait l'âme des chrétiens fidèles et saint Jérôme exhalait ce magnifique soupir : « *Ingemuit totus orbis et arianum se esse miratus est.* L'univers entier gémit et s'étonna de se voir arien. » Sans doute les nicéens réussirent à étouffer l'hérésie, mais de graves dissensions n'en restèrent pas moins dans l'Église d'Afrique comme dans celle d'Asie, et l'Islam, précédé de son renom victorieux, dut apparaître à ces chrétiens divisés et dégénérés, moins comme une religion nouvelle, que comme une secte chrétienne.

Une cause d'un tout autre ordre favorisa la diffusion de l'Islam et la soumission des peuples de l'Asie Mineure et de l'Afrique septentrionale. La tyrannie byzantine en était arrivée aux dernières limites de l'exécration; les vexations des exarques étaient devenues intolérables et les Arabes furent reçus en libérateurs par des populations pressurées d'impôts et dont les terres avaient en grande partie été confisquées. En se convertissant à l'Islam, les chrétiens d'Orient étaient dégrevés de toutes les taxes odieuses de Byzance et rentraient en possession de leurs terres séquestrées; mais, alors même qu'ils refusaient d'adhérer au Coran, ils recouvraient leurs terres et, moyennant le paiement d'une capitation peu onéreuse [1], ils vivaient sous la protection de la loi musulmane, qui ne s'immisçait pas dans leurs discussions religieuses et ne distinguait pas entre orthodoxes et hérétiques. Cette condition des *dimmi* (sujets juifs ou chrétiens en pays musulmans) protégés dans leurs personnes et leurs biens découle de la doctrine

---

[1]. Elle variait du dixième au douzième du revenu.

coranique et était absolument conforme aux idées des premiers khalifes [1]. « Les infidèles, disait Ali, ne sont soumis au tribut que pour mettre au même niveau leur sang avec notre sang, leurs biens avec nos biens. » Le libéralisme de l'Islam succédant à la tyrannie du

---

[1]. Les juifs et les chrétiens en pays musulmans ont une situation légale particulière. Le célèbre jurisconsulte Sidi Khelil les distingue en 1° *dimmi*, 2° *mouslamin* et 3° *harbi*.

1° Le *dimmi* est, comme il vient d'être expliqué, le juif ou le chrétien sujet d'un pays musulman et astreint à la capitation (*djezia*); il peut pratiquer sa religion comme il l'entend, et l'on ne doit pas le contraindre à se faire musulman; il est soumis aux lois de police et de sûreté, mais son statut personnel lui est applicable, sauf dans les affaires où un musulman est en cause. C'est absolument à tort que le mot *dimmi*, qui signifie *protégé*, a pris en Algérie un sens injurieux et est devenu synonyme de *couard*, de *lâche* et de l'épithète encore plus malsonnante que nous avons tirée du latin *coleus*.

2° Le *mouslamin* (assimilé au *peregrinus* des Romains) est le juif ou le chrétien, étranger au pays, qui y est de passage et qui vit sous la protection des traités et du droit des gens.

3° Le *harbi* (*hostis*) est le juif ou le chrétien d'un pays en guerre avec le musulman, ou d'un pays qui, sans être en guerre avec eux, n'a pas fait de traités pour assurer la position de ses nationaux en pays d'Islam. *S'il est pris les armes à la main, en pays d'Islam, combattant contre les musulmans*, il est obligé d'opter entre sa conversion ou la mort. Mais, dans toute autre circonstance, sa personne et ses biens sont respectés, s'il vient se placer sous la protection de la loi musulmane en payant la capitation. Cf. Cadoz, *Droit musulman malékite*. Examen critique de la traduction de Sidi Khelil par Perron, 1870.

Bas-Empire est une cause importante de la diffusion si rapide de l'Islam et de la domination facile des conquérants arabes : le mahométisme a triomphé à ses débuts parce qu'il s'est dressé contre le byzantisme, objet de l'exécration générale.

Si de la période de la conquête nous passons à celle de la domination régulière, l'Islam nous apparaît encore plus débonnaire dans les chrétientés d'Orient. Les Arabes n'apportèrent aucune entrave à l'exercice du christianisme. Rome même put toujours librement correspondre avec les deux ou trois évêques qui dirigeaient les restes de l'ancien troupeau. En 1053, le pape Léon IX écrivait aux chrétiens d'Afrique et leur recommandait de regarder l'évêque de Carthage comme leur métropolitain[1]; chrétiens et musulmans vivaient en si bonne intelligence que Grégoire VII dut reprocher aux premiers d'avoir porté devant les autorités arabes un différend

---

1. L'Église de Carthage, qui avait le plus de vitalité, ne disparut que vers 1160. Cf. Funk, *Histoire de l'Église*.

entre eux et leur évêque Cyriaque (lettre du 5 septembre 1073). Malgré cette tolérance du vainqueur, les pertes du christianisme furent immenses et il finit par disparaître du nord de l'Afrique. Encore s'il avait existé dans l'Islam une institution comparable à l'Église dans la religion chrétienne, une autorité chargée de la prédication et de l'enseignement doctrinal, le succès si rapide du Coran semblerait moins inexplicable. Charlemagne emmenait dans ses expéditions de nombreux missionnaires chargés d'assurer la conquête pacifique des consciences derrière les sanglantes conquêtes de ses armes. Point d'église dans l'Islam, point de missionnaires dans les armées des khalifes, point d'apostolat succédant à la conquête. On peut dire que la nouvelle religion ne fut pas plus imposée par la prédication que par la violence. L'islamisation se fit par une sorte « d'endosmose morale[1] »; elle fut le résultat de cette faculté assimilatrice

---

[1] A. Burdo, *les Arabes dans l'Afrique centrale*, 1883.

dont jouit encore, comme nous le verrons, la religion du Coran. Si quelques chrétiens allèrent à l'Islam par intérêt, d'autres en grand nombre se firent musulmans poussés par une conviction sincère et spontanée[1]. Cette conversion leur était d'ailleurs rendue extrêmement facile par la simplicité même du dogme musulman, puisqu'il suffisait de prononcer la brève formule de la profession de foi pour devenir mahométan. Cependant, après la conquête arabe, on ne vit plus de chrétiens renoncer en masse à leur foi, et, dès que la domination arabe fut régulièrement installée, toute conversion à l'islamisme, pour être valable, dut faire l'objet d'un acte passé devant le cadi. Ces actes mentionnent toujours que le chrétien a agi avec une conviction sincère, dégagée de tout sentiment de crainte et de toute contrainte, « *car personne ne doit être contrarié dans ses convictions reli-*

---

[1]. « Il est positif que beaucoup d'entre les chrétiens embrassèrent l'islamisme par conviction ». Dozy, *Essai sur l'histoire de l'islamisme.* Cf. Dozy, *Recherches sur l'histoire et la littérature de l'Espagne pendant le moyen âge.*

gieuses [1] ». Sous la dynastie des Ommiades, les conversions devinrent si nombreuses que les khalifes, loin de les encourager, les virent avec déplaisir, à cause du préjudice sérieux qu'elles causaient aux finances de l'État. Sous le khalifat de Moawia le rendement de l'impôt d'Égypte fut inférieur de moitié à ce qu'il avait été quelques années auparavant sous le khalifat d'Othman, et cette diminution de recettes n'était attribuable qu'à la conversion des chrétiens coptes survenue dans l'intervalle [2]. Mais il y eut plus : certains khalifes, pour entraver les conversions, n'accordèrent pas aux nouveaux musulmans l'exemption de la capitation; Omar II, le plus pieux et le plus désintéressé des Ommiades, dut intervenir : « Si tout continue à aller en Égypte comme maintenant, lui écrivait Haïan, son lieutenant, les chrétiens sans exception se feront musulmans et l'État perdra ainsi les

---

1. Voir la traduction de l'un de ces actes de conversion à la fin du volume, Appendice III.
2. Dozy, *Essai sur l'histoire de l'islamisme.*

revenus qu'ils rapportent au trésor. » Omar dépêcha vers lui un commissaire spécial avec les instructions suivantes : « Tu frapperas Haïan de trente coups de fouet sur la tête pour le punir des paroles qu'il a prononcées; tu lui diras d'exempter de la capitation tout homme qui se fait musulman. Je serais bien heureux d'ailleurs si les chrétiens se faisaient tous musulmans, car Dieu a envoyé son prophète comme apôtre et non comme collecteur d'impôts[1]. »

Il n'y a rien dans ces appréhensions du fisc arabe qui doive nous étonner, nous autres Français : la principale recette du budget de l'Algérie est fournie par l'impôt indigène, beaucoup plus lourd que la capitation due par l'infidèle en pays musulmans et nous nous trouverions dans un grand embarras financier, le jour où les musulmans d'Algérie devenus chrétiens jouiraient par

---

1. Ibn Neqqach, *Mémoire sur la condition des tributaires et spécialement des chrétiens en pays musulmans. Traduction de M. Belin.* Journal Asiatique, troisième série, t. XI.

rapport à l'impôt des mêmes immunités que les colons européens.

C'est en Espagne surtout que se manifesta la tolérance des musulmans et la condition qu'ils firent aux chrétiens fut beaucoup plus douce qu'elle ne l'avait été sous les Wisigoths. Dozy reconnaît que cette conquête ne fut pas une calamité et que le gouvernement absolu eut bientôt réprimé les inévitables désordres amenés par l'anarchie qui se produisit au lendemain de la conquête. Les vainqueurs laissèrent aux Espagnols leur religion, leurs lois et leurs juges; les chrétiens obtinrent des charges publiques et même des emplois à la cour des Khalifes; plusieurs, comme le Cid, commandèrent des armées musulmanes [1]. Cette politique tolérante avait rallié la partie la plus éclairée de la population des villes [2]; beaucoup d'Espagnols sans abjurer

1. Ce nom de Cid (*sid*, seigneur) lui était donné par ses soldats arabes. On sait que le fameux Rodrigue el Campeador passa les plus belles années de sa vie au service des rois arabes de Saragosse et combattit en vrai soudard tantôt pour le Christ, tantôt pour Mahomet.
2. Il y eut même des mariages mixtes en assez grand

leur foi avaient été séduits par les raffinements de la civilisation orientale, ils apprenaient la langue et la littérature arabes et les prêtres chrétiens leur reprochaient de délaisser les hymnes de l'Église pour les poésies profanes du vainqueur. Si grande était la liberté des cultes en Espagne à cette époque que les juifs traqués en Europe se réfugièrent en masse auprès des Khalifes de Cordoue [1]. Là comme dans tous les pays assujettis à l'Islam, la capitation fut la

---

nombre. Le nom de *hidalgo*, à l'origine, désigna spécialement les Espagnols qui n'avaient dans leur famille aucun mélange de sang arabe.

1. L'empereur Charles entrant en vainqueur dans Saragosse ordonne à ses soldats de détruire « *les sinagogues et les mahumeries* (mosquées), lai cccxvi, vers 3662, *Chanson de Roland*. Texte critique, Léon Gautier, 7ᵉ édition, 1880. « Au vIIᵉ siècle, dit M. Avidgor Chaïkin, les juifs étaient si nombreux en Espagne qu'on y parlait communément la langue hébraïque, tout le commerce extérieur était entre leurs mains. » *Apologie des juifs*, Paris, 1887. Au temps des croisades, chaque fois qu'une armée chrétienne entre victorieuse dans une ville sarrasine, il se fait un grand carnage de musulmans et de juifs, ce qui tend à prouver que ces derniers, expulsés des États chrétiens, avaient trouvé asile et protection dans les pays musulmans. C'est à la grande tolérance de l'islam que les juifs étaient redevables de cette situation et non, comme le prétend M. Avidgor Chaïkin, à la communauté d'origine, à la similitude de race, de langue et de religion existant entre les deux peuples.

seule condition imposée par le vainqueur à ses sujets chrétiens. Un chroniqueur arabe nous rapporte à ce sujet une courte anecdote qui mérite d'être citée tant au point de vue de la capitation que parce qu'elle donne une idée assez juste des relations entre chrétiens et musulmans. Un docteur (Fakih) mahométan de Cordoue avait pour voisin un chrétien et le saluait habituellement, quand il le rencontrait, par cette formule de politesse, habituelle entre musulmans : « Que Dieu vous donne une longue vie. » Un jour il fut entendu par de rigides observateurs du Coran qui, grandement scandalisés, lui reprochèrent d'adresser de pareils souhaits à un mécréant ; mais le fakih, sans se déconcerter, et avec le plus grand calme, les rassura par cette escobarderie : « Quand je dis au chrétien : Que Dieu vous donne une longue vie, je souhaite que Dieu lui laisse la vie afin qu'il paye longtemps la capitation [1]. »

1. Dozy, *Recherches sur l'histoire et la littérature de l'Espagne pendant le moyen âge.*

Il est probable que le fakih, surpris en échange de compliments avec un chrétien, inventa cette explication pour tromper sur ses véritables sentiments ses coreligionnaires scandalisés et qu'il était en réalité l'ami de son voisin chrétien. Les chroniques arabes et espagnoles sont remplies d'exemples de semblables amitiés et l'on a exagéré la haine irréconciliable qui divisait les deux peuples. Les Khalifes eux-mêmes, en Syrie aussi bien qu'en Espagne, prirent souvent des chrétiens pour conseillers intimes et leur confièrent les plus hautes dignités. Les musulmans austères s'en plaignaient hautement et rappelaient ces paroles que la prudence la plus élémentaire avait inspirées à Mahomet : « O croyants! ne prenez pour amis ni les juifs, ni les chrétiens; car ceux qui leur montrent de l'amitié finissent par leur ressembler[1]. » Les ulémas décidèrent même qu'il était interdit aux musulmans, sous peine de péché,

---

[1]. Coran. Sourate. V, 56.

d'entretenir un commerce d'amitié avec les chrétiens et que ceux-ci ne pouvaient parvenir aux fonctions officielles. Mais aucune défense religieuse ne saurait prévaloir contre une nécessité : l'accession des chrétiens aux charges publiques dans les États musulmans s'imposait au lendemain de la conquête. Les vainqueurs, arabes ou berbers, n'étaient nullement préparés à leur rôle de chefs d'État; l'administration des peuples conquis était pour eux pleine de difficultés et il leur eût été impossible de se passer du concours des chrétiens vaincus. Ces fonctionnaires qui déparaient la religion du Prophète sont appelés par les chroniqueurs arabes « de véritables fétus dans l'œil de l'Islam », « un furoncle sur le visage de la religion [1] ». Ils étaient détestés encore plus pour leurs exactions que pour leur foi religieuse.

Je n'ai pas l'intention de faire l'histoire de la condition des chrétiens dans les États musul-

[1]. Ibn Neqqach, *loc. cit.*

mans au moyen âge. Il est évident qu'une telle histoire aurait à retracer bien des violences de part et d'autre et que les relations des deux peuples n'échappèrent pas au principe de l'action et de la réaction. La conviction et les conclusions de l'historien ne s'établissent pas en cataloguant des faits mais en cherchant à en dégager l'esprit. J'ai donc cherché à mettre en lumière cette vérité qui, formulée d'une façon générale, me paraît difficilement contestable : les capitulations imposées aux chrétiens par leurs conquérants arabes furent presque toujours inspirées par un grand esprit de tolérance, sentiment fort rare en Europe à cette époque et d'autant plus digne d'être remarqué que l'humanité envers le vaincu était alors regardée comme de la faiblesse.

Il est cependant un fait trop important pour être passé sous silence. L'Église espagnole se crut, en 851, à la veille d'une persécution générale. Tandis que la plus grande partie des chrétiens de Cordoue pratiquant librement leur religion acceptaient sans se plaindre la domination arabe, d'autres, en petit nombre, excités par des prêtres à l'âme impétueuse et des moines exaltés par un ascétisme prolongé, s'entretenaient dans la haine de l'islamisme et aspiraient au martyre. Entre tous ceux que dévorait le saint désir de mourir pour le Christ, se détache la figure d'Euloge « tout rutilant du zèle de la foi »[1]. Euloge était un prêtre de Cordoue dont la jeunesse avait été ardente et qui se reconnaissait lui-même « luxuriæ et voluptatis luto confectus ». Il avait calmé les commotions de sa chair dans les jeûnes et dans les veilles; la passion du martyre avait chassé bien loin de son cœur les passions terrestres. Il visitait et exhor-

---

[1]. « Zelo fidei rutilans », *Hymnus in diem S. Eulogii presbyteri*. Cf., sur la persécution de Cordoue et sur Euloge, *Hispaniæ illustratæ seu urbium rerumque hispanicarum, academiarum, bibliothecarum, clarorum denique in omni disciplinarum genere scriptorum auctores, varii chronologi historici*, Andreæ Schotti, S. J., Francfort, 1608, t. IV, et *Maxima bibliotheca veterum patrum*, t. XV, Lyon, 1677. On trouve dans ces deux collections toutes les œuvres d'Euloge. Cf. aussi Dozy, *Histoire des musulmans d'Espagne jusqu'à la conquête de l'Andalousie par les Almoravides (711-1110)*, Leyde, 1861, 4 vol. in-8°.

tait le petit troupeau de fidèles intransigeants qui maudissaient l'islamisme ; surexcités par sa chaude parole, les chrétiens s'exaltaient à l'idée de mourir pour leur foi.

L'Espagnol à l'imagination ardente passe vite de son rêve à la réalité : un jour le cadi de Cordoue vit avec étonnement entrer dans la salle du tribunal un moine chrétien appelé Isaac, ancien katib (secrétaire) d'un seigneur arabe. Cet homme, la tête en feu, l'œil égaré, déclara qu'il voulait se faire musulman ; puis, invité par le magistrat à prononcer la profession de foi, il vomit un torrent d'injures sur Mahomet et sa religion. Le cadi le jugeant ivre ou atteint d'aliénation mentale hésitait à le condamner à la peine de mort ; mais Isaac ayant à plusieurs reprises renouvelé ses blasphèmes, le magistrat, malgré sa clémence, dut appliquer à ce fanatique la loi formelle qui punit du dernier supplice l'outrage fait à la personne du Prophète. Isaac, exécuté le 3 juin 851, mourut en confessant le Christ et en injuriant Mahomet. Il avait frayé la route glorieuse du martyre; chacun voulut s'élancer au tribunal du cadi pour injurier à son tour le Prophète et obtenir la mort. Les chaouch avaient peine à éloigner ces chrétiens en délire qui envahissaient le tribunal et le cadi dut plus d'une fois fermer l'oreille pour ne pas les condamner à la peine capitale. « Les musulmans éclairés avaient pitié de ces fanatiques plus qu'ils ne les haïssaient et ils regrettaient que, pour obéir à leur loi, ils dussent faire monter sur l'échafaud des malheureux qu'ils regardaient comme des aliénés[1]. » Il y eut onze condamnations en deux mois. Euloge triomphait; la phalange des martyrs de Cordoue, « martyrum cordubensium turba », était son œuvre; il avait mérité le titre que l'Église devait lui décerner dans l'hymne qu'elle chante le jour de sa fête :

« Eulogius martyrum intentor et cultor. »

Cependant les chrétiens paisibles de Cordoue traitaient de suicidés les prétendus martyrs et blâmaient hautement leur conduite. Euloge et

1. Dozy, *loc. cit.*

son ami Alvaro[1] ripostèrent en accusant de lâcheté ceux qui n'osaient pas insulter Mahomet et le Coran. L'effervescence était grande dans l'église espagnole et, comme d'autre part on s'inquiétait à la cour des khalifes de cette contagion du martyre, Abdérame II convoqua un concile[2]. Les évêques assemblés ne purent, ainsi que le leur demandait le représentant du khalife, désapprouver la conduite de ceux que l'Église avait déjà placés sur ses autels, mais, évitant de se prononcer sur le passé, ils édictèrent des défenses pour l'avenir. Il fut interdit expressément à tout chrétien de se présenter dorénavant devant le tribunal du cadi sans avoir été convoqué. Leur zèle irréfléchi ne céda qu'avec regret devant les interdictions du concile et jusqu'en 859 l'agitation régna dans l'église d'Espagne[3].

---

1. Ce fut pour défendre les martyrs contre les modérés qu'Alvaro écrivit son ouvrage : *Indiculus luminosus. La démonstration lumineuse.* Cf. Migne, t. CXXI.
2. C'étaient les khalifes qui avaient l'initiative de convoquer les conciles ; ils n'assistaient pas aux séances, mais s'y faisaient représenter.
3. Funk, *Hist. de l'Église*, I. Hergenrœther, *Hist. de l'Église*,

Ainsi finit cette crise violente que certains auteurs, après Euloge, son premier historien, ont appelée « la persécution de Cordoue[1] ». L'impartialité oblige à reconnaître que s'il y eut des martyrs, il n'y eut assurément pas de

---

III. Fleury, *Histoire ecclésiastique*, liv. XLIX. Tous les historiens de l'Église sont unanimes à reconnaître ce qu'il y avait d'excessif dans ce zèle du martyre.

1. La persécution de Cordoue n'eut pas un grand retentissement dans la chrétienté, malgré l'exagération de l'église espagnole, qui la compara à celles des premiers siècles. Elle était vraisemblablement ignorée en France, si l'on en juge par le récit suivant tiré de l'*España Sagrada* :

En 858, deux moines de l'abbaye de Saint-Germain des Prés, Usuard et Odilard, arrivèrent en Espagne où ils avaient été envoyés par Charles le Chauve pour ramener le corps de saint Vincent que l'on croyait déposé à Valence. Usuard et Odilard, pleins d'enthousiasme pour leur pieuse mission, se voyaient déjà rapportant sur leurs épaules la relique vénérée et traversant l'Aragon et les pays de France au milieu des populations accourues sur leur passage, quand ils apprirent par delà les Pyrénées que le corps du saint n'était plus en Espagne et avait été transféré à Bénévent. Ce fut un désespoir profond pour les moines et la pensée de revenir en France, sans avoir accompli leur mission, les rendait inconsolables. Comme ils passaient par Barcelone, ils entendirent parler pour la première fois d'une persécution qui venait d'avoir lieu à Cordoue. La Providence ne les abandonnait pas dans leur infortune : à défaut du corps de saint Vincent ils ramèneraient celui d'un des récents martyrs. Pleins d'espérance, ils arrivèrent à Cordoue et, à force de supplications, ils obtinrent pour le roi Charles le Chauve la dépouille d'un jeune Cordouan mort en confessant le Christ. España Sagrada, *De translatione SS. Martyrum*. Cf. Mabillon, *Acta SS. ord. Benedicti*; sæc. IV; part. II.

persécution. Le *Memoriale sanctorum* et le *Documentum martyriale* composés par Euloge ne laissent subsister aucun doute sur la cause de ces condamnations, qui furent toujours provoquées par des chrétiens jaloux comme Polyeucte d'obtenir le martyre; le ton même de ces ouvrages est la meilleure preuve de l'état d'exaltation extrême où en étaient arrivés les esprits. Ceux qui voudraient en entreprendre la lecture seraient récompensés de leur peine par le délicieux épisode de cette vierge espagnole qui avait le joli nom de Flora.

Flora était née d'un mariage mixte, mais, restée orpheline en bas âge, elle avait été élevée par sa mère dans la religion du Christ. Dénoncée par son frère, fervent musulman, elle avait subi une première fois le martyre et les chaouch avaient déchiré sa nuque à coups de verge en plein tribunal du cadi. Or Flora était admirablement belle, faite du plus pur sang de deux races; ses blessures avaient ajouté à son visage une expression céleste; objet de vénération pour les chrétiens que dirigeait Euloge, tous allaient voir la vierge courageuse qui avait souffert pour le Christ. Euloge lui-même fut la visiter. Flora découvrit devant lui sa nuque meurtrie et « privée de la belle et abondante chevelure qui la couvrait jadis ». L'impétueux et austère Euloge, ému par tant de beauté et tant de courage, eut le cœur tout rempli d'amour, amour virginal comme celle qui en était l'objet; il mit la main sur les plaies, il aurait voulu les guérir en les pressant sur ses lèvres, mais il n'osa pas.... il s'éloigna bien rêveur et bien soupirant [1].

Flora vivait cachée à l'abri des regards des musulmans, ne sortant de sa retraite que pour aller prier dans les églises; ce fut au pied des

---

1. Rien ne vaut le récit plein de candeur où Euloge rappelle à Flora cette première entrevue : « Denique evulsam ictibus flabellorum venerabilis tui verticis cutem, rimamque quae cæsaries pulchra defluxerat, ego persecutionis tuæ tempore intuitus sum, dignante te illud mihi ostendere veluti proximo patri puritate reverentiæ tuæ. Et blanda manu attrectans, quia osculis ipsa vulnera non crederem esse demulcenda : postquam ad te discessi, diu alteque mecum reputans suspiravi. *Hispaniæ illustratæ.*

autels qu'elle fit la connaissance d'une pieuse vierge appelée Marie, sœur d'un martyr et tourmentée elle-même du désir de mourir en confessant le Christ. Marie et Flora s'exaltèrent mutuellement dans de longs entretiens et de ferventes prières, puis, se sentant prêtes au sacrifice, elles allèrent le visage radieux insulter Mahomet devant le tribunal du cadi; mais le magistrat, touché de leur jeunesse et de leur beauté, ajourna leur condamnation et ordonna qu'elles fussent jetées en prison. La constance est une vertu difficile, surtout pour les natures ardentes et exaltées. Abandonnées de longs mois dans la geôle du khalife, menacées d'être livrées à la prostitution, les deux vierges, qui avoient bravé la mort avec tant d'assurance, sentaient défaillir leur énergie première. Euloge n'avait pas oublié celle qui avait fait naître dans son cœur un sentiment si voisin de l'amour, le jour où elle lui avait découvert sa nuque meurtrie par le bourreau. Jeté dans la prison de Flora pour avoir continué, malgré la défense du concile, ses exhortations clandestines au martyre, il la revit avec une émotion profonde. Le zèle de la foi était pour son âme un frein puissant : il ranima le courage de sa fille spirituelle, la prépara aux souffrances d'un second martyre, et la vierge ravie en l'entendant ressentait un avant-goût du bonheur des élus; mais dans ce cœur de prêtre si ardent pour le service de Dieu commençait à s'élever un sentiment plus humain, légère vapeur venue de la terre et qui menaçait de ternir son âme céleste. Une souveraine tristesse s'emparait d'Euloge quand il s'éloignait de Flora : « luctum non amitto quotidianum », écrivait-il à son ami Alvaro. Ce fut à cette amertume inséparable des meilleures choses d'ici-bas que le saint reconnut ce qu'il pouvait y avoir de trop sensible dans les élans de son âme. Toujours sévère à lui-même, il redoubla de jeûnes, de veilles et de prières et, pour ramener le calme dans son cœur, il composa dans sa prison le *Documentum martyriale*. Dieu ne voulut pas prolonger l'épreuve de son serviteur ni retarder pour sa servante le jour du martyre si ardemment convoité. Flora, tirée de la prison avec Marie, sa compagne, eut la tête tranchée le 24 novembre 851. Il sembla au chaouch étonné que le col de la vierge resplendissait de lumière quand il abaissa son glaive pour la frapper[1]. Euloge, remis en liberté, fut nommé archevêque de Tolède et mourut lui-même martyr le 11 mars 859.

Cette fièvre du martyre ne disparut de l'Espagne qu'à la fin du IX⁰ siècle; encore relevons-nous à Séville trois siècles plus tard un exemple identique d'exaltation religieuse. Saint François d'Assise avait envoyé en 1219 quelques frères de son ordre pour évangéliser les Maures. Les membres de la mission débutèrent en se présentant dans une mosquée de Séville où les musulmans étaient en prière et se mirent en devoir de les exhorter à se convertir au chris-

---

1. On retrouve dans cet ouvrage l'expression de ce sentiment si pur fait de tendresse et d'édification qu'Euloge avait conçu pour Flora; quand il s'adresse à elle, il l'appelle : « O virtutum meritis florens, Flora, sanctissima soror. »

tianismo ; on les expulsa rudement ; ils allèrent à la cour continuer devant le sultan leurs attaques contre le Coran ; condamnés à être enfermés dans une tour, ils reparurent au sommet, prêchant aux passants la foi du Christ. Le sultan ne put s'en débarrasser qu'en les déportant au Maroc. Là leur exaltation ne fit que s'accroître et, malgré la protection dont les entoura l'infant Don Pedro, tout-puissant près du souverain almoravide, ils furent exécutés le 16 janvier 1220[1].

Nous nous sommes étendus sur la tolérance religieuse dont l'islamisme avait fait preuve dans son expansion rapide en Occident parce que c'est parmi les nations chrétiennes que s'est accréditée l'opinion contraire, opinion si tenace qu'elle a cours encore aujourd'hui malgré les témoignages de l'histoire[2] et des voyageurs

1. Voir dans l'Appendice III la relation du martyre des frères mineurs de saint François d'Assise et le récit d'une tentative faite par le saint auprès du soudan d'Égypte pour le convertir à la foi chrétienne.
2. « Quand Omar s'empara de Jérusalem, il ne fit aucun mal aux chrétiens. Quand les croisés se rendirent maîtres de

qui ont parcouru l'Orient[1]. La diffusion à l'est de la péninsule arabique, dans tout le continent asiatique, eut lieu du xii° au xiv° siècle : elle s'accomplit sans violence. Benarès, la sainte ville des Hindous, fut non seulement respectée par les fonctionnaires musulmans, mais ils s'abstinrent de pénétrer dans cette métropole du brahmanisme. Partout l'Islam arriva à se faire une situation prépondérante au milieu des religions asiatiques, qu'il ne chercha jamais à supplanter.

Ce n'est donc pas à l'intolérance que le mahométisme a dû son expansion si rapide et il serait plus juste de soutenir que la tolérance religieuse dont il a fait preuve a causé la ruine de l'empire arabe[2]. Les historiens étonnés de cette marche victorieuse qui amena les Arabes jusqu'aux rive

---

la ville sainte, ils massacrèrent sans pitié les musulmans et brûlèrent les juifs. » Michaud, *Histoire des croisades.* Oma combla d'égards et de respects le patriarche Sophronius.

1. « Il est triste pour les nations chrétiennes que la tolérance religieuse, qui est la grande loi de charité de peuple à peuple, leur ait été enseignée par les musulmans. » L'abbé Michon, *Voyage religieux en Orient,* 2 vol. in-8°; Paris, 1853.

2. Is. Urbain, *De la tolérance dans l'islamisme. Revue de Paris,* 1ᵉʳ avril 1856.

de la Loire se sont parfois demandé ce qu'il serait advenu de l'Europe chrétienne, si le mahométisme n'avait pas été arrêté par Charles Martel dans les plaines de Poitiers. La question nous semble mal posée et il serait plus exact de la transformer en celle-ci : que serait-il advenu de l'Europe chrétienne si l'islamisme avait été intolérant? La défaite de Poitiers, comme l'a fait très justement observer M. Mercier[1], n'est qu'un fait secondaire qui ne saurait suffire à expliquer l'arrêt et le recul de l'expansion arabe. Une bataille perdue a rarement par elle-même une conséquence aussi importante; le sort des armes est inconstant et une défaite peut être suivie d'une victoire. M. Mercier attribue cette retraite définitive des armées arabes après la bataille de Poitiers aux révoltes qui se produisirent dans les populations du Maghreb, révoltes qui privèrent l'armée envahissante de son principal contingent, le contingent *berbère*.

1. *La bataille de Poitiers et les vraies causes du recul de l'invasion arabe.* — *Revue historique*, 1878.

C'est là une raison prépondérante, mais à côté d'elle, il est juste de faire remarquer que la grande tolérance dont l'Islam fit toujours preuve favorisa les révoltes, permit à des dynasties indépendantes de se fonder en Maghreb et en Espagne et que finalement cette tolérance contribua à la désagrégation de l'empire arabe. Il est probable que les Espagnols, dont les défections furent si nombreuses, malgré le libre exercice du christianisme, seraient devenus musulmans s'ils avaient été traités avec la même rigueur que les Saxons et les Wendes par les conquérants chrétiens [1].

Mais laissons là les hypothèses et retenons ce fait que la religion du Coran, sans autre pression que celle résultant nécessairement de la conquête et de la domination arabe, sans pro-

---

[1]. Les Sarrasins, bien entendu, ne furent pas mieux traités.
Qui Dieu croire ne voult, la teste on li porfent
. . . .
Qui ne se baptiza, le chief li fu copés.
                    (Beaudouin de Seboure.)
En la citét nen at remés paien
Ne seit ocis, o devient crestiiens.
                    (Chanson de Roland.)

s... ytisme apparent, arriva à s'imposer à toutes les populations juives, chrétiennes ou idolâtres de l'Afrique septentrionale ainsi que d'une partie considérable de l'Asie et que, même en Espagne, des chrétiens éclairés abjurèrent leur foi pour se faire musulmans. Il faut donc reconnaître au mahométisme, qui, ainsi que nous le verrons, étend toujours son domaine, une faculté assimilatrice et une force d'expansion dont nous aurons à rechercher les véritables causes. Écartons tout d'abord celles qu'on voudrait tirer des doctrines matérielles d'une religion autorisant la polygamie et promettant à ses élus les félicités charnelles d'un paradis dont les descriptions fantaisistes ont longtemps fourni des arguments aux détracteurs de l'Islam. Nous étudierons également la question du fatalisme dans la religion du Coran, parce que certains auteurs ont vu dans cette doctrine une cause importante de la propagation du mahométisme et l'explication du courage avec lequel le musulman a toujours bravé la mort sur les champs de bataille.

CHAPITRE III

Polygamie.

La polygamie antéislamique. — La polygamie du Coran. La décence chez les musulmans.

Pour la plus grande partie du moyen âge, l'œuvre capitale de Mahomet était la polygamie; c'était par elle que la nouvelle religion avait séduit les hommes, voire même les femmes, car, d'après du Perron, elle permettait aussi la polyandrie [1].

> Et que .X. femmes ait un hons
> Et .X. maris ait une femme
> Sans nul péché et sans nul blame
> Dont jamais doit être reprise.

---

1. *Le Roman de Mahomet.* Éd. Rainaud, p. 58.

Les chroniqueurs s'en rapportant à de telles fables qualifient l'islamisme de « foy de bufles et de chameaulx et de toutes aultres bestes [1] » ou l'appellent une « religion de pourceaux [2] ».

La polygamie choque tellement nos mœurs civilisées, nos mœurs chrétiennes surtout, que c'est à peine si nous arrivons à concevoir celle de la loi de Moïse, loi divine comme celle du Christ. L'abbé de Broglie la regarde comme « difficilement explicable ». « Dieu, dit-il, a pu la tolérer dans une certaine mesure qu'il *nous est difficile de bien comprendre* [3]. » On semble redouter pour notre foi le spectacle de deux religions également divines présentant une morale opposée. Mais pourquoi ne pas admettre chez le législateur divin la même sagesse que chez le législateur humain, et si celui-ci, en édictant ses lois, a la prudence de tenir compte du milieu,

---

1. *Traité d'Emmanuel Piloti sur le passage dans la Terre Sainte.* Collection Reiffenberg, t. IV. Voir à la fin du volume, Appendice I, *passim*.
2. Renan, *Averroës et l'Averroïsme*, 2ᵉ partie, chap. II, et 15.
3. *Problèmes et conclusions de l'histoire des religions*; abbé de Broglie, 1886.

pourquoi refuser au premier cette même prudence? C'est l'avis d'un théologien autorisé. « Même en sa teneur divine, dit M??? d'Hulst, la loi morale de la première alliance avait dû s'accommoder à l'infirmité morale de la race et du temps auxquels elle était destinée [1] ».

Cette « infirmité morale » du sémite inhérente à sa race et à son climat et que le temps ne saurait guérir, ce sont ses appétits sensuels, et nous devons reconnaître que si cette exigence du penchant sexuel peut constituer un défaut au point de vue moral, elle est, par contre, au point de vue physique, une preuve de vigueur et d'excellence de race : le mâle sémite est plus robuste et plus ardent que le mâle aryen; aussi quelques ethnographes n'hésitent pas à avancer que la polygamie était nécessaire à des hommes doués d'une telle puissance génésique. Par un de ces impénétrables contrastes du plan divin, l'Aryen, si enclin au polythéisme, a

[1]. Carême de 1891 : 1ʳᵉ conférence.

toujours été monogame, tandis que le Sémite, qui se complaît dans le monothéisme le plus rigide, admet la polygamie. Plusieurs dieux, une seule épouse, est une formule souvent vraie pour les premiers; un dieu unique, plusieurs femmes, est celle qui conviendrait aux seconds.

La différence profonde qui sépare les races européennes de celles de l'Orient, différence augmentée encore par la religion et la civilisation, rendent très difficile l'appréciation exacte et impartiale de la loi du Coran sur le mariage. Mais il y a un fait important passé le plus souvent sous silence, c'est que la polygamie de l'Arabie est antérieure à l'islamisme : le harem est plus ancien que la mosquée et il est absolument inexact d'affirmer que « le premier harem s'est élevé à côté de la première mosquée [1] ». Les tribus arabes qui embrassèrent à l'origine la nouvelle religion étaient polygames comme le sont ces populations noires entraînées de nos

1. Abbé de Broglie, *loc. cit.*

jours vers le mahométisme par un attrait irrésistible. Cette polygamie était pour ces Arabes et est encore pour ces noirs bien autrement large que celle permise par le Coran, et Mahomet, en ne concédant que quatre épouses légitimes, est jugé par les uns et par les autres comme un réformateur sévère. Les préférences du Prophète étaient très certainement pour la monogamie, dont lui-même donnait alors l'exemple, mais pouvait-il l'imposer à ces fils de Koreïch qui, comme Harits et Ghilan, avaient chacun dix femmes quand ils se convertirent avec elles à l'islamisme? Le sacrifice eût été au-dessus de leurs forces et leur foi nouvelle eût été ébranlée. « Choisissez, dit Mahomet à Harits et à Ghilan, choisissez parmi vos épouses les quatre qui vous plaisent le mieux et renvoyez les autres[1]. »

---

1. On s'étonnera peut-être de mon silence sur les nombreuses unions que contracta Mahomet, mais cette question que j'ai déjà traitée (voir chap. 1, *in fine*) et sur laquelle je reviendrai (voir p. 203) est étrangère au sujet de ce chapitre. La polygamie doit être jugée sans tenir compte de la personne du Prophète, qui fut lui-même dans la seconde partie de sa vie en contradiction avec sa propre loi.

Cette tendance à la monogamie se retrouve dans le troisième verset de la quatrième sourate, qui fixe le nombre des épouses permises au croyant.

Si vous craignez, dit le Coran, *d'être injustes envers les orphelins, n'épousez parmi les femmes qui vous plaisent que deux, trois ou quatre. Si vous craignez encore d'être injustes, n'en épousez qu'une.*

Le véritable sens de ce passage, en laissant de côté la question des orphelins [1], serait le suivant, au dire des théologiens :

Si vous craignez de ne pas être équitable en ayant plusieurs femmes, si vous craignez de favoriser l'une aux dépens de l'autre, si vous n'êtes pas en état de donner à chacune les soins qu'elle réclame, alors n'épousez qu'une seule femme.

Quelques commentateurs vont jusqu'à prétendre que le musulman n'est pas seul juge dans la question de savoir s'il peut prendre plusieurs femmes ou si au contraire il ne lui est licite que

---

1. Le sens de cette phrase est très controversé; elle viserait les rapports des orphelins avec leurs tuteurs. Voir, Appendice V, les principales explications du commentateur Ibn el Khazin.

d'en épouser une; c'est au magistrat qu'il appartiendrait dans certains cas de statuer sur cette délicate question et le cadi peut alors imposer la monogamie au croyant qu'il apprécie devoir être un mauvais polygame. On rapporte à l'appui de cette opinion l'anecdote suivante.

Le khalife abasside Abou-Djafar-el-Mansour aimait si éperdument sa femme qu'il n'avait pas voulu tout d'abord contracter une autre union; cependant, après plusieurs années de bonheur conjugal, le khalife désira éprouver les charmes de la variété et songea à se donner une seconde compagne. Sa première femme, pressentant qu'elle serait supplantée par une rivale et traitée avec injustice, contesta à son royal époux le droit de profiter de la polygamie admise par le Coran. Abou-Hanifa, grand théologien et grand jurisconsulte, fut mandé au palais pour être consulté sur la question.

« Combien de femmes, lui dit le khalife, un musulman peut-il épouser?

— Quatre, répondit le docteur.

— Tu viens d'entendre ? » s'écria aussitôt le khalife, en se tournant du côté de sa femme qui était cachée derrière une tenture. »

Mais Abou-Hanifa, revenant sur son premier dire, se hâta d'ajouter :

« Une seule femme est permise à Abou-Djafar.

— Et pourquoi ?

— Sire, parce que le ton de vos paroles, quand vous vous êtes adressé à votre auguste épouse, m'a suffisamment fait comprendre que vous ne seriez pas juste à son égard ; c'est pourquoi je décide maintenant que vous devez vous en tenir à elle [1]. »

Je n'ai pu vérifier si Abou-Djafar avait été assez scrupuleux pour respecter la décision du célèbre docteur Abou-Hanifa ; il est d'ailleurs évident que le cas du khalife abasside est celui de tout mari polygame, condamné inévitablement à être injuste envers ses femmes. Aussi

---

[1]. Cf. Cadoz, *Droit musulman malékite*, 1870.

les cadis ont peu à se prononcer sur de pareilles situations; il n'en est pas de même sur la question de savoir si les ressources du futur conjoint lui permettent ou lui interdisent d'avoir plus d'une épouse. Mais le plus souvent la crainte des charges qui résultent de l'entretien convenable de plusieurs femmes suffit à restreindre la polygamie, sans l'intervention de l'autorité judiciaire. La pluralité des femmes est regardée en Orient comme un luxe inaccessible aux gens de situation modeste et permis seulement à quelques favorisés de la fortune[1]. Comme l'inégalité des conditions est acceptée des musulmans avec la résignation la plus philosophique et la plus religieuse, les deshérités de la terre respectent sur ce point comme sur les autres la défense du Coran et ils ne songent pas à envier au riche son harem plus que tel autre privilège de la fortune. Ils ne sont pas d'ailleurs sans savoir

---

1. Pour les Orientaux, comme jadis pour les chefs germains, la polygamie est souvent une charge imposée par le rang social. Voir Appendice VI.

les tracas et les soucis du mari de plusieurs femmes : c'est pour le monogame surtout que la médiocrité est dorée. Sans doute, il est paradoxal de soutenir, comme le fait M. Cadoz, que la polygamie n'est qu'une tolérance pour les riches et que la monogamie est de prescription générale [1]; mais un grand nombre de croyants interprètent le précepte du Coran sur le mariage suivant la maxime de saint Paul. « Beaucoup de choses sont licites qu'il n'est pas expédient de faire [2]. »

1. *Loc. cit.*
2. « Le musulman use beaucoup plus rarement qu'on ne le suppose de la latitude que lui accorde sa loi religieuse de posséder quatre épouses légitimes. Il est arrêté par la ruineuse obligation de servir à chacune un douaire qui leur est définitivement acquis; il craint parfois d'épuiser sa santé auprès de femmes intraitables sur le chapitre de leur dû et qui iront jusqu'au tribunal du cadi se plaindre de sa froideur; enfin il redoute par-dessus tout les querelles journalières qui transforment la vie domestique en un véritable enfer. Les poètes de l'Orient ont fait des peintures peu engageantes de la situation du malheureux mari entre deux épouses jalouses et querelleuses.

> *O toi, à cheval sur deux branches,*
> *Prends bien garde de choir!*
> *Il te suffit de l'amour de deux femmes;*
> *N'en prends qu'une si tu veux avoir la paix.*
> (*Les moralistes populaires de l'Islam.*
> Comte H. de Castries ; Paris, Leroux, 1896.)

Une loi sur le mariage différente pour le pauvre et pour le riche peut choquer nos idées modernes, mais, pour qui connaît la psychologie du musulman, elle n'a pas les conséquences que nous serions tentés de lui attribuer, et, si douteuse que la chose paraisse à M. l'abbé de Broglie, « les déshérités de la terre se tiennent volontiers dans les limites rigoureuses d'une continence imposée par la nécessité ». Le Coran va même plus loin dans ses préceptes et il recommande momentanément cette continence au croyant trop pauvre pour trouver à se marier [1]. Le cas d'ailleurs se présente rarement et tout musulman est marié à dix-sept ans. Le célibat, cette plaie de la civilisation d'Occident, est inconnu de l'Orient. Mahomet, dans ses entretiens avec ses disciples, aimait à redire : « Pas de célibataires dans l'Islam », et un jour il ajouta : « L'haleine d'un homme marié est plus agréable à Dieu que la prière de soixante célibataires »

---

1. Voir à ce sujet l'Appendice VI.

Les conséquences de la polygamie islamique ont donc été fort exagérées quand elles n'ont pas été absolument inexactes ; ce n'est pas à elle, certes, qu'il faut attribuer « les vices infâmes dont l'Orient musulman est la patrie [1] ». La logique la plus élémentaire oblige de reconnaître que la polygamie aurait plutôt contribué à les diminuer. Sont-ils d'ailleurs plus nombreux dans l'Orient que dans l'Occident? Cette réputation faite à l'Islam est encore le résultat de ces généralisations superficielles sans lesquelles les voyageurs n'auraient presque rien à écrire. Les vices infâmes de l'âge mûr sont malheureusement de tous les pays. Il s'en commet plus à Paris, à Londres et à Berlin que dans l'Orient tout entier. Mahomet s'élève contre eux énergiquement et il faut abuser de l'exégèse pour prétendre qu'ils sont placés au rang de fautes vénielles parce que le Prophète, après avoir prescrit de châtier ceux qui s'en rendraient cou-

---

1. Abbé de Broglie, *loc. cit.*

pables, a ajouté : « mais s'ils se repentent et se corrigent, laissez-les tranquilles, car Dieu aime à pardonner; il est miséricordieux [1] ». Quant aux habitudes vicieuses de l'adolescence et au libertinage, ce sont des exceptions dans l'Orient, à cause de la facilité et de la précocité des mariages.

C'est aussi par un étrange abus de mots qu'on a prétendu que le contrat de mariage ne différait en rien d'un contrat de vente dans lequel la femme serait la chose vendue. Ces actes admettent au profit de la femme des avantages matériels et des garanties morales qui relèvent beaucoup sa condition. C'est ainsi que la future épouse peut stipuler que son mari ne pourra lui

---

1. Coran, IV, 20. Cf. aussi VII, 78, 79, 80. Le code pénal musulman dont les prescriptions sont divines, soit qu'elles figurent dans le Coran, soit qu'elles soient établies sur les dires du Prophète, est des plus rigoureux pour les crimes contre nature : Si deux personnes majeures, dit-il, se livrent ensemble à de pareils actes, elles encourent toutes deux la peine de mort. Quand un majeur commet l'acte sur un mineur, le premier seul est puni de mort; le mineur est soumis à une correction, mais non à une peine. Si deux mineurs s'en rendent coupables ensemble, on les condamne chacun à cent coups de bâton. Cf. Tornauw, *Le droit musulman exposé d'après ses sources*. Traduction de M. Eschbach, Paris, 1860.

donner de rivale, qu'il ne pourra prendre une concubine, qu'il ne pourra s'absenter plusieurs jours du domicile conjugal sans sa permission, qu'il devra s'abstenir de sévices et d'injures à son égard, qu'il ne pourra l'astreindre aux gros travaux du ménage, etc.

L'inexécution de ces conditions entraîne au profit de la femme, sur sa demande, la dissolution du mariage par voie de répudiation. Dans le cas où l'épouse ne veut pas recourir à ce droit contre son mari coupable de polygamie ou de concubinage, elle a celui de faire prononcer la répudiation de sa rivale par le magistrat ou de faire affranchir la concubine [1].

Les restrictions apportées par le Coran à la polygamie ne portèrent pas seulement sur le nombre des épouses. Mahomet proscrivit aussi les unions temporaires qui se contractaient en Arabie avant lui, et par cette défense il établit,

---

1. Le mari est alors dans la nécessité de la renvoyer parce que, l'esclave étant devenue libre, le concubinage n'est plus permis avec elle de la part de qui que ce soit. Cf. Cadoz, *Droit musulman malékite. Examen critique.*

d'une façon relative, l'indissolubilité du mariage, qui ne put être rompu que par la répudiation et le divorce soumis à de sévères formalités [1].

La polygamie islamique, bien que n'ayant pas eu toutes les conséquences funestes qu'on lui a attribuées, bien que beaucoup plus rare en fait qu'on ne le suppose, n'en place pas moins la morale du Coran dans une situation d'infériorité. Cette infériorité frappe aujourd'hui les musulmans éclairés et, si le mahométisme avait un pape et une église, une autorité, en un mot, toujours vivante et investie du droit de modifier les préceptes du Coran pour les adapter aux besoins des temps [2], il est presque certain que la polygamie aurait disparu. « Et pourtant, dit M. A. Réville [3], quand on se reporte au temps et

---

[1]. Cf. le *Droit musulman exposé d'après ses sources*, par M. Nicolas de Tornauw, traduit en français par M. Eschbach, Paris, 1860.
[2]. Le corps des ulémas de la Mecque, qui rend de loin en loin quelques fetouas insignifiants pour proscrire des erreurs, est imbu d'idées trop rétrogrades pour prendre l'initiative d'une telle suppression. Ses décisions d'ailleurs, dépourvues d'autorité, n'auraient aucun effet dans le monde musulman.
[3]. *Une apologie anglaise de l'islamisme.*

au pays, il n'est pas de réforme plus bienfaisante ni plus hardie que celle dont Mahomet prit l'initiative en faveur des femmes... La femme d'Orient doit beaucoup à son Prophète; le Coran contient de remarquables passages sur les droits de la femme et les égards qui lui sont dus par l'homme. » Parmi ces versets les uns sont relatifs à l'abstention des plaisirs illicites; les autres recommandent aux croyants une honnête retenue dans les plaisirs permis.

V. 7. *Vivez chastement avec vos épouses.*

XXIV. 31. *Commande aux croyants de baisser leurs regards et d'observer la continence; ils en seront plus purs. Dieu est instruit de tout ce qu'ils font.*

XXIII. 1. *Heureux sont les croyants*
      3. *Qui évitent toute parole déshonnête,*
      5. *Qui savent commander à leurs appétits charnels.*

LX. 29. *Ceux qui vivent avec continence,*
    35. *Ceux-là seront dans le Paradis l'objet des honneurs.*

Certaines règles plus rigoureuses, consacrées par des traditions remontant au Prophète, sont destinées à empêcher le libertinage; c'est ainsi que le fiancé peut à peine entrevoir le visage et les mains de celle que ses parents lui ont choisie comme épouse. Pour tout musulman, c'est un acte criminel de lever les yeux sur une femme qu'il n'a pas l'intention de demander en mariage. « Quiconque regarde une femme avec des désirs coupables, avait dit l'Évangile, est déjà adultère dans son cœur. » « L'adultère des yeux, dit la tradition musulmane, est plus abominable que l'adultère des ventres. » Ces préceptes austères assimilant les désirs et les pensées à la faute elle-même et interdisant de regarder l'épouse d'autrui n'ont jamais été mieux observés que dans le monde de l'Islam, où la femme est obligatoirement soustraite à tous les regards.

Il est cependant bien loin de notre pensée de vouloir faire la moindre comparaison entre la morale évangélique et celle du Coran; on reconnaît trop facilement en effet, à travers toutes les prescriptions du Prophète, la préoccupation, peu élevée quoique très légitime, de préserver les croyants des intrigues des amoureux et d'assurer la tranquillité aux maris et aux pères de famille.

Tout autre est l'objectif du précepte évangélique, qui se propose avant tout la perfection de l'homme. La chasteté, « cette vierge évoquée du tombeau par la doctrine catholique[1] », lui est bien propre; c'est un idéal dont se rapprochent quelques âmes d'élite, mais pour les autres, il y a une telle divergence entre ces préceptes sublimes et leur observance, que c'est à peine si l'on peut dire que les sociétés chrétiennes se distinguent des autres par des mœurs plus pures. La loi coranique, plus indulgente que celle de l'Évangile, est au contraire suivie par la majorité des musulmans, et la pratique de certains détails de bienséance, de propreté, d'hygiène, prescrits, les uns par le Coran, les autres par la Tradition, est arrivée à créer dans le monde de l'Islam des mœurs très particulières, des habitudes de décence et une pudicité qui contrastent à la fois

---

1. Lacordaire, *Conférence sur la chasteté.*

avec celles des nations civilisées et avec la sensualité native des Orientaux. Il y a un abîme entre la pudeur d'un musulman et celle d'un chrétien. Nos affiches et nos danseuses en maillots, le décolletage de nos bals, tous nos divertissements plus ou moins licencieux et obscènes, toutes ces choses offensent gravement la pudeur du croyant. J'ai vu autrefois, à Alger, dans le palais de Mustapha, de vieux chefs arabes convoqués pour orner de leur présence les fêtes du gouverneur et venus du lointain Sahara, où les mœurs sont si pures, pour assister à un bal. Drapés dans leurs burnous de laine, le visage hâlé et austère, ils regardaient défiler ces chrétiennes aux épaules nues, enlacées aux bras du premier venu, et refoulaient au tréfonds de leur cœur tout le mépris que leur inspirait un pareil spectacle. Les plus civilisés parmi eux se croyaient admis moins à un divertissement habituel des chrétiens qu'à quelque saturnale, comme il s'en voit une fois par an chez les nègres ou chez certaines tribus kabyles et dont la grossidéro populaco fait tous les frais; mais cette supposition tombait bientôt elle-même quand ils reconnaissaient parmi les acteurs de ces scènes, si étranges pour eux, les fonctionnaires et les officiers habitués à les commander. Ils se rappelaient alors les préceptes du Livre et le Coran grandissait dans leur esprit de tout le dégoût que leur inspirait cette fête indécente.

XXIV. 31. Commande aux femmes qui croient de baisser leurs yeux et d'observer la continence, de ne laisser voir de leurs ornements que ce qui est à l'extérieur, de couvrir leur sein d'un voile, de ne faire voir leurs ornements qu'à leurs maris ou à leurs pères, ou aux pères de leurs maris, à leurs fils ou aux fils de leurs maris, à leurs frères ou aux fils de leurs frères, aux fils de leurs sœurs ou aux femmes de ceux-ci, à leurs esclaves, ou aux domestiques mâles qui n'ont pas besoin de femmes ou aux enfants en bas âge. Que les femmes n'agitent point leurs pieds de manière à faire voir leurs ornements cachés.

XXXIII. 59. O Prophète! prescris à tes épouses, à tes filles et aux femmes des croyants de laisser tomber leur voile jusqu'en bas; ainsi il sera plus facile qu'elles ne soient ni méconnues ni calomniées.

Une tenue d'une décence moins sévère est à peine tolérée chez les femmes avancées en âge.

XXIV. 59. Les femmes qui n'enfantent plus et qui n'espèrent plus se marier peuvent, sans inconvénient, se montrer en négligé; mais si elles s'en abstiennent, cela leur vaudra mieux.

Nous nous sommes laissé entraîner hors de notre sujet en faisant le tableau des mœurs musulmanes, car nous croyons avoir prouvé surabondamment que la polygamie n'avait pas été et ne pouvait pas être une cause prépondérante de l'expansion de l'Islam. Il nous reste à étudier si les félicités charnelles du Paradis ont été la grande attraction employée par Mahomet pour séduire l'humanité.

CHAPITRE IV

Le Paradis musulman.

La vie future. — La vision béatifique d'après l'eschatologie chrétienne. — Allégorie et exégèse. — La vision béatifique d'après l'eschatologie musulmane.

Les religions qui admettent l'immortalité de l'âme n'ont pas toutes attribué à la vie future une égale importance. La doctrine chrétienne nous enseigne que cette autre vie est l'unique fin de la créature, qu'il faut tenir pour rien les joies et les honneurs terrestres et que nous devons en quelque manière sortir de notre chair afin d'avancer par degrés dans la vie spirituelle et atteindre par elle la félicité suprême. Ces vérités si souvent rappelées sont restées pour la plupart des chrétiens à la hauteur de ces conceptions idéales par lesquelles l'Église s'efforce d'élever notre basse nature pour la perfectionner, et nous retrouvons là entre l'enseignement doctrinal et la pratique cette divergence qui se rencontre si souvent dans le christianisme. Beaucoup de chrétiens estiment, sans se l'avouer peut-être à eux-mêmes, qu'il y a dans leur religion une part d'idéal qui n'est pas à leur portée et qui peut, tout au plus, servir d'objectif à quelques âmes privilégiées; ils considèrent qu'ils ont assez fait en écoutant avec respect ces vérités sublimes, en les mettant à l'actif de leur religion et en s'en servant au besoin pour attester sa supériorité. Ainsi en est-il du précepte enseignant que la vie mortelle ne doit être que la préparation à la vie immortelle.

La félicité des élus est d'ailleurs pour le chrétien un profond mystère. Chose étrange, cette fin de l'âme, la vision béatifique, ce bonheur ineffable qui devrait être l'objet de nos continuelles aspirations, est à peine concevable pour nos intelligences. Le dogme de la résurrection de la chair achève de confondre les notions déjà si vagues que nous nous en formons. Quelle transformation subiront les corps ressuscités? Que seront « ces corps spirituels [1] » qui, ne cessant pas d'être corps, auront des sens et qui, étant esprits, pourront contempler Dieu face à face, sans être éblouis par la substance divine, la lumière par excellence? Est-ce dans la vision béatifique, presque impossible à concevoir comme une jouissance corporelle, que consistera le bonheur promis à nos sens par les éternelles promesses? On ne trouve dans les Écritures aucun texte précis répondant à ces questions, sur lesquelles les Pères de l'Église se sont efforcés de faire un peu de lumière. Saint Augustin, qui apporte dans la recherche de la béatitude céleste la curiosité la plus tenace, ne désespérait pas d'arriver, avec l'aide de Dieu, à la solution d'une partie de ces difficultés [2].

---

1. « Le corps est semé dans la corruption, il ressuscitera dans l'incorruptibilité; il est semé corps animal, il ressuscitera *corps spirituel.* » Saint Paul, I Cor., XV, 43, 44.
2. « C'est pourquoi, en attendant qu'*une recherche attentive*

L'éternelle vie des élus occupés, avant comme après la résurrection des corps, à contempler la divinité et à chanter ses louanges est un sujet sur lequel il revient dans tous ses écrits. Malgré tout, la vision béatifique est un bonheur que les âmes mystiques seules arrivent à percevoir et qui reste pour les autres un profond mystère.

Aussi le christianisme eut-il à combattre sur ce point les opinions les plus contradictoires, les unes plaçant la félicité céleste dans un état d'âme, dans la possession d'un cœur pur, dans une ressemblance plus ou moins parfaite de la créature avec la divinité, tandis que d'autres se faisaient de ce bonheur une idée toute matérielle. L'hérésiarque Cérinthe décrivait dans son Apocalypse une vie future qui n'était qu'une succession continue de délices nuptiales. Il y a un siècle environ, l'illuminé Swedenborg, le

---

fasse découvrir ce qu'on peut penser avec le plus de probabilité, à l'aide de Dieu et d'après les Écritures, sur le corps spirituel après la résurrection, qu'il nous suffise de savoir... » Lettre CXLVII. Cf. lettres XCII, XCIV, XCV, CLXI, et la *Cité de Dieu*, liv. XXII.

chef de la Nouvelle Église de Jérusalem, enseignait que tous les plaisirs terrestres avaient dans le ciel des plaisirs qui leur correspondaient; il se flattait de répandre la lumière sur la question des fins dernières de l'homme par cette science des correspondances et l'exposait dans un « galimatias double » qui devait même empêcher sa doctrine d'obtenir un succès d'étrangeté, le seul auquel elle pût prétendre[1].

L'islamisme, dans son enseignement doctrinal, ne donne pas à la vie future une place aussi importante que le christianisme et les croyants attendent la réalisation des immortelles promesses sans témoigner d'impatience et sans faire à la vie future le sacrifice de la vie présente. Quant à la félicité céleste, les théologiens musulmans, s'appuyant sur le Coran et sur la Tradition, la font uniquement consister dans la vision béatifique. Mais la contemplation de la face de Dieu dont les esprits d'Occident se font

1. *De cœlo et inferno ex auditis et visis*, traduit du latin par Moet.

une idée si confuse eût été pour des intelligences sémites, rebelles à l'abstraction, un bonheur absolument incompréhensible, si Mahomet ne l'avait matérialisée par des images terrestres. L'Islam avait imposé un suprême effort à la foi de ces Arabes qui ne concevaient rien d'une manière abstraite, en s'élevant contre la ressemblance la plus lointaine entre la divinité et la créature et en proscrivant la représentation des figures animées. Il eût fallu exiger de leur intelligence un nouvel effort pour saisir les joies mystiques de la vision béatifique, ou bien faire une concession à l'anthropomorphisme et à ses superstitions en représentant un Dieu assis au milieu d'un cercle d'élus. L'allégorie permettait de tourner ces difficultés. « Dieu ne rougit pas d'offrir en parabole jusqu'à un moucheron; ceux dont le cœur dévie de la vraie route courent après la métaphore, il n'y a à s'égarer que les méchants[1]. »

---

[1]. Coran, II, 24.

Si nous relevons dans le Coran, pour les analyser, tous les versets relatifs au bonheur des élus, nous remarquons tout d'abord ces descriptions de jardins enchanteurs, véritables paradis terrestres, qui ont toujours été d'un si puissant effet sur les imaginations orientales. Il doit être bien doux à l'Arabe habitué à un sol desséché, pour qui l'eau est la préoccupation incessante et qui ne trouve souvent, au long d'un jour de marche, que les baies amères de quelque térébinthe, de se figurer le bonheur parfait comme « un repos au milieu d'un jardin verdoyant, arrosé par des eaux courantes, aux arbres produisant des fruits doux à manger ».

Il faut avoir vécu dans le désert pour apprécier la séduction de telles images. Aussi le Prophète y revient-il avec une insistance fatigante pour nos esprits ennemis des répétitions, mais qui devait produire une grande impression sur ceux qui l'écoutaient. La répétition est, en effet, une forme oratoire chère aux Orientaux; ce moyen si primitif et si naïf de frapper les esprits n'a rien perdu pour eux de sa valeur et j'ai vu souvent de grands effets d'enthousiasme obtenus par ce simple procédé. J'aime à me représenter le Prophète décrivant sous le soleil desséchant de l'Arabie, sur cette terre sans ombre, les merveilleux ombrages du jardin promis à ceux qui craignent Dieu; la foule surexcitée était tenue haletante par cette apostrophe répétée avec une voix de plus en plus vibrante : « Lequel des bienfaits de Dieu nierez-vous? » puis l'enthousiasme éclatait à chaque verset qui venait ajouter un enchantement nouveau à la description du Paradis des élus.

LV. 46. *Ceux qui craignent la majesté de Dieu auront deux jardins.*

47. *Lequel des bienfaits de Dieu nierez-vous?*

48. *Tous deux ornés de bosquets.*

49. *Lequel des bienfaits de Dieu nierez-vous?*

50. *Dans tous deux, deux sources vives.*

51. *Lequel des bienfaits de Dieu nierez-vous?*

52. *Dans tous deux, deux espèces de fruits.*

53. *Lequel des bienfaits de Dieu nierez-vous?*

54. *Ils se reposeront accoudés sur des tapis dont la doublure sera de brocart. Les fruits seront à la portée de quiconque voudra les cueillir.*

L'Orient, qui a presque toujours confondu le Paradis des élus avec le Paradis terrestre, s'est complu dans ces descriptions de jardins enchanteurs; elles sont conformes au goût arabe, et sans vouloir être des images précises de la vision béatifique, elles occupent agréablement la pensée du croyant.

La seconde comparaison employée fréquemment par le Prophète pour donner à l'homme une idée des jouissances célestes est empruntée aux plaisirs de la chair :

XXXVII. 47. *Les élus auront des vierges au regard modeste, aux grands yeux noirs et semblables par leur teint aux œufs d'autruche cachés avec soin.*

XLIV. 54. *Nous leur donnerons pour compagnes des filles aux yeux noirs, aux grands yeux.*

LV. 70. *Là (dans le Paradis) il y aura de bonnes, de belles femmes.*

71. *Lequel des bienfaits de Dieu nierez-vous?*

72. *Des vierges, aux grands yeux noirs, renfermées dans des pavillons.*

73. *Lequel des bienfaits de Dieu nierez-vous?*

74. *Jamais homme ni génie ne les a touchées.*

75. *Lequel des bienfaits de Dieu nierez-vous?*

76. *Leurs époux se reposeront sur des coussins verts et des tapis magnifiques.*

LVI. 8. *Alors il y aura des hommes de la droite*[1] — *Oh! les hommes de la droite.*

12. Ils habiteront le jardin de délices.

22. Ils y auront de belles filles aux grands yeux noirs, des jeunes filles pareilles aux perles soigneusement cachées.

34. Nous créâmes les belles du Paradis d'une création à part.

35. Nous avons conservé leur virginité.

36. Chéries de leurs époux, d'un âge égal au leur,

37. Elles seront destinées aux hommes de la droite.

LXXVIII. 31. Un séjour de bonheur est réservé à ceux qui craignent Dieu.

33. Des filles au sein arrondi et d'un âge égal au leur.

Ces allégories, où l'amour physique n'est qu'un voile de l'amour spirituel, sont d'un usage très fréquent chez les peuples sémitiques. Nous les trouvons souvent dans la Bible : les prophètes et les autres écrivains sacrés ont emprunté à l'amour humain ses transports et ses ardeurs pour décrire des unions immatérielles ou pour représenter les ravissements célestes. Quoi de plus naturel? La possession de deux êtres l'un par l'autre donnera toujours à nos esprits, si

---

1. Les élus.

spiritualisés qu'ils puissent être, l'image la plus approchée de la jouissance infinie. Le goût européen admet ces allégories, à la condition qu'elles s'arrêtent là où les images deviendraient licencieuses, les expressions, trop libres; mais le goût sémitique ne connaît pas ces réserves : l'allégorie doit être développée avec toutes ses conséquences, aucun trait de l'image adoptée ne doit être omis; c'est en quelque sorte « une figure schématique » permettant à des intelligences concrètes de percevoir une abstraction. Ces fictions furent en vogue au moyen âge et le *Roman de la Rose* de Guillaume de Lorris nous offre l'exemple d'une semblable allégorie se poursuivant pendant plus de quatre mille vers. Quelques critiques pieux sont allés jusqu'à considérer la rose désirée par l'amant comme étant l'image de Dieu et non pas celle de la dame aimée; ils n'ont pas hésité, malgré le réalisme de certaines descriptions, à reconnaître à l'œuvre une valeur religieuse.

Ce n'est pas le lieu de discuter ce qu'il peut y

avoir de forcé dans cette interprétation allégorique du *Roman de la Rose*; aussi bien, ce sont les œuvres sémitiques qui nous intéressent, œuvres dans lesquelles le ton général et les descriptions les plus passionnées ne sauraient être un obstacle à une exégèse symbolique. Sous le voile le plus sensuel, les Hébreux et les Arabes ont aimé à placer ce qu'il y avait de plus pur et de plus spirituel. Il y a là tout à la fois une antithèse et une allégorie, une divergence et un parallélisme où se complaît leur esprit. Il me sera toujours impossible de voir une scène de harem dans ce chant magnifique qui débute par cette phrase haletante de la Sulamite altérée d'amour :

Qu'il me baise d'un baiser de sa bouche!

Les accents passionnés, les descriptions voluptueuses du *Cantique des cantiques* ne sauraient empêcher de reconnaître à ce livre un caractère symbolique. Sans doute « rien ne fut jamais plus éloigné du mysticisme que l'ancien esprit hébreu, que l'esprit arabe et en général que l'esprit sémitique¹ ». Mais il ne s'agit pas là de mysticisme, ce serait préjuger du sens véritable d'un chant qui ne sera peut-être jamais expliqué, il s'agit simplement d'admettre ou de rejeter l'hypothèse qu'il est une fiction, une allégorie. Or l'historien des langues sémitiques n'eût fait aucune difficulté pour en convenir : rien n'est plus conforme au génie arabe et au génie hébreu que l'emploi de l'allégorie, des figures symboliques, des expressions détournées de leur sens propre².

Les mêmes raisons qui nous font rejeter pour le *Cantique des cantiques* l'exégèse littérale — alors même que le sens caché du poème nous échappe — nous déterminent à ne pas l'accepter pour les passages du Coran relatifs au bonheur paradisiaque. Sans doute il est très dur pour nous de concevoir quelque chose de spirituel derrière des peintures aussi réalistes, mais notre

---

1. Renan, *le Cantique des cantiques*.
2. Cf. Comte H. de Castries, *les Moralistes populaires de l'Islam*. Leroux, 1896. Introduction.

répugnance ne vient, après tout, que d'une disposition d'esprit que l'on peut concevoir absolument différente chez une autre race. Peu familiarisés avec ces sortes de fictions, nous courons après la métaphore[1], nous sommes retenus et gênés par la précision de certaines images qui ne devaient être là que comme un voile léger, tandis que, semblables à de lourdes étoffes, elles recouvrent complètement l'objet véritable et rendent impossible de l'apercevoir par transparence.

Il serait bien difficile d'analyser lequel, du sens littéral ou du sens caché de ces passages du Coran, reste le plus profondément gravé dans l'âme du croyant. Il est probable que certains musulmans à l'intelligence passive ne perçoivent rien au delà des jouissances charnelles; d'autres, au contraire, éprouvant l'attirance de l'infini, ne sont pas arrêtés par le sens littéral derrière lequel ils découvrent ou devinent immédiatement

---

1. Coran, II, 24, et III, 5.

le ravissement de la créature réunie à son Dieu ; le plus grand nombre enfin, tout en goûtant le charme des images lascives, ne les prennent pas pour des réalités et se font de la félicité céleste une idée plus ou moins confuse.

D'ailleurs le Coran lui-même, dans de nombreux passages, s'exprime sans figures sur le bonheur spirituel promis aux élus et il a fallu tronquer ou falsifier les textes pour accréditer cette opinion que les musulmans, d'après les promesses de leur livre sacré, ne reconnaissent d'autre béatitude que la jouissance des plaisirs sensuels.

XI. 73. *Dieu a promis aux croyants, hommes et femmes, les jardins arrosés par des cours d'eau : ils y demeureront éternellement ; il leur a promis des habitations charmantes dans les jardins de l'Éden. La satisfaction de Dieu*[1] *est quelque chose de plus grand encore ; c'est un bonheur immense.*

X. 10. *Pour toute invocation les élus répéteront dans le paradis : Gloire à toi, ô Dieu ! et le salut qu'ils recevront sera le mot : Paix !*

1. Ce qui veut dire, d'après les commentateurs, que la satisfaction de Dieu se complaisant dans ses élus mettra ceux-ci dans la plénitude de la satisfaction.

XIII. 22. *Ceux que le désir de contempler la face de Dieu rend constants dans l'adversité, qui s'acquittent avec exactitude de la prière....*

23. Ils entreront dans les jardins de l'Éden.

III. 12. *L'amour des plaisirs, tels que les femmes, les enfants, les trésors entassés d'or et d'argent, les chevaux portant des marques imprimées, les troupeaux, les campagnes, tout cela paraît beau aux hommes, mais ce ne sont que des jouissances temporaires de ce monde, mais la belle retraite est auprès de Dieu.*

Le Coran va lui-même au-devant des objections que pourraient soulever certains passages et s'élève encore dans la troisième sourate contre une exégèse trop littérale ou trop allégorique de la révélation.

III. 5. *C'est Dieu qui t'a envoyé le Livre de sa part. Il s'y trouve des versets immuables qui sont comme la mère du Livre et d'autres qui sont métaphoriques. Ceux dont le cœur dévie de la vraie route courent après la métaphore par envie du désordre et par envie de l'interprétation.*

72. Quelques-uns... torturent les paroles des Écritures avec leurs langues, pour faire croire que ce qu'ils disent s'y trouve réellement. Non, ceci ne fait point partie des Écritures. Ils disent : Ceci vient de Dieu. — Non, cela ne vient pas de Dieu. — Ils disent des mensonges sur Dieu, et ils le savent.

Les théologiens de l'Islam qui se sont livrés à l'interprétation du Coran, et principalement ceux de l'école traditionnelle qui appuie son exégèse sur les conversations (*hadith*) du Prophète, sur des renseignements oraux remontant aux premiers musulmans, et qui tient compte des circonstances qui ont donné lieu à la révélation de certains passages, ont été presque unanimes à affirmer que le bonheur futur, la félicité infinie des élus, consistait dans la vision béatifique.

Cette jouissance ineffable surpasse tellement les autres plaisirs paradisiaques, quels qu'ils soient, que ceux-ci disparaissent devant elle. « Le Paradis, Seigneur, s'écrie Cheikh-el-Alem, n'est souhaitable que parce que l'on vous y voit, car sans l'éclat de votre beauté, il nous serait ennuyeux. »

Enfin je citerai, en terminant, cette prière de El-Kachiri, dont le ton affectif ne dépareraitpas certains euchologes chrétiens :

« Vous me menacez, Seigneur, d'une séparation amère qui me privera pour jamais de votre présence. Ah! Seigneur, faites de moi tout ce qu'il vous plaira, pourvu que je ne sois jamais séparé de vous. Il n'y a aucun poison plus amer ni plus mortel que cette séparation, car que peut faire une âme séparée de Dieu, sinon d'être dans une inquiétude et dans une agitation continuelle qui la tourmente! Cent mille morts les plus cruelles se peuvent souffrir, car après tout elles n'ont rien de si terrible que la privation de votre divine face. Tous les malheurs du siècle, toutes les maladies les plus aiguës et les plus fâcheuses jointes ensemble ne me font rien et me paraissent incomparablement plus aisées à supporter que cet éloignement. C'est cet éloignement passager qui rend nos terres stériles, qui tarit et qui infecte nos eaux; que sera-ce s'il est éternel? Sans lui le feu de l'enfer ne brûlerait point et c'est par lui qu'il devient si ardent. En un mot, c'est votre seule présence qui nous soutient et qui nous comble de toutes sortes de biens et votre absence est ce qui cause tous les maux de l'enfer¹. »

1. D'Herbelot, *Bibliothèque orientale*, art. Geurssem. Il est presque inutile de faire remarquer que l'auteur de cette prière est un Persan. Le monothéisme froid et rigide d'un Sémite ne comprendrait rien à de tels accents. Tout l'élément mystique qui se rencontre dans l'Islam est d'importation aryenne.

CHAPITRE V

Fatalisme.

Les contradictions du Coran et la doctrine de l'abrogation. — Le libre arbitre et le fatalisme dans le Coran et dans la Tradition. — Thomistes et Molinistes. — Djabarites et Kadarites.

On prouve tout par le Coran et rien n'est plus aisé que d'y chercher des arguments en faveur de thèses contradictoires. Diffère-t-il beaucoup en cela des autres livres sacrés qui arrêtent parfois le lecteur profane par de véritables antinomies? Le Coran, d'après la tradition musulmane, a été écrit de toute éternité sur la Table Gardée; ce fut l'ange Gabriel qui, pendant la vingt-huitième nuit du mois de ramadan (la nuit de la Puissance), le transporta de la première sphère céleste, séjour de l'Esprit Universel, dans la Voûte Élevée, quatrième et dernière région du ciel, lieu de la première manifestation de l'Esprit dans l'univers. Mais, de là, le Coran n'est descendu sur terre que fragments par fragments pendant les vingt-trois ans de la prédication de Mahomet. De cette explication sur l'origine du livre sacré il ne faut retenir qu'une chose, c'est que les six mille versets dont il se compose ont été révélés successivement par fractions très inégales et dans des circonstances fort différentes qu'il est important de connaître pour discuter les contradictions qui s'y rencontrent.

Tandis que l'Évangile retrace dans les moindres détails et la vie et les enseignements du Maître et en fait des récits si vivants que, dès les premiers jours, l'art chrétien s'est exercé à les reproduire, le Coran est la parole de Mahomet, ou plutôt la parole de Dieu à Mahomet, avec cette seule mention : *donnée à la Mecque* ou *donnée à Médine*, notée en tête de chaque sourate, division assez artificielle introduite dans le recueil. Aucun détail ne nous aide à reconstituer la scène dans laquelle telle parole a été prononcée. C'est là une cause évidente des contradictions que nous relevons dans le Coran. En voici une autre très admissible : La prédication du Prophète devait suivre l'état des esprits en pleine évolution religieuse, de là quelquefois, pour cet enseignement successif, l'obligation de se modifier lui-même. Tel précepte, nécessaire afin de combattre tel symptôme alarmant pour la foi naissante, était modifié avec les circonstances qui l'avaient provoqué. Un médecin sera-t-il exposé au reproche de contradiction parce que, suivant l'état de son malade, il aura plusieurs fois modifié le traitement qu'il avait prescrit au début. « Les docteurs de l'Islam, observe Sales [1], préviennent tout argument qu'on pourrait tirer de ces antinomies par la doctrine de l'abrogation : ils disent que Dieu a

---

1. Sales, *Introduction à la lecture du Coran*.

d'abord donné dans le Coran plusieurs préceptes que, pour de bonnes raisons, il a ensuite révoqués et abrogés. »

En dehors de ces passages dont la contradiction n'est qu'apparente ou facilement explicable, il subsiste dans le Coran sur certaines questions de foi, et spécialement sur celle de la prédestination, des ambiguïtés et des contradictions qui ont exercé la sagacité des théologiens musulmans. Mais il y a pour la controverse sur la prédestination une matière plus inépuisable que ces quelques passages contradictoires du Coran, c'est le recueil des *hadith*, ou des paroles, sentences et décisions du Prophète. Ce *Corpus traditionum*, compilation volumineuse [1], forme à côté du Coran une sorte de

1. Le théologien Ibn-Hanbal aurait pu citer de mémoire un million de *hadith*. Le recueil le plus estimé est celui que le célèbre docteur Boukhari a intitulé *Sahih* (le Sincère). Boukhari informe lui-même le lecteur de la critique sévère qu'il a faite des traditions, afin de ne conserver que celles dont l'authenticité était indiscutable. Les 3275 traditions qu'il rapporte ont été extraites de cent mille qu'il estimait toutes véritables, lesquelles avaient été elles-mêmes tirées de 300 000 parmi lesquelles 200 000 avaient été rejetées par lui comme contestables.

livre deutéro-canonique, moins sacré que le Coran, qui est la parole même de Dieu, mais ayant une autorité presque égale à celle de l'Église chez les catholiques. Malgré les précautions très grandes prises par les compilateurs, le recueil des hadith, rédigé près de deux siècles après l'hégire, ne saurait présenter pour la critique la même authenticité que le Coran. On peut vraisemblablement supposer que les théologiens de l'Islam auront quelquefois prêté à Mahomet leurs idées personnelles et que beaucoup de hadith ne sont pas *parole d'évangile*.

Il a donc été facile de faire dans le Coran et encore plus dans les hadith un choix de textes établissant la doctrine fataliste et permettant de conclure comme saint Jean-Damascène « que la négation du libre arbitre était un des principaux fondements de la foi musulmane »; mais il l'eût été non moins de produire à l'encontre autant de passages affirmant la doctrine de la liberté humaine. Certains problèmes métaphysiques qui restent la manne des théologiens scolastiques n'ont pas reçu de solution positive dans les livres sacrés. Celui de l'accord de la prescience et de l'omnipotence divines avec la liberté humaine est commun à l'islamisme et au christianisme; il a donné lieu aux mêmes conflits de la raison, aux mêmes disputes et rivalités d'école.

Mahomet avait proclamé l'omniscience de Dieu et devait logiquement lui reconnaître la prescience, qui n'en est qu'une partie. Il avait affirmé l'autorité souveraine de la divinité et en déduisait la dépendance de la créature. Regardant Dieu comme la cause suprême, la cause première, il avait été conduit à en faire le moteur de nos actes. Dieu prescient, Dieu omnipotent, Dieu, cause suprême, sont des vérités sans cesse répétées par le Coran et constituant la thèse de l'antinomie. L'antithèse, la contre-vérité, c'est-à-dire la liberté humaine, est établie par des textes aussi nombreux. Les analystes du Coran n'ont pas relevé moins de cinquante et un versets se rapportant au libre arbitre, auxquels il convient d'ajouter treize versets relatifs à la responsabilité humaine[1]. Il restait à concilier cette thèse et cette antithèse soutenues, chacune, par des arguments d'égale valeur; le Coran ne l'a pas fait; mais nos livres sacrés ne le font pas davantage, et les efforts de la raison humaine pour accorder ces deux vérités, pour expliquer l'inexplicable, ont abouti invariablement à mieux accuser l'antinomie, quand ils n'ont pas eu pour résultat de substituer une absurdité à un mystère.

Bossuet en fait lui-même l'aveu dans son *Traité du libre arbitre*. « La vérité, dit-il, ne détruit point la vérité, *l'impossibilité de les accorder* ne détruit point leur certitude. Détruire la liberté par la Providence ou la Providence par la liberté est impossible; ces deux vérités sont également incontestables. » Cet obscur problème lui paraissait dépasser la portée de l'intelligence humaine, et il recommandait à ceux qui l'abordent de « tenir fortement les deux

---

1. La Baume, *le Coran analysé*.

bouts de la chaîne, quoiqu'on ne voie pas toujours le milieu par où l'enchaînement se continue ». Les deux bouts de la chaîne qu'il ne faut pas lâcher, quoi qu'il arrive, sont le libre arbitre de la créature et la prescience divine; le milieu qui nous échappe, c'est l'accord de ces deux vérités. Quels sont les voies et moyens dont se sert la Providence pour conserver à l'homme son libre arbitre, comment la cause première n'annihile-t-elle pas la liberté de la cause seconde? « C'est chose, ajoute Bossuet, qui regarde Dieu et non pas nous et dont il a pu se réserver le secret sans nous faire tort. »

Voilà très exactement l'opinion des musulmans sur la question. Si vous leur demandez comment se concilient la prescience divine et le libre arbitre, ils vous répondront par les propres expressions de Bossuet : « C'est chose qui regarde Dieu et non pas nous », ou comme leur théologien Berkaoui : « Personne ne doit s'enquérir de ce que Dieu veut, lui seul a le droit de faire de pareilles questions. »

On voit à quelles proportions se réduit le fatalisme musulman; quelques théologiens de l'Islam doivent seuls porter la responsabilité de cette doctrine : ils ont voulu résoudre l'antinomie en sacrifiant l'une des vérités à l'autre, en amoindrissant l'antithèse, liberté humaine, pour grandir la thèse, prescience et omnipotence divines. D'autres théologiens, cependant, ont cherché la solution du problème dans la voie contraire et, même au sein de l'Islam, la doctrine de la liberté humaine a eu ses partisans : en face des *djabarites* soutenant que toutes les actions des créatures doivent être attribuées à Dieu, se sont élevés les *kadarites* prétendant que l'homme crée ses actes.

C'est sans doute un théologien djabarite qui a forgé cette tradition mise dans la bouche de Mahomet et citée par Palgrave à l'appui du procès qu'il intente au fatalisme musulman. « Quand Dieu résolut de créer l'espèce humaine, il prit entre ses mains le limon qui devait servir à former l'humanité et dans lequel tout homme préexiste; il le divisa en deux portions égales, jeta l'une dans l'enfer en disant : « Ceux-ci pour le feu éternel »; puis avec la même indifférence il jeta l'autre au ciel en ajoutant : « Ceux-ci pour le paradis. » Palgrave, dur à l'Islam, comme bon nombre d'orientalistes anglais, conclut que « le système islamique est le panthéisme de la force, puisque l'action se concentre dans un Dieu qui l'exerce et l'absorbe tout entière ».

Déduire la doctrine de l'Islam sur la prédestination ou « la prédamnation » d'une tradition dont l'autorité est au moins contestable peut être un procédé de théologien musulman, mais la critique ne saurait l'admettre. La qualification de panthéiste introduite par Palgrave dans le débat est de celles sur lesquelles il est plus difficile encore de s'accorder que sur celle de fataliste. Mahomet serait-il panthéiste pour avoir reconnu en Dieu la cause suprême, la cause unique? Mais nous verrons que cette doctrine est celle d'une puissante école de théologiens chrétiens dont les opinions n'ont pas été condamnées. L'Islam, loin d'être une religion panthéiste, est celle qui sépare le plus nettement la création du créateur. Est-il besoin d'insister et quelque chose semble-t-il plus contraire à la foi religieuse de Mahomet que de diviniser la nature? Celui qui avait exclu si formellement « toute association du non-divin avec le divin [1] » aurait-il pu arriver à cette conception que tout était Dieu? L'idée panthéiste a d'ailleurs toujours répugné à la raison sémitique et il a fallu les subtiles analyses des théologiens persans pour arriver à ce non-sens de faire dévier l'Islam dans le panthéisme.

Une autre tradition établissant la doctrine de la prédestination est rapportée par Boukhari [2]; je la reproduis d'après Sales [3], parce qu'elle est très caractéristique.

---

1. J. Goldziher, *le Culte des saints chez les musulmans*.
2. Boukhari était *djabarite* et soutenait que Dieu produisait dans les hommes toutes leurs actions, de telle sorte qu'ils n'étaient plus libres (d'Herbelot, *Bibliothèque orientale*).
3. *Introduction à la lecture du Coran*.

Moïse et Adam se rencontrent devant le trône de Dieu et s'interpellent.

« Toi, dit Moïse, tu es Adam que Dieu a créé, qu'il a animé du souffle de vie, qu'il a fait adorer par les anges et qu'il a placé dans le Paradis, d'où les hommes ont été exclus par ta faute.

— Toi, répondit Adam, tu es Moïse que Dieu a choisi pour son apôtre, à qui il a confié ses commandements en te remettant les tables de la loi et à qui il a accordé la grâce de converser avec lui face à face. Sais-tu combien d'années la loi avait été écrite avant que je fusse créé ?

— Quarante, dit Moïse.

— Et n'as-tu pas vu, répliqua Adam, ces paroles inscrites dans la loi : *Adam s'est révolté contre son seigneur et il a péché?*

— Oui, dit Moïse.

— Oses-tu donc me blâmer pour avoir fait précisément ce que Dieu écrivait que je devais faire quarante ans avant que je fusse créé; bien plus, pour avoir fait ce qui était *décrété* par rapport à moi cinquante mille ans avant la création du ciel et de la terre! »

Décider qui de Moïse ou d'Adam avait eu l'avantage devant le trône de Dieu, c'était prendre parti pour ou contre le libre arbitre de la créature. Boukhari rapporte que Mahomet pressé de questions *finit* par déclarer qu'Adam l'avait emporté sur Moïse. Cette sentence du Prophète qui justifie Adam sans autre explication est vraisemblablement inventée par un défenseur de la prescience divine. Un partisan de la liberté humaine a pu rapporter cette même tradition à l'appui de sa doctrine, en se contentant de faire rendre *à la fin* par Mahomet un jugement favorable à Moïse. Ces deux *habith* établissent seulement que le problème de la prédestination s'agitait déjà dans l'entourage de Mahomet. Nous le savons d'ailleurs par de nombreux témoignages qui nous apprennent en même temps combien il cherchait à l'éviter. Rien ne lui était plus désagréable que d'être interrogé sur cette question et il se gardait bien de résoudre dans ses entretiens familiers les antinomies inconscientes que pouvaient présenter ses récitations inspirées.

Il faut donc renoncer à l'accusation de fatalisme portée contre le père de l'Islam. Faut-il en charger les théologiens musulmans? Ce serait, nous l'avons vu, aller trop loin encore, car la doctrine de la prédestination est repoussée par la moitié d'entre eux. Reland, après avoir remarqué que les uns et les autres « ne s'expriment pas fort commodément sur ce dogme », ajoute qu'ils tombent « dans des contradictions qui ne leur sont pas, comme chacun sait, particulières [1] ». C'est qu'en effet ces contradictions se rencontrent aussi nombreuses et aussi complètes chez les théologiens chrétiens.

Il est intéressant de rappeler, même brièvement, à ce sujet, que la question du concours de Dieu dans les actes humains divise depuis des siècles nos théologiens scolastiques en deux

1. *Loc. cit.*

grandes écoles représentées par deux ordres religieux puissants. Sur ce terrain les disciples de Loyola et ceux de Dominique se livrent encore aujourd'hui[1] de rudes assauts, apportant les uns et les autres dans cette lutte l'esprit particulier de leur ordre : ceux-ci mettant leur fougue méridionale et leur outrance emphatique au service d'une doctrine assez voisine du fatalisme; ceux-là combattant avec leur dialectique artificieuse et subtile pour la cause de la liberté humaine; les deux partis rivaux travaillant au demeurant « pour la plus grande gloire de Dieu », sans oublier celle de leur ordre.

Les théologiens dominicains se sont appelés thomistes, titre superbe et convoité, parce qu'il en impose dans toute controverse et qu'on hésite

[1]. La lutte vient d'être reprise tout récemment : les dominicains, profitant des encouragements donnés par le pape Léon XIII dans son encyclique *Æterni Patris* aux études scolastiques, ont rompu la paix armée qui s'était faite sur cette question. Voir *Controversiarum de divinæ gratiæ liberique arbitrii concordia initia et progressus*, par G. Scheemann, Fribourg en Brisgau, 1882; — *Bañès et Molina*, par le P. de Régnon, 1883; — *Thomisme et Molinisme*, par le P. Gayrand, 1889; — *Bannésianisme et Molinisme*, par le P. de Régnon, 1890.

toujours à discuter une doctrine soutenue par l'Ange de l'École. Mais, en raison même de la très grande autorité qu'il confère, ce titre a été porté avec des droits contestables ; c'est ainsi que les jansénistes, sur cette même question de la prédestination, se sont réclamés de saint Thomas. Les jésuites refusent aux dominicains le droit de s'appeler thomistes, prétendant que leur doctrine empreinte de fatalisme n'est pas celle de saint Thomas, mais qu'elle a pour auteur le dominicain espagnol Bañès, qui enseignait la théologie à Salamanque à la fin du xvie siècle. Aussi la doctrine dominicaine est-elle appelée par eux bannésianisme. Nous lui conserverons son nom de thomisme, non que nous ayons la fatuité de nous prononcer dans un tel débat, mais parce que cette appellation plus connue a reçu la consécration de l'histoire. Aussi bien les théologiens des frères prêcheurs justifient-ils ce nom de thomistes par leur admiration fanatique pour le divin docteur qui illustra leur ordre. Tel est leur culte pour le vénéré frère Thomas d'Aquin, qu'ils ont institué dans leur règle la législation *de tenenda sancti Thomæ doctrina*, destinée à enchaîner le libre examen des générations futures et à soustraire à toute controverse un enseignement auquel on voudrait reconnaître une sorte d'infaillibilité. Le serment par lequel ils s'engagent à adhérer aveuglément à tout ce qu'a dit saint Thomas fait songer à cet article additionnel de notre constitution : La forme républicaine du gouvernement ne peut faire l'objet d'une proposition de revision [1]. — Les théologiens jésuites ne sont pas liés à l'enseignement de saint Thomas par un pareil serment; ils ne veulent pas cependant s'en séparer trop ouvertement et,

---

1. Il est bien évident que cet engagement serait nul de plein droit sur tout point où l'Église définirait la contradictoire d'une proposition de saint Thomas. Ce serait une bien dure épreuve pour la piété filiale des frères prêcheurs, qui chercheraient sans doute à tourner la difficulté comme ils l'ont fait pour le dogme de l'immaculée conception de la Sainte Vierge. — Avant la proclamation du dogme, tous les dominicains enseignaient *avec saint Thomas* que la Sainte Vierge n'était pas immaculée; depuis la proclamation du dogme, ils enseignent *encore avec saint Thomas* qu'elle est immaculée.

pour défendre le libre arbitre, ils préfèrent s'attaquer à Bañès, en lui opposant Molina, jésuite portugais, qui professait la théologie à Coïmbre; c'est de lui qu'ils ont pris le nom de molinistes.

La lutte fut vive entre les théologiens des deux écoles. Commencée vers 1490, peu après l'apparition du traité de Molina *sur la concorde de la grâce et du libre arbitre*, cette controverse, qui devait reparaître de nos jours, se prolongea pendant tout le xviie siècle, malgré l'intervention des papes, qui défendirent à plusieurs reprises aux deux ordres rivaux de se censurer mutuellement. On débuta de part et d'autre en se traitant d'hérétiques : Bañès dénonça au Saint-Office le livre de Molina comme renfermant plusieurs propositions entachées de pélagianisme; Molina riposta en accusant les bannésiens de calvinisme. Le Grand Inquisiteur était fort embarrassé, quand la cause fut évoquée au tribunal du Saint-Siège.

C'est un curieux spectacle que celui du grand procès théologique qui s'ouvrit à Rome sous le pontificat de Clément VIII, pour se continuer sous celui de Paul V, entre les deux ordres rivaux. L'ambassadeur d'Espagne intervint dans les débats en faveur des thomistes. La querelle s'envenima et le pape dut rappeler les deux partis à la pratique de la douceur évangélique : Paul V écrivait de sa propre main à l'ambassadeur d'Espagne : « Il déplaît beaucoup que ces religieux procèdent avec une haine sauvage et comme enragée les uns contre les autres[1]. » Rome se refusa à faire de la prédestination un dogme; aucune des deux doctrines ne fut censurée comme hérétique et les deux écoles furent autorisées à enseigner chacune leur système[2].

Cependant l'école thomiste était allée aussi loin que possible et avait même dépassé la doctrine des théologiens djabaristes de l'Islam.

1. P. de Régnon, *loc. cit.*
2. Les dissentiments des ordres religieux ne doivent pas être un sujet de scandale, ils rentrent dans le plan providentiel et le père Schneeman les explique au moyen d'une comparaison exquise qu'on dirait tirée de saint François de Sales : « Dieu, dit-il, travaille avec un soin jaloux les ordres religieux, qui sont les pierres précieuses de son Église, et l'on sait que *les diamants se polissent l'un sur l'autre.* »

Bañès avait enseigné que : « Dieu étant la cause de tout être, ne présuppose rien qui soit fait par un autre, rien dont lui-même ne soit cause et que par conséquent il détermine tout et n'est déterminé par rien. » Les théologiens qui lui succédèrent, cherchèrent à concilier la thèse si catégoriquement posée avec l'antithèse : la liberté humaine. Ce furent alors de véritables acrobaties de la pensée pour établir que chaque acte est à la fois nécessaire et libre, ou des raisonnements d'un byzantinisme dont voici un exemple : Dieu prédétermine la volonté humaine, mais, comme cette volonté est libre, elle est prédéterminée selon sa nature, c'est-à-dire librement.

De ces efforts est sortie finalement la théorie de la prémotion, qui a fait un départ un peu subtil entre le concours divin et le concours humain dans la production de chaque acte. C'est vers cette doctrine qu'inclinait Bossuet, y voyant le meilleur moyen d'accorder la thèse avec l'antithèse.

A Dieu ne plaise que j'expose ici la théorie de

Molina! Il a eu le mérite de créer deux vocables permettant de s'exprimer, sinon de se faire comprendre, dans la question absconse de la prescience divine. C'est ainsi qu'aux deux concepts du futur et du possible il a ajouté celui du *futurible*, sorte de futur qui sera réalisé, si la condition dont il dépend est réalisée. Molina posait entre ces trois concepts : futur, futurible, possible, une relation d'inégalité, une sorte d'inéquation à trois membres, dans laquelle le futurible, plus grand que le possible, plus petit que le futur, était le membre du milieu. — Il appelait *science moyenne* cette connaissance des futuribles et bornait à cette *science moyenne* la prescience que Dieu a de nos actes. Ainsi, tandis que les thomistes, pour résoudre la terrible antinomie, surenchérissent sur la thèse et amoindrissent l'antithèse, les molinistes au contraire réduisent la thèse et partant attribuent au libre arbitre humain une plus large part dans la production des actes.

Si nous revenons à l'Islam, nous constatons

la similitude qui existe entre kadaristes et molinistes, comme entre djabarites et thomistes. Les uns et les autres, d'après Abd-er-Razzak [1], sont borgnes. Les kadarites, partisans de l'indépendance de la volonté humaine, sont privés de l'œil droit, le plus fort, celui qui nous fait contempler la cause première. Ceux qui, au contraire, contemplent seulement la cause première sont privés de l'œil gauche, le plus faible, celui qui nous fait voir les choses extérieures (les causes secondes). « Mais celui qui voit juste, ajoute Abd-er-Razzak, se sert des deux yeux de son cœur, contemple les essences (la cause première) de l'œil droit et rattache à la volonté divine les actions bonnes et mauvaises, puis regarde les créatures de l'œil gauche et affirme l'influence (propre) qu'elles exercent sur les actions. »

Cette controverse épineuse sur l'influence de la cause première et de la cause seconde dans la

---

[1]. *Traité de la prédestination et du libre arbitre.* Traduction de M. Guyard.

production de l'acte humain donna naissance à une terminologie extra-subtile. On fut amené à distinguer pour chaque acte le décret, *el kadha*, et l'arrêt, *el kadar*. Par le kadha, Dieu décide tout ; le kadar est l'exécution détaillée du décret. Abd-er-Razzak, pour « illustrer » par un exemple ces définitions ardues, cite l'anecdote suivante : Mahomet s'étant détourné un jour d'un mur qui menaçait ruine, quelqu'un lui dit : « Veux-tu donc échapper au décret de Dieu ? » Mahomet répondit : « Je fuis devant son décret, mais pour me diriger vers son arrêt. »

Une école chercha à faire l'équilibre entre les doctrines opposées des djabarites et des kadarites. Elle enseigna « qu'il n'y a ni fatalité absolue, ni indépendance absolue, mais quelque chose d'intermédiaire » et que ce qui concourt à la production de l'acte « est un composé du pouvoir de Dieu et du pouvoir de l'homme ». Des théologiens conciliateurs inventèrent *l'acquisition de l'acte*, véritable trouvaille pour un scolastique : si les actions humaines procèdent du pouvoir de Dieu, *leur acquisition* relève du pouvoir de l'homme. Ils rapprochèrent certains passages contradictoires des hadith, non pour enlever à la Tradition une partie de son autorité, mais pour constater que la prédestination restait un mystère inexplicable.

Mahomet, questionné sur le sort réservé à son ami Abou Horeïra, avait prononcé cette phrase laconique : « La plume qui a écrit sa destinée est sèche », c'est-à-dire rien ne peut être changé à ce qui a été écrit sur la Table gardée au sujet de la destinée d'une créature. Mais d'autre part il avait répondu à ceux qui lui avaient demandé pourquoi agir : « Agissez : chacun de vous a reçu la capacité de faire ce pour quoi il a été créé. »

Quand on lui avait posé la question : « Sommes-nous au milieu de choses complètement terminées ou au milieu de choses en voie de formation? » il avait fait cette réponse, qui fait songer à l'*universel devenir* d'Héraclite repris par Hegel : « Nous sommes au milieu de choses terminées et de choses en voie de formation. »

La doctrine d'Abd-er-Razzak se rapproche beaucoup de celle de la prémotion professée aujourd'hui par les thomistes. Comme eux, il reconnut « que le libre arbitre est un des moyens qui concourent à la production de l'action ». Comme eux, il arriva à cette conséquence ou à cette inconséquence que « tout ce qui a été décidé est fatal à un point de vue et possible à un autre point de vue ». « Il entre, d'après lui, dans le décret divin l'acte et *la manière* dont il se produira, et cette *manière* c'est le libre arbitre. » Bien des siècles plus tard, Bossuet devait expliquer en des termes presque identiques la coopération de Dieu et de la créature dans la production des actes humains. « Nous agissons librement en tel acte et tel acte, dit-il, par la force du *décret* qui veut que nous soyons *libres* et qui descend à tout ce détail de l'action. »

Les analogies frappantes que l'on vient de constater entre les théologiens musulmans et chrétiens se retrouvent dans les solutions proposées pour les nombreux corollaires du problème de la prédestination : justice de Dieu, responsabilité humaine, origine du mal, gratuité du salut, etc.

Il n'entre pas dans mon cadre de m'étendre davantage sur ce sujet, mais je ne puis résister au plaisir de reproduire une comparaison dont se sert Abd-er-Razzak pour appuyer son argumentation. Ayant à expliquer à son disciple pourquoi l'homme à l'âme basse préfère le mal au bien, tout en sachant que le bien est supérieur au mal : « C'est ainsi, lui dit-il, que le nègre préfère ses enfants malgré leur laideur à un jeune garçon turc, bien qu'il n'ignore pas que ce dernier est plus beau que les siens. »

Le fatalisme n'est donc pas un dogme de l'Islam; cette doctrine a été celle de quelques docteurs musulmans qui, après avoir enseigné, comme plusieurs théologiens chrétiens, que la cause seconde était dans l'absolue dépendance de la cause première, ont été amenés par l'ardeur des disputes d'école à des exagérations déraisonnables. « Les doctrines, comme le remarque le R. P. de Régnon, ne se débattent pas uniquement dans le champ de la froide raison, avec les seules armes de la logique. »

Les exagérations des deux écoles adverses ont pu être enseignées dans l'Islam comme dans le christianisme par quelques théologiens, mais elles n'ont laissé aucune trace profonde. Il en sera toujours ainsi et l'on n'arrivera jamais à modifier sur ce point la conscience de l'homme. Quant à son intelligence, elle s'épuisera toujours en vains efforts pour trouver une solution à cet obscur problème. L'union de la volonté divine et de la volonté humaine pour la production de chacun de nos actes est aussi inexplicable que l'union de ces deux volontés qui coexistaient dans l'Homme-Dieu, sans que la seconde fût absorbée par la première, synthèse mystérieuse rejetée par les monothélistes. Comment la causalité divine se comporte-t-elle avec la volonté humaine? Y a-t-il motion, prémotion, influence, inclination, concours simultané? Tous ces mots témoignent des efforts de la raison humaine aux prises avec le mystère. Mais les scolastiques des deux partis auront beau forger et reforger des mots, ils n'arriveront jamais qu'à donner du concours divin une idée erronée, obligés qu'ils sont de le comparer à une collaboration purement humaine. Notre pauvre intelligence cherchant à faire l'équilibre entre la cause première et la cause seconde ressemble à une balance folle. Si, pour obtenir cet équilibre, on enlève quelque chose à la causalité divine pour le reporter à la causalité humaine, le fléau de la balance s'abaisse brusquement, menaçant de faire une révolution complète, image de l'absurdité à laquelle conduit inévitablement une pareille manière de raisonner. L'omniscience et l'omnipotence divines affirmées par notre raison seront à jamais pour notre faible intelligence en contradiction avec le libre arbitre ressenti par chacun de nous comme une réalité presque tangible. Les philosophes passeront, s'usant sur cette antinomie inévitable, qu'il est inutile d'ailleurs de chercher à résoudre puisque la vérité et la contre-vérité qu'elle renferme sont acceptées sans répugnance par les intelligences les plus élevées comme par les esprits les plus faibles. Le libre arbitre de la créature est ce que l'a défini Kant : un postulat moral. Il plane au-dessus de toutes les controverses théologiques, et c'est se méprendre sur leur importance que de croire qu'elles peuvent prévaloir contre lui : Luther, auteur du traité *De servo arbitrio*, a enseigné comme Calvin la prédétermination physique; qui oserait prétendre cependant que les protestants, comme les catholiques, ne se sentent pas également libres dans l'accomplissement de leurs actes ?

Si l'on recherche quelle est la cause de cette réputation de fatalistes faite si généralement aux musulmans, on la reconnaît principalement dans la fausse idée qu'on se fait de la vertu qui est la caractéristique de l'islamisme et d'où lui vient son nom, *Islam*, qui signifie résignation. Peu de religions enseignent une aussi complète soumission à la volonté divine, et la pratique de cette résignation est telle chez les musulmans, qu'on ne la rencontre pas plus grande chez les saints du christianisme. C'est à tort que l'on a fait dériver du sentiment fataliste l'emploi de certaines expressions, comme celle de *mektoub* (c'était écrit), dont se sert le musulman devant le malheur qui l'accable ; elles ne sont inspirées que par une soumission parfaite aux desseins d'en haut et correspondent à la magnifique formule de la résignation chrétienne : *Fiat voluntas tua.*

On a également attribué à « l'odieux fatalisme » cette sérénité si parfaite du musulman devant la mort, ainsi que ce courage aveugle qui le fait, parfois encore de nos jours, se précipiter, tête baissée, sur les baïonnettes européennes. De pareils effets ne sauraient reconnaître une aussi mauvaise cause. Non, si le croyant meurt le sourire aux lèvres, s'il méprise le danger, au jour du combat, c'est qu'il a la certitude complète de son bonheur futur et que sa foi, à l'abri des doutes, suffit à mettre sa conscience à l'abri des angoisses de la dernière heure.

Assurément une religion qui facilite ainsi le terrible passage a résolu un grand problème; encore faudrait-il que par cette assurance du salut éternel elle ne retranchât pas de la vie un puissant levier moral.

CHAPITRE VI

L'expansion de l'Islam depuis les conquêtes arabes.

Le domaine géographique de l'Islam. — Son expansion dans l'Afrique centrale. — Trafiquants musulmans et explorateurs européens. — Islamisme primaire et secondaire. — Les causes de l'expansion. — Les missionnaires musulmans. Foulbés et Haoussas. — Les causes surnaturelles de la propagation de l'islamisme.

Nous avons éliminé successivement les diverses raisons produites pour expliquer l'immense diffusion de l'islamisme et nous nous sommes réservé d'en chercher les véritables causes lorsque nous traiterions de l'expansion actuelle de cette religion : nous avons estimé que l'étude de ce dernier fait réduirait à néant cet argument déjà combattu par nous et d'après lequel l'Islam n'aurait été prêché que les armes à la main. Si le mahométisme, en effet, ne s'était propagé que par la violence des vainqueurs arabes, sa diffusion se serait arrêtée avec la période des conquêtes, tandis que le Coran n'a pas cessé de se répandre dans tout l'univers. Ce mouvement expansif qui se continue encore de nos jours fait de l'islamisme la troisième religion de l'humanité après le bouddhisme et le christianisme. On a cru longtemps aussi que cette propagation de l'Islam avait suivi le sort de la civilisation éblouissante des khalifats de Damas, de Cordoue et de Bagdad et qu'elle avait pris fin avec elle. « Le mahométisme ne fait pas de prosélytes nouveaux », écrit Barthélemy Saint-Hilaire[1]. C'est méconnaître le caractère de ces deux mouvements. La brillante civilisation arabe est presque un contresens dans l'Islam; c'est une production adventice que les circonstances

---

1. *Mahomet et le Coran.* Introduction.

ont développée en dehors du Coran ; si elle s'était prolongée, elle eût presque certainement étouffé la religion du Prophète : les classes supérieures seraient tombées dans l'incrédulité ; le peuple dans de grossières superstitions. Mais, loin des cours fastueuses et littéraires des puissants khalifes, loin des controverses philosophiques et religieuses, le désert — arabique, libyen, saharien — gardait dans son intégrité première la foi musulmane. De ces thébaïdes, du Sahara particulièrement, partaient les saints missionnaires dont les restes reposent sous ces blanches coupoles qu'on rencontre si nombreuses dans l'Afrique septentrionale.

Nous ne nous étendrons pas sur le domaine du Coran en dehors du continent africain ; rappelons qu'il compte en Chine 20 millions de fidèles et que les hœy-hœys (nom des musulmans chinois) forment dans l'empire du Milieu une caste prépondérante. M. Vasilief, qui a étudié cette marche du mahométisme en Chine, le croit même appelé à se substituer à la doctrine de

Çakia Mouni [1] et M. Montet écrit dans une intéressante étude sur les missions musulmanes [2] : « Le mahométisme semble d'ores et déjà assuré de remporter la victoire sur les religions qui se partagent ou cherchent à se partager le continent chinois. » En Europe, où ils sont plus dépaysés, on rencontre des musulmans bien au nord de la Turquie, jusqu'en Lithuanie; on en trouve en Amérique, où l'islamisme a été importé par des coolies et des nègres. Mais l'Afrique reste la terre d'élection de l'Islam; il s'y sent chez lui comme le christianisme en Europe. « Depuis

[1]. « Entré dans le Céleste Empire, l'islamisme parviendra peu à peu, et les musulmans chinois n'en doutent pas, à se substituer au lieu et place de la doctrine de Çakia Mouni. Cette question est de la plus haute importance; en effet, si jamais pareil événement venait à se réaliser, si la Chine, qui renferme au moins le tiers de la race humaine, venait à se convertir au mahométisme, tous les rapports politiques du Vieux Monde se trouveraient considérablement modifiés. La religion de Mahomet s'étendant de Gibraltar à l'Océan Pacifique pourrait de nouveau menacer le christianisme; en outre l'activité pacifique du peuple chinois, activité si profitable à tous les autres peuples, étant surexcitée par un fanatisme énergique, pourrait peser comme un joug sur les autres nations. Vasilief, cité par M. Dabry de Thiersant dans son ouvrage : *le Mahométisme en Chine et dans le Turkestan oriental*, Paris, 1878, 2 vol. in-8°.

[2]. *Les missions musulmanes au XIXe siècle*. Revue de l'histoire des religions. Mai-Juin 1883.

Sierra-Leone, écrit le colonel de Polignac, jusqu'au Mozambique portugais, en passant par le Maroc, les États barbaresques et le canal de Suez, toute la ligne côtière, d'une manière non interrompue, est habitée par des populations musulmanes[1]. » Si des côtes nous pénétrons vers l'intérieur, nous constatons que l'hinterland de l'Islam forme un territoire compact s'étendant de la mer Rouge à l'Atlantique et de la Méditerranée au sixième degré de latitude nord. Sur la côte orientale nous avons vu que ce territoire atteignait le Mozambique portugais, soit environ le dixième degré de latitude sud. On rencontre des musulmans en assez grand nombre à Madagascar et le nom de la grande île serait, suivant quelques orientalistes, de formation arabe (Madagascar = Madécasses bar, c'est-à-dire pays des Madécasses). « C'est en Afrique, dit M. Montet, que la religion de Mahomet est en train de se propager le plus rapidement et avec le plus

---

1. *France et Islamisme.* Alger, 1893.

de succès. Forte de la position inexpugnable qu'elle occupe au nord du continent, assurée qu'elle est d'exercer dans les vastes territoires qui vont se fondant et se perdant dans les solitudes du Sahara jusqu'aux immenses régions du Soudan une influence morale qu'aucune autre religion n'est en mesure de lui contester, elle marche toujours en avant, fait de nouvelles conquêtes, progresse toujours[1]. »

Cette marche de l'Islam a dépassé le Soudan et se continue vers les régions équatoriales de l'Afrique. Comme elle avait un de ses points de départ dans les contrées voisines de nos possessions du Niger, elle était vaguement connue des officiers de nos avant-postes. Elle fut mise en pleine lumière le jour où, le Soudan ayant été pris à revers par notre arrivée dans les affluents nord du Congo, nous nous sommes trouvés en avant du front de ces caravanes de trafiquants que nous voyions s'éloigner mysté-

1. *Loc. cit.*

rieusement. Les musulmans sont tournés. Pris entre nos possessions du nord de l'Afrique et nos postes du Congo et de la Sangha, ils se trouvent dans un étau que nous pouvons serrer ou tenir lâche suivant les besoins de notre politique.

L'expansion de l'islamisme dans l'Afrique centrale émane de deux foyers bien distincts. Le premier, celui de l'ouest, est très ancien, son influence s'est étendue jusqu'à la côte atlantique, où il a fait pénétrer la religion du Coran; puis il a dû reculer constamment devant notre marche du Sénégal vers le Niger. Des déplacements successifs l'ont amené de Tombouktou, où il était à l'origine, à Sokoto, puis de Sokoto à Kano, et enfin de Kano à Kouka, où il semble être fixé aujourd'hui. Le second foyer, celui de l'est, est de formation plus récente; il rayonne actuellement entre le Ouadaï et le Darfour, sous la double mais non commune action du Mahdi et du chef de l'ordre religieux des Snoussia. Les affluents sud du Tchad, le Chari et la Logone, séparent approximativement les zones influencées par ces deux foyers. Ces deux courants musulmans, celui de l'est plus guerrier et plus fanatique, celui de l'ouest plus commerçant et plus tolérant, s'avançaient à travers les populations fétichistes qui bordent le monde musulman sur une longueur de 12 000 kilomètres, quand ils ont pris le contact de nos explorateurs partis du Congo. Ce fut une désagréable surprise pour les trafiquants soudanais ou tripolitains que cette première rencontre avec des voyageurs européens aux environs du Tchad. Ils s'étaient éloignés des pays envahis par le giaour et croyaient, en s'enfonçant vers le sud, ne trouver devant eux que des populations fétichistes, vierges de tout contact européen, et voilà qu'après des mois de marche dans les régions tropicales, ils se trouvaient face à face avec d'autres Européens. Ceux-ci, assurait-on, étaient venus d'une région lointaine du sud, où ils étaient les maîtres; les flottes de leurs *babours* (canonnières à vapeur) descendaient et remontaient des fleuves immenses coulant de l'est à l'ouest.

L'installation des Européens dans l'Afrique équatoriale, dans le bassin du Congo, coupant l'Afrique en plein travers, était en effet pour l'expansion musulmane un fait de la plus haute importance. La pénétration lente et sûre de l'Islam qui s'effectuait depuis des siècles dans la direction nord-sud allait-elle être arrêtée par le mouvement tournant des Européens? Le commerce de ces régions, qui se faisait dans cette même direction par l'intermédiaire des caravanes musulmanes, allait-il être dérivé par les chrétiens dans un sens perpendiculaire et suivre vers l'ouest la grande voie navigable du Congo? On conçoit la préoccupation des chefs musulmans pressentant la perturbation complète qui allait se produire dans les relations économiques de l'Afrique équatoriale. Il serait intéressant d'étudier les conséquences de la rencontre dans la haute Sangha, des Européens partis du Congo avec les Arabes (c'est le nom consacré) partis du Soudan, mais ce serait nous écarter de notre sujet; bornons-nous à rechercher d'où vient au mahométisme cette grande vitalité et cette étonnante puissance d'expansion.

L'Islam offre-t-il les caractères de l'universalisme religieux comme le bouddhisme et le christianisme, ou bien n'est-il qu'une religion nationale? Telle est la question que s'est posée M. Kuenen[1]. En fait, la réponse n'est pas douteuse : le mahométisme est certainement une religion universelle, « internationale », puisqu'il est aujourd'hui celle de races très différentes : Sémites, Aryens, Tartares, Malais, nègres. Mais M. Kuenen précise la question, en la serrant de plus près, et se demande si cet universalisme en fait est attribuable à l'essence même de l'Islam ou s'il est dû à d'autres causes? « La nationalité arabe, répond-il, n'est pas le sein maternel de l'Islam, mais sa limite... Le véritable universalisme ne saurait être atteint par l'Islam, *par la force même de son origine.* »

Cette restriction ne semble-t-elle pas un peu

---

1. *Revue de l'histoire des religions*, t. VI.

spécieuse? L'Islam originel, celui du Coran et de la Sonna (la Tradition), a enfanté le second, celui que M. Kuenen regarde comme de formation artificielle et auquel il reconnaît au suprême degré les caractères de l'universalisme. C'est par des transitions tellement insensibles que cette religion est arrivée à se modifier sous l'action du temps et sous l'influence des peuples différents qui l'embrassèrent, qu'il paraît bien difficile de faire un départ rigoureux entre ce qui est attribuable à son essence et ce qu'elle doit à des facteurs étrangers. M. Kuenen, si autorisé sur ces questions, ne m'en voudra pas de supprimer la distinction entre l'Islam de formation primaire et celui de formation secondaire et d'adopter pour l'Islam en bloc les conclusions de sa savante étude.

Cette couche secondaire n'est d'ailleurs pas particulière à la religion de Mahomet; elle se retrouve dans toutes les autres. A cette seconde formation se rattachent dans l'Islam le mysticisme, le culte des saints, celui des morts et une quantité d'autres dévotions. Les besoins religieux de la pauvre humanité, si variés suivant les âmes, sont partout aussi exigeants et, tôt ou tard, il a fallu aviser à leur donner satisfaction. L'Islam a dû, lui aussi, s'appliquer à cette tâche et il s'en est merveilleusement acquitté : c'est une des grandes causes de son succès, en même temps que la raison de ses contradictions. Les âmes célestes qui cherchent à se dégager des sens pour s'absorber dans la contemplation de Dieu, trouveront dans le *soufisme* un système d'entraînement qui les amènera au ravissement mystique ; c'est à peine si quelques puritains élèveront la voix pour les blâmer, quoique rien ne soit plus opposé que le mysticisme au monothéisme rigide de Mahomet. D'autres âmes tout à fait terrestres se sentiront au contraire trop éloignées d'Allah ; elles n'oseraient adresser à la divinité leurs demandes parfois si singulières [1] ; pour elles, l'Islam a été amené à créer

---

1. « Mon Dieu, ne me donnez que des enfants mâles, et faites que mes bestiaux ne produisent que des femelles. »

le culte des saints, innombrables dispensateurs de toutes les grâces, invoqués par une clientèle des plus bigarrées : coupeurs de routes, mendiants, femmes stériles, adolescents en quête de bonne fortune, vieillards au déclin de leur verdeur. Cependant le culte des saints, si l'on s'en rapporte au Coran et à la Tradition, est loin d'être orthodoxe et Mahomet avait sévèrement proscrit ces hommages rendus à de simples créatures[1].

En réalité l'Islam, dans son essence, dans sa formation originelle ne comportait que la foi au Dieu unique; cette foi a été pleinement conservée malgré les éléments étrangers introduits dans la religion; elle est restée comme le ciment qui agrège ce conglomérat de dévotions plus ou moins hétérodoxes.

L'islamisme a encore pour lui d'être une religion indulgente, promettant la félicité future à

---

1. « Quant à ceux qui prennent d'autres patrons que Dieu en disant : Nous ne les adorons qu'afin qu'ils nous rapprochent de Dieu, Dieu prononcera sur l'objet de leurs disputes. » *Coran*, XXXIV, 4.

tous ceux qui auront cru, presque sans distinction de mérites : le musulman plein de zèle et de bravoure verra dans la guerre sainte le moyen d'atteindre le martyre, un lettré plus timide se contentera de lire le Coran et sera également agréable à Dieu. Le pauvre sera glorifié, mais le riche ne sera pas menacé à cause de ses biens.

Mahomet, qui avait de la divinité une conception si élevée, n'avait qu'une médiocre idée de l'humanité et, comme le législateur de la première alliance, il faisait une large part à ses faiblesses. L'homme doit croire et prier ; mais il n'a pas à s'acharner contre sa nature, à se torturer pour se vaincre ; il n'a pas à poursuivre un idéal de perfection qu'il ne saurait atteindre. Chercher à devenir parfait, ce serait chercher à égaler la divinité, la plus abominable des actions ! Lui-même, l'envoyé de Dieu, avait ses faiblesses comme les autres hommes ; il était sujet aux passions, il disait avec simplicité qu'il aimait trois choses en ce monde : les femmes, les parfums, mais par-dessus tout la prière. Cette préférence nous paraît si difficilement conciliable avec les goûts sensuels exprimés par le Prophète que notre raison étonnée d'un tel mélange semble croire à quelque ironie. Cette phrase ne renferme cependant aucun sens détourné ; elle doit être entendue à la lettre. Qui la comprend bien, comprend tout l'Islam. Les musulmans, héritiers des goûts de leur Prophète, conservent, malgré leurs appétits sensuels, un grand attrait pour l'oraison. La prière n'est pas chez eux, comme chez les chrétiens, le monopole de la femme et de l'enfant ; elle est le privilège de l'homme et la manifestation par excellence de la supériorité de son sexe ; les femmes et les enfants ne sont admis qu'exceptionnellement à cet acte grave qui exige toute la maturité de l'homme fait.

Il est cependant un point sur lequel Mahomet prêcha la résistance aux sens : l'usage du vin et des boissons fermentées fut rigoureusement interdit aux disciples du Coran. Grâce à cette défense d'une observance si stricte, les peuples musulmans ont été préservés de l'alcoolisme, ce fléau qui désole aujourd'hui tant de pays chrétiens et qui a suscité en partie la question sociale, inconnue des nations mahométanes.

Un système religieux, élevant l'âme par une conception presque surhumaine de la divinité, conception rappelée à l'esprit par une prière renouvelée cinq fois par jour, indulgent d'autre part pour les faiblesses de l'homme, était bien en harmonie avec la double nature que renferme chacun de nous et a pu séduire une grande partie de l'humanité. Mais la principale cause du succès de l'Islam, et celle-ci bien inhérente au Coran lui-même, celle qui explique le mieux sa propagation facile chez les noirs, est sans contredit l'extrême simplicité de ses dogmes. Par là il convient merveilleusement aux populations sauvages, « vierges de toute exploitation religieuse ». C'est une religion sans mystères, dont le credo déjà si concis peut même être remplacé, à l'article de la mort, par un simple geste : l'index levé vers le ciel pour attester l'unité de

Dieu. En présence des deux religions, christianisme et islamisme, qui se disputent sa foi et qui, l'une comme l'autre, lui enseignent ces deux grandes vérités si nouvelles pour des intelligences à peine éveillées : unité de Dieu, immortalité de l'âme, le sauvage est instinctivement attiré par celle qui n'ajoute rien à ces deux dogmes et il se fait musulman. Cette supériorité de la propagande islamique sur la propagande chrétienne était déjà reconnue au XVII° siècle par l'abbé Maracci, qui écrivait dans sa réfutation de l'Alcoran : « Il faut se souvenir que cette secte, méchante et superstitieuse tant qu'il vous plaira, a pourtant conservé tout ce qu'on trouve de plus plausible et de plus probable dans la religion chrétienne avec tout ce qui nous paraît le plus conforme à la loi et à la lumière de la nature. Elle a proscrit de sa créance tous ces mystères de l'Évangile qui nous semblent d'abord incroyables et inaccessibles, comme elle a aussi retranché de sa morale tous ces préceptes gênants et difficiles à l'humanité que nous y trouvons; et par là, comme vous voyez, elle a levé les deux grands obstacles que trouve en nous communément la vraie religion, l'un de l'esprit et l'autre de la chair; *ce qui fait que les païens d'aujourd'hui, qui se sentent assez disposés à renoncer à leur idolâtrie, embrassent plus promptement et plus facilement la loi mahométane que la loi évangélique*[1]. »

Il nous reste à étudier quels sont les agents et les moyens de propagande employés actuellement à la diffusion du mahométisme, et là encore nous constaterons une cause importante des succès du Coran. Les propagateurs de l'Islam sont le plus souvent des commerçants du même pays associés entre eux pour aller chercher fortune au loin. Le missionnaire musulman — on sent ce qu'il y a d'inexact dans cette appellation — n'excite pas, comme les religieux chrétiens, la méfiance des populations sauvages. « Si l'on adopte sa religion, dit M. Montet, c'est qu'il ne

---

[1]. *Mahometis Alcorani textus universus arabicus et latinus cum notis et refutatione*; Patavii, 1688, 2 vol. in-fol.

l'a point tout d'abord proposée. Les peuples enfants ressemblent aux enfants : ils dédaignent ce qu'on leur offre et convoitent ardemment ce qu'on fait mine de leur refuser [1]. » Les moyens employés pour cette propagande sont des plus variés et il est particulièrement intéressant de les étudier aux abords de nos possessions de l'Afrique équatoriale, le meilleur poste d'observation pour surveiller l'invasion musulmane.

Les Foulbés, qui représentent au Soudan la race blanche, la race supérieure, et dont la conversion au Coran remonte à une date relativement ancienne, sont à la tête du mouvement d'expansion islamique qui émane du foyer que nous avons signalé sur les rives du Tchad. Nos explorateurs du Chari et de la Logone les ont vus à l'œuvre. La conquête des âmes et l'ouverture de nouveaux débouchés pour leur commerce ne sont pas les seuls objectifs que se proposent les Foulbés : ils veulent l'extension de leur

---

[1]. *Loc. cit.*

influence; ils ont, comme les puissances européennes, un plan de politique coloniale et s'avancent comme elles à la conquête de l'Afrique. « Ce qui nous a le plus frappé, écrit M. Maistre, lorsque, pénétrant dans le bassin du Chari, nous avancions dans la direction du Tchad, c'est l'organisation politique que les souverains musulmans du Soudan central ont imposée aux populations soumises à leur souveraineté. »

Les précieux auxiliaires des Foulbés dans cette œuvre de pénétration sont les Haoussas, race noire dont l'islamisation est plus récente que celle des Foulbés et qui se trouvent par rapport à ceux-ci dans un état d'infériorité analogue à celui du Juif vis-à-vis de l'Arabe. Cette comparaison du Juif et du Haoussa s'impose tellement qu'elle a été faite par tous les explorateurs. Comme le Juif en pays arabe, le Haoussa est aussi méprisé qu'indispensable. Ayant l'instinct commercial et la soif du gain, ne s'exposant qu'à contre-cœur aux périls d'une aventure, le Haoussa marche derrière le guerrier foulbé et ne s'établit que là où la sécurité est assurée. Ajoutons, pour compléter l'esquisse du Haoussa, qu'il a généralement dans le Soudan central le monopole de l'instruction. Cette instruction des plus sommaires, bornée le plus souvent à des notions de lecture et d'écriture arabes, assure aux Haoussas un prestige considérable chez les populations fétichistes qui attachent à la moindre ligne écrite un pouvoir magique, mais elle ne relève en rien leur situation vis-à-vis de leurs patrons foulbés. Ceux-ci seront les vrais propagateurs de l'Islam; les Haoussas, sous leur direction, ne seront que de simples catéchistes.

L'expansion politico-religieuse des Foulbés est amenée le plus souvent par leur intervention dans les luttes intestines des populations sauvages. Partout où l'élément indigène est divisé, cette pénétration se fait ainsi naturellement. Là au contraire où les tribus fétichistes forment des agglomérations compactes, les Foulbés font pénétrer plus difficilement leur foi et leur influence. Ils y parviennent cependant à la suite des expéditions entreprises pour châtier les meurtres et les pillages commis par des fétichistes en pays musulman. Quel que soit le motif qui les amène en armes au milieu des populations sauvages, la manière d'agir des Foulbés révèle un grand sens politique. « Ils ont posé, écrit M. Maistre, comme base de leurs relations politiques avec leurs sujets païens, le principe du protectorat. » Les villages ennemis sont menacés, ceux qui font leur soumission sont respectés; leurs chefs, envoyés dans quelque capitale soudanienne, y reçoivent l'investiture des sultans musulmans, puis sont renvoyés dans leur pays, où ils exercent le pouvoir sous la suzeraineté de leurs vainqueurs foulbés. Si le village a une certaine importance, les sultans y installent des représentants plus directs de leur autorité : ce sont des Haoussas. Ceux-ci jouent auprès des chefs indigènes le rôle de conseillers influents; leur instruction et les quelques connaissances juridiques apprises avec le Coran en font de véritables consuls, au profit de tout ce qui est étranger à la tribu. Ces Haoussas et leur famille sont le petit noyau autour duquel viennent se grouper les commerçants venus du Soudan.

Il arrive parfois que certaines tribus fétichistes ne se soumettent pas à la première démonstration des Foulbés; alors les villages qui ont résisté sont razziés; les fils des anciens chefs fétichistes sont envoyés dans le Soudan, où ils sont élevés au contact des Foulbés et des Haoussas. Après un temps plus ou moins long, on leur permet de rentrer dans leur pays d'origine, où ils remplissent au profit de leurs conquérants des fonctions analogues à celles de nos résidents.

L'islamisation se fait entre temps par contagion de voisinage, par esprit d'imitation, sans la moindre pression, sans prosélytisme apparent. Le sauvage qui cache sa nudité sous le *boubbou* de coton que lui a vendu un Haoussa est déjà un néophyte; il singe ce dernier pendant sa prière; on ne peut préciser l'instant où il devient un véritable sectateur du Coran. Quand les conversions musulmanes sont nombreuses, les Foulbés installent dans les villages fétichistes des écoles qu'ils font tenir par des instituteurs haoussas; mais toujours ils s'abstiennent d'intervenir directement dans cette œuvre d'expansion qui s'accomplit à leur profit, et se contentent d'y employer, suivant les circonstances, soit l'élément haoussa, soit l'élément indigène.

Le mariage est un autre moyen de propagande employé par les Foulbés avec beaucoup de succès. Les sultans du Soudan prennent, dans cette intention, des épouses dans les familles des chefs fétichistes : ces femmes et les enfants nés de ces alliances sont les meilleurs missionnaires de l'Islam. C'est Renan qui le dit quelque part : « Il faut être bien fort pour ne point se troubler quand les femmes et les enfants joignent leurs mains pour vous dire : Croyez comme nous. » C'est à des mariages que le Coran dut ses premiers défenseurs, et parmi ceux que le Prophète contracta en si grand nombre, on peut croire qu'il y en eut qui ne furent que des alliances politiques où l'esprit de prosélytisme tenait plus de place que la convoitise des sens [1]. Reland lui-même admet que ce fut *pour provigner ses erreurs* qu'il s'octroya le privilège d'épouser un plus grand nombre de femmes que les autres hommes [2].

Telles sont les principales causes de la puissance expansive de l'Islam. Suffisent-elles à l'expliquer ou faut-il en chercher d'autres dans le domaine surnaturel? L'islamisme sorti de la postérité d'Ismaël a grandi sur la terre comme le christianisme sorti de la postérité d'Isaac.

---

1. On sait que le Prophète s'octroya à la fin de sa vie, par une dérogation à la loi du Coran, le droit de posséder à la fois dix épouses légitimes. Sa conduite est peut-être encore plus inexplicable qu'injustifiable. Qu'on en juge par les contrastes qu'elle présente. Mahomet vit dans la continence jusqu'à vingt-cinq ans, âge où il épouse la veuve Khadidja; il passe vingt-cinq années avec cette femme qui aurait pu être sa mère, sans user de la liberté que lui laissaient la polygamie antéislamique et plus tard la loi du Coran; il ne prend même pas une concubine. Khadidja meurt en 619, et de 619 à 632, pendant les douze dernières années de sa vie, il épouse dix femmes. Sur ce nombre, deux seules étaient vierges, les autres étaient ou des femmes répudiées, ou des veuves.

2. *De religione Mohamedica*, traduction 1721, La Haye.

Dieu a béni la descendance de la servante presque à l'égal de celle de la femme libre. « Pour Ismaël, avait dit Jehovah à Abraham, voilà que je le bénirai, que je le ferai croître et que je le multiplierai grandement [1]. » « Mais le fils même de la servante, avait-il redit au patriarche, je le ferai père d'une grande nation, parce qu'il est sorti de toi [2]. » Cette promesse, l'ange de Jehovah la renouvela une troisième fois à la mère de l'enfant sauvé dans le désert où il allait expirer dans les tourments de la soif. Récit admirable que celui de l'apparition de l'ange à Agar : les horreurs du *pays de la soif* et le désespoir d'une mère y sont décrits avec une simplicité grandiose. « L'eau était tarie dans l'outre, Agar jeta l'enfant sous un arbre, puis elle s'éloigna et fut s'asseoir en face de lui, à la distance de la portée d'une flèche, car, disait-elle, je ne veux pas voir mourir mon fils. Assise en face de lui, elle éleva la voix et pleura. Déjà

1. Genèse, XVII, 20.
2. Genèse, XX, 12.

Dieu avait entendu les pleurs de l'enfant et l'ange de Dieu dit à la mère du haut du ciel : « Qu'as-tu, Agar? Ne crains rien, Dieu a entendu « la voix de l'enfant de la place où tu l'as couché. « Lève-toi, aide-lui à se relever et que ta main « reprenne de la force en le touchant, *car de lui* « *sortira un grand peuple* [1]. »

La main m'a tremblé en cherchant à soulever le voile impénétrable qui recouvre le texte sacré, et certes je n'aurais jamais osé faire aux musulmans l'application de ces passages de l'Écriture, ni expliquer la propagation de l'Islam par l'effet de la bénédiction de Dieu s'étendant à toute la descendance d'Abraham, si je n'y avais été autorisé par cette interprétation d'un apologiste

---

1. *Genèse*, XXI, 15, 16, 17, 18. Cette prédiction ne saurait s'appliquer aux destinées temporelles réservées aux descendants d'Ismaël. Les tribus arabes, isolées de l'Afrique comme de l'Asie, confinées dans leur péninsule, n'ont jamais formé un grand peuple. Toute leur gloire a été de donner naissance au Prophète et de fournir quelques chefs aux royaumes musulmans. Voir, Appendice VI, un texte du Deutéronome que les théologiens de l'Islam appliquent à la révélation coranique.

chrétien : « Les progrès de l'islamisme, écrit M. l'abbé de Broglie, rentrent dans l'accomplissement de la promesse faite au père des croyants [1]. »

1. *Problèmes et conclusions de l'histoire des religions.* Paris, 1886.

CHAPITRE VII

L'Islamisme en Algérie.

Résistance à l'évangélisation. — Les missionnaires sans apostolat. — Les confréries religieuses de l'Islam. — Leur objectif. — Évolution de la société indigène. — L'assimilation. — Les insurrections.

Nous avons vu l'Islam manifester sa vitalité aux confins de l'Afrique centrale en gagnant au Coran les populations fétichistes. Au nord-est du continent noir, dans la Haute-Égypte et dans la Cyrénaïque, un fait plus extraordinaire atteste son incroyable activité : deux puissants empires, celui du Mahdi et celui de l'imam de Djarboub [1], fondés depuis un demi-siècle, réalisent la conception de l'état théocratique institué

1. Le mot *imam* a pris en arabe une double signification : originellement il désignait seulement celui qui se tient devant les fidèles rangés pour la prière (*antistes*); par la

par Mahomet. A l'angle opposé de l'Afrique septentrionale, un autre état théocratique résiste victorieusement aux attaques de la chrétienté acharnée à sa perte : le sultan du Maroc, dont l'autorité est si contestée dans les pays disparates que lui ont attribués les géographes et les politiques européens, serait, aux jours critiques, le protecteur reconnu de tout l'Islam occidental. Nous laisserons de côté l'étude de ces États musulmans où, conformément au Coran, le pouvoir spirituel est réuni à l'autorité temporelle; c'est à ces pays privilégiés que les théologiens de la Mecque réservent le nom de *Dar el Islam* (pays du véritable Islam), titre vainement convoité par la Turquie et par l'Égypte où la

---

suite, il devint le titre donné au chef spirituel et temporel d'une nation musulmane. C'est dans cette dernière acception qu'on dit l'imam de Mascate, l'imam de Djarboub, etc. Djarboub (Jerhajib) est situé dans la Cyrénaïque, à 200 kilomètres de la Méditerranée, entre Syouah et Ben Ghazi; c'est la résidence du chef de la puissante confrérie religieuse des Snoussiya qui étend son influence dans tout le monde musulman et qui, dans son domaine propre, est assimilable à un véritable État. Cf. Duveyrier, *la Confrérie musulmane de Sid Mohammed ben Ali-es-Snoussi et son domaine géographique.* Paris, 1885.

pureté primitive de la doctrine a été altérée par la civilisation européenne. Nous nous occuperons seulement de la situation du mahométisme en Algérie et dans nos possessions africaines, là où il se trouve en contact avec la domination et la civilisation chrétiennes. Que devient l'Islam dans ces pays appelés par les ulémas *Dar el harb*, c'est-à-dire pays de lutte pour la religion du Prophète? Trois points sont à étudier. Le Coran a-t-il été entamé par l'Évangile? Si la foi musulmane s'est conservée intacte, ne s'est-il pas produit entre les Européens et les indigènes des rapprochements partiels permettant d'espérer l'assimilation complète? Enfin la guerre sainte, la révolte des musulmans contre leurs dominateurs chrétiens, reste-t-elle toujours comme une éventualité menaçante assombrissant l'avenir de la conquête?

L'Islam est la seule religion qui ne compte pas d'apostats, et l'apostasie est un acte dont le musulman conçoit si peu la possibilité, que les illettrés seraient fort embarrassés de trouver le vocable arabe[1] qualifiant l'auteur d'une pareille abomination. La naturalisation, qui, pour un musulman, est, à n'en pas douter, une apostasie partielle, a déjà placé les indigènes dans un pareil embarras : obligés d'emprunter un mot à notre langue pour désigner les naturalisés, ils les ont appelés les *mtourni* (les retournés).

Il est très difficile, sinon impossible, de se faire une idée exacte de ce que pourrait être l'état d'âme d'un musulman évangélisé par un chrétien ; on n'en aurait qu'une image approchée en se représentant les sentiments d'un chrétien éclairé qu'un idolâtre chercherait à convertir à ses superstitions grossières. La résistance la plus forte qu'oppose le mahométan à toute tentative d'évangélisation vient de son mépris profond pour le chrétien et de la fierté extraordinaire que lui inspire son titre de croyant. La supériorité de sa foi lui paraît telle que beaucoup d'entre les musulmans ne doutent

---

1. *Mourtedd.*

pas que nous ne la reconnaissions dans les ténèbres où nous restons plongés; notre tolérance même est prise par eux pour un aveu tacite de cette supériorité. Comme ils rendent à la divinité un culte presque exclusivement spirituel et que leur foi se passe de tout appareil sensible, ils ne voient dans les cérémonies des chrétiens qu'une sorte d'idolâtrie. Ils appellent les disciples de l'Évangile *Ahel el Kitab*, les gens du Livre, mais, loin de les placer les premiers après eux dans la hiérarchie des religions, beaucoup les considèrent comme plus abominables encore que les païens, pour avoir altéré la révélation qu'ils avaient reçue.

Telles sont les idées des musulmans sur la religion chrétienne, et l'on conçoit qu'elles arrêtent net toute propagande religieuse. Les apôtres évangélisèrent les peuples les plus différents et firent pénétrer le christianisme avec un égal succès chez les nations les plus civilisées comme chez les plus barbares; mais jamais ils ne rencontrèrent une résistance comparable à celle que devait opposer plus tard la foi du musulman. Les païens civilisés s'étaient peu à peu détachés d'un culte grossier qui ne convenait plus à leur intelligence affinée; ils possédaient, en outre, en raison même de leur culture intellectuelle, une aptitude très marquée pour les spéculations de l'esprit, ce qui rendait facile l'exposition logique de la doctrine qui leur était prêchée. Saint Paul rencontrait dans l'Aréopage ce public éclairé et détaché des faux dieux, ces Grecs aimant les raisonnements et se rendant aux preuves. Quant aux païens barbares, leur conversion était facilitée par le prestige même que les apôtres tiraient de leur supériorité intellectuelle. Mais quel apostolat parviendra jamais à diminuer l'attachement du musulman à sa croyance, lui fera adorer ce qu'il méprise et mépriser cette foi ardente qui fait, avec une apparence de raison, sa légitime fierté? Comment faire tomber ces préventions contre le christianisme fixées à jamais dans des intelligences inhabiles à tout raisonnement discursif?

On s'est demandé si l'Islam irréductible par

la persuasion ne devait pas être combattu par la violence; mais à l'époque où se produisit la conquête de l'Algérie, il ne pouvait être question de faire en pays musulman du prosélytisme par voie de coaction comme au temps de Charlemagne. L'Église dut se résigner à l'inaction, comme elle s'est résignée dans la société moderne à la tolérance, qui est pour elle une question de prudence, mais qu'elle repousse comme doctrine. Aussi bien, toute pression religieuse nous était interdite par la convention d'Alger dans laquelle la France, en la personne du général de Bourmont, avait pris l'engagement de respecter et de protéger la religion de ses sujets arabes[1]. Une exception faillit se produire en 1868 : l'archevêque d'Alger, emporté par son zèle, tenta d'appliquer aux musulmans

---

1. « *L'exercice de la religion mahométane restera libre. La liberté des habitants de toutes les classes, leur religion, leurs propriétés, leur commerce et leur industrie ne recevront aucune atteinte. Leurs femmes seront respectées. Le Général en chef en prend l'engagement sur l'honneur. Au camp devant Alger, le 5 juillet 1830.* — HUSSEIN PACHA. — COMTE DE BOURMONT. » (Convention passée entre le général en chef de l'armée française et Son Altesse le dey d'Alger.)

le fameux *cogite intrare* : des orphelins arabes recueillis par ses soins, après la terrible famine qui désola l'Algérie, reçurent le baptême; mais le maréchal de Mac-Mahon, gouverneur de l'Algérie, intervint et fit cesser un système de conversion qui violait la parole donnée par la France. Par une anomalie singulière, il se trouve encore en Algérie, pour regretter l'abandon de cette propagande coercitive, des publicistes qui se feraient dans la métropole les plus ardents défenseurs de la liberté de conscience : leur idéal eût été un gouvernement encourageant les défections religieuses par des faveurs et des richesses et poursuivant de ses rigueurs les musulmans fidèles [1].

---

[1] « Si aux premiers temps de la conquête algérienne ou seulement pendant les dix-huit années de l'empire, un prélat sincère, habile, jouissant de la faveur d'un prince animé (par lui-même ou sous une influence féminine) du zèle de la propagande catholique, si ce prélat eût voulu recueillir tous les mécontents de la société conquise, et leur assurer influence et richesse au prix de la conversion, *assurer abjection et misère* à tous les fidèles du vieux régime, il est permis de présumer qu'en 1870 nous avions chance de compter plusieurs milliers d'adultes indigènes, élevés à la française et dans la foi chrétienne, ayant renoncé par leurs parents à

Irréductibilité de la foi musulmane par l'apostolat, impossibilité de la vaincre par la violence, telles sont les deux raisons qui s'opposent à l'évangélisation de l'Algérie. Les missionnaires catholiques ont été les premiers à reconnaître qu'il fallait renoncer à tout prosélytisme direct; mais, avec une intelligence parfaite de leur rôle et de la situation, ils n'ont pas lâché la partie; la résistance de la foi islamique n'a pas découragé leur zèle infatigable. Là où ils se sont installés, ils ont défriché le sol, ils ont recueilli les pauvres et soigné les malades, ils ont donné l'instruction aux enfants. « Jamais, sous aucun prétexte, dit M. Charvériat, ils n'abordent la question religieuse....., c'est la laïcité par des religieux [1]. » Si au point de vue de l'évangélisation leur œuvre a été nulle, il faut reconnaître

---

la langue et à la religion de leurs ancêtres arabes. » *L'Assimilation des indigènes musulmans*, articles parus dans l'*Avenir algérien* et réédités en brochure par Pierre Cœur, 1890. — « C'était à la religion (de l'indigène) qu'il fallait s'attaquer; la tolérance qui prévaut n'a pas de succès. » *La question de l'esclavage*, Thouvenin, 1874.

1. Fr. Charvériat, *A travers la Kabylie*. Plon, 1889.

qu'ils ont été les meilleurs agents de propagation de l'influence française. Notre gouvernement, qui les tolère à peine, qui refuse sa protection à des hommes ayant assez d'abnégation pour renoncer à l'apostolat, unique idéal de leur vie, commet une faute énorme ; il est déjà trop tard pour la réparer : la Kabylie est infestée de missions protestantes anglaises qui, sous couleur de méthodisme, ruinent lentement notre influence; dans les moindres villages de ce rude pays plusieurs fois conquis par nos armes, l'Angleterre envoie ses Bibles et ses pasteurs qu'on rencontre dans l'univers entier, « mais là surtout où elle prend ombrage de la puissance de la France [1] ».

L'Islam s'est maintenu dans toute son intégrité en Algérie; mais sous la domination d'une puissance chrétienne, le musulman a dû cacher au fond de sa conscience la haine et le mépris que lui inspire la religion de son vainqueur. Ces

1. M. J. Delafosse, séance de la Chambre du 6 novembre 1890.

sentiments, privés de toute manifestation extérieure, se seraient peut-être affaiblis à la longue, s'ils n'avaient été soigneusement entretenus et développés par les confréries religieuses. Ces associations secrètes, la véritable force de l'Islam à notre époque, travaillent à une rénovation religieuse dans tout le monde musulman, mais plus spécialement et surtout plus activement dans les pays placés sous l'autorité des chrétiens.

Les conquêtes arabes, suivies de la domination des Maures en Espagne, avaient longtemps rattaché l'Europe à l'Afrique; mais l'Islam avait été enfin refoulé au delà du détroit de Gibraltar : l'expulsion définitive des Maures en 1609 avait consommé la séparation des deux continents. Les États Barbaresques semblaient au moins devoir être pour le Coran un refuge à jamais inviolable, une terre isolée de tout contact chrétien, où la religion de Mahomet, comme dans une nouvelle Arabie, pourrait être pratiquée dans sa pureté originelle. La France, en conquérant l'Algérie, avait violé ce domaine de l'Islam; les victoires de nos armes réunissaient de nouveau l'Afrique musulmane à l'Europe chrétienne, et par la brèche ouverte dans les États Barbaresques allait passer un ennemi plus dangereux pour le Coran que les armées chrétiennes : le courant de la civilisation moderne. Le péril fut compris : les musulmans éprouvèrent le besoin de resserrer les liens qui les unissaient, liens beaucoup plus étroits que ceux qui existent d'ordinaire entre les fidèles d'une même religion, puisque le Coran est en même temps qu'une loi religieuse une loi civile et politique. Il se créa ainsi un vaste mouvement panislamique ayant pour but de combattre par tous les moyens l'envahissement de la chrétienté, mais surtout de s'opposer, au nom de la foi, à tous les progrès de la civilisation moderne. « Ce panislamisme, dit le commandant Rinn, a surtout comme force et comme moyen d'action les nombreuses congrégations et associations religieuses qui, depuis le commencement du siècle, ont pris partout un énorme développement et exercent une grande influence sur les masses. Sous prétexte d'apostolat, de charité, de pèlerinage et de discipline monacale, les innombrables agents de ces congrégations parcourent ce monde de l'Islam, qui n'a ni frontière ni patrie, et ils mettent en relation permanente la Mecque, Djarboub, Stamboul ou Bagdad avec Fez, Tombouktou, le Caire, Khartoum, Zanzibar, Calcutta ou Java. Protées aux mille formes, tour à tour négociants, prédicateurs, étudiants, médecins, ouvriers, mendiants, charmeurs, saltimbanques, fous simulés ou illuminés inconscients de leur mission, ces voyageurs sont, toujours et partout, bien accueillis par les fidèles et efficacement protégés par eux contre les investigations soupçonneuses des gouvernements réguliers [1]. »

Nous ne voulons pas refaire, après le commandant Rinn, l'histoire des ordres religieux répandus dans l'Islam; nous signalerons seulement une

---

1. Rinn, *Marabouts et Khouans*. Alger, 1884.

cause qui nous paraît expliquer le développement extraordinaire pris à notre époque par ces associations; nous exposerons ensuite brièvement l'œuvre qu'elles poursuivent en Algérie.

Le clergé séculier est sans influence réelle chez les musulmans parce que le culte tout spirituel qu'ils rendent à la Divinité se passe aussi facilement de ministres que de temples. Chose singulière, dans cette société essentiellement théocratique, il n'existe pas de hiérarchie sacerdotale; elle ne reconnaît qu'un seul prêtre, un seul pontife, le vicaire du Prophète (imam, khalifa), qui détient à la fois l'autorité spirituelle et temporelle. On conçoit alors aisément le trouble profond qui fut apporté à notre époque dans le monde musulman soit par les conquêtes des chrétiens, soit par les progrès de la civilisation européenne. Les unes comme les autres auront pour conséquence de ruiner la seule autorité canonique reconnue par les mahométans. Il n'y a plus aujourd'hui, en réalité, de vicaire du Prophète à la tête de l'Islam. Le sultan de

Constantinople prétend à la vérité être ce khalifa institué par Mahomet et se fait appeler *cheikh-el-islam* (pontife-roi de l'Islam), mais ce titre purement honorifique lui est contesté en dehors de ses États, et les puissances européennes ont travaillé sans relâche à l'avilir par les humiliations qu'elles ont imposées à la Sublime-Porte. Si donc les ordres religieux n'avaient pas enlacé dans leur hiérarchie spirituelle les peuples musulmans et surtout ceux qui sont placés sous la domination chrétienne, les fidèles du Coran seraient aujourd'hui comme un immense troupeau sans pasteur. C'est cette nécessité de direction, de surveillance, de solidarité spirituelle qui explique la multiplication des ordres religieux de l'islam à notre époque et le nombre considérable de leurs affiliés.

En Algérie, cette nécessité était encore plus pressante : nous avions installé un clergé musulman officiel, avec l'intention — qui n'a été qu'une courte illusion — d'exercer une action religieuse sur les indigènes. Ce clergé salarié par des infidèles était une monstruosité aux yeux des croyants; mais, à la longue, il eût peut-être réussi à se former une clientèle : les confréries religieuses s'employèrent activement à le discréditer et elles y ont pleinement réussi. Aujourd'hui la voix des chefs d'ordre et de quelques marabouts est la seule obéie dans toutes les tribus de l'Algérie. Cette voix parle presque toujours un langage mystique, inintelligible pour nos agents, quand ils arrivent à le surprendre; mais, sous cette forme familière à l'esprit oriental, elle prêche la résistance opiniâtre à tout progrès, à toute civilisation. Les confréries musulmanes n'ayant pas à s'opposer au prosélytisme chrétien, qui, ainsi que nous l'avons vu, est nul en Algérie, combattent de tous leurs efforts les idées civilisatrices qui pourraient amener un attiédissement de la foi. Ce sont elles qui maintiennent dans les âmes l'horreur du nom chrétien et qui rendent vaines nos tentatives d'assimilation.

Les ordres religieux musulmans, malgré leur

propagande active, n'ont pu cependant empêcher une évolution sociologique très caractérisée de se produire dans la population indigène. Cette conséquence de l'occupation française a été justement signalée par M. Le Chatelier. « La population indigène, écrit-il, comprend trois éléments distincts qui correspondent à trois groupes ethniques : les nomades pasteurs, de race arabe ; les sédentaires cultivateurs, de race kabyle pour la plupart, ou chez lesquels tout au moins l'atavisme berbère est fréquent ; enfin, une fraction urbaine commerçante, parvenue à un certain degré de développement industriel et dont les origines sont métisses : elle est issue des Maures, renferme les Coulouglis, descendants des Turcs, et a subi aussi un mélange de sang arabe et kabyle [1]. »

La civilisation européenne s'est exercée très inégalement sur ces trois éléments, mais elle a développé dans chacun d'eux une tendance

---

1. Le Chatelier, *l'Islam au XIX*e *siècle*.

vers un nouvel état social. C'est ainsi que les nomades ont restreint leurs parcours et sont devenus demi-nomades ; quelques-uns ont commencé à ensemencer les parties labourables des Hauts-Plateaux et des premières pentes sahariennes. Les cultivateurs sédentaires, évoluant à leur tour, ont pris peu à peu les habitudes des indigènes des villes. Quant à la population citadine, en contact avec nos industries, mêlée à la vie intense de nos grandes cités, c'est elle qui a été le plus profondément modifiée par les idées européennes. L'Arabe des villes a le plus souvent pris de la civilisation ses défauts et ses vices ; il a transgressé quelques obligations du Coran, a bu des boissons fermentées et presque toujours avec excès ; il a mangé des aliments défendus, à l'exception toutefois de la viande de porc, pour laquelle il a une répulsion native : par contre, il a conservé scrupuleusement la pratique de certaines prescriptions rigoureuses, comme celle du jeûne du ramadan, respecté même par les courtisanes dans les établissements de prostitution. Mais si les influences des grands centres ont eu pour résultat de détacher plus ou moins les musulmans de la stricte observance de leur religion, jamais elles n'ont porté atteinte à leur foi, qui reste pleine et entière. Notre opinion diffère sur ce point de celle de M. Le Chatelier; suivant lui, la proportion des musulmans non croyants, non pratiquants, irait en grandissant tous les jours dans les villes algériennes. Exacte pour les non pratiquants, cette assertion est, à notre avis, contestable appliquée aux non croyants. Le musulman n'est pas devenu libre penseur, il a pu s'affranchir de toutes les prescriptions du Coran, mais sa croyance est demeurée intacte; dans l'Islam, la foi qui n'agit pas est et reste une foi sincère.

Appréciée dans son ensemble, cette évolution de la société indigène marque-t-elle un progrès? A-t-elle relevé le niveau moral du musulman, a-t-elle augmenté son bien-être, a-t-elle au moins diminué son hostilité contre le chrétien? Nous ne le pensons pas. Sans doute certaines tribus insaisissables du Sahara ont été fixées au sol par des commencements de culture; mais il faut l'affirmer, sans craindre le reproche d'*arabophilie*, une évolution tendant à faire de nomades des sédentaires et de ceux-ci des habitants des villes n'est pas une évolution moralisatrice. Le régime patriarcal, celui des tribus nomades, malgré toutes ses imperfections, a pour lui d'être le meilleur gardien des principes de la morale. Rien de sain à l'âme et au corps comme la vie de famille au plus loin des villes; l'existence y est rude et frugale, mais les ressources de la tente ne sont pas exposées à être dissipées.

En devenant sédentaire, en se rapprochant des villes, surtout des villes européennes, l'indigène se rapproche d'une foule de tentations, ses besoins augmentent, il lui faut du sucre et du café, ses femmes réclament des cotonnades et, comme d'autre part ses ressources restent stationnaires, il est bientôt en proie à un malaise matériel qui influe sur son état moral. Le fait a été maintes fois constaté[1] : la misère augmente chez les tribus en raison de leur rapprochement des grands centres européens; celles qui ont fait leur soumission au début de la conquête et qui ont été les premières en contact avec la civilisation ont été les premières ruinées[2]. L'infériorité morale du sédentaire, plus encore que sa condition misérable, est la cause du mépris dont il est l'objet de la part du nomade pasteur.

La France n'a rien à gagner à cet abaissement de la situation morale et matérielle de ses regnicoles musulmans; aussi le gouvernement a-t-il cherché à placer le remède à côté du mal; il a voulu relever l'indigène en lui donnant l'instruction française : instruction primaire et secondaire, instruction des écoles profession-

---

1. Cf. *Lettre sur la politique de la France en Algérie*, adressée par l'Empereur au maréchal de Mac-Mahon, duc de Magenta, gouverneur général, 10 juin 1865.
2. Cette ruine, si elle devait avoir pour conséquence de diminuer la population indigène, ne serait pas pour déplaire à ceux qui voient dans sa disparition progressive le salut de l'Algérie; mais il en est des indigènes comme des fils d'Israël sur la terre d'Égypte : « Plus on les opprimait, plus ils se multipliaient et croissaient. » (*Exode*, I, 12.)

nelles. Mais là encore nous ne devions pas réussir. Les chrétiens, si généreuses que soient leurs intentions, doivent toujours appréhender de discréditer les moyens auxquels ils ont recours pour civiliser l'indigène, ou plutôt, quoi qu'ils fassent, ces moyens, venant d'eux, sont discrédités à l'avance. L'instruction française était viciée à son origine et elle n'a pas même eu le résultat de diminuer les préventions de l'indigène contre nous. Voici comment s'exprime à ce sujet un membre de l'Université : « L'hostilité d'un indigène se mesure à son degré d'instruction française. Plus il est instruit, plus il y a lieu de s'en défier. Longtemps je me suis insurgé contre une vérité aussi désespérante. Je n'ai cédé que devant un concert unanime de toutes les personnes que j'ai pu consulter [1]. » En 1886, le gouverneur général de l'Algérie saisissait lui-même de cette question le conseil supérieur du gouvernement. « L'expérience, disait M. Tirman, tend à démontrer que c'est quel-

---

1. Fr. Charvériat, *A travers la Kabylie*.

quefois chez les indigènes à qui nous avons donné l'instruction la plus étendue que nous rencontrons le plus d'hostilité [1]. »

Le gouvernement, comme nous venons de le voir, avoue l'insuccès de ses tentatives d'assimilation par l'instruction française; il n'a pu d'autre part, malgré la fondation de *medersa* (universités), empêcher l'enseignement arabe de péricliter, comme il a laissé disparaître toutes les industries indigènes à côté de ses écoles d'arts et métiers. La conclusion à tirer de ces essais malheureux est que l'œuvre de rapprochement entre Européens et indigènes ne peut être fructueusement entreprise par voie administrative. La main du gouvernement est trop lourde pour une œuvre aussi délicate, le zèle des fonctionnaires

---

1. Procès-verbaux du Conseil supérieur du gouvernement séance du 18 nov. 1886. M. Albin Rozet, député de la Haute-Marne, s'est fait le défenseur de la thèse contradictoire; il est partisan convaincu de l'assimilation de l'indigène par l'instruction. Je ne voudrais pas contrister par ces appréciations décevantes cet intelligent ami de l'Algérie. Si le résultat qu'il poursuit paraît difficile à atteindre, sa connaissance de la colonie sera précieuse dans la discussion des questions algériennes.

est trop peu éclairé pour savoir attendre des résultats minimes et toujours lointains. Au surplus, les systèmes d'assimilation sont également mauvais, le temps fera disparaître certaines différences, établira quelques ressemblances ; mais, d'assimilation complète entre Européens et indigènes, il n'y en aura jamais. Que d'illusions ont eu cours sur cette question algérienne ! Quelques-unes nous font sourire aujourd'hui, comme celle de M. Delangle, qui écrivait en 1865 dans son rapport sur le sénatus-consulte : « Le moment n'est pas loin où une population chez qui le sentiment de l'honneur est ardent, ressentira un légitime orgueil à partager sans restriction les destinées d'une nation qui tient dans le monde civilisé une si grande place. » C'est encore une illusion, quoique moins éloignée de la réalité, que de vouloir *faire des Arabes des sujets loyaux et dévoués*, comme le conseille M. Leroy-Beaulieu [1]. Est-il raisonnable d'attendre

---

[1]. P. Leroy-Beaulieu, *la Colonisation de l'Algérie. Européens et indigènes. Revue des Deux Mondes*, 15 octobre 1882.

en Algérie de tels résultats et d'espérer que les indigènes en arriveront à ce point d'assimilation d'aimer un jour la patrie française? Ce serait un fait sans précédents dans l'histoire. En Espagne, où la fusion fut si grande entre les deux races qui vécurent neuf siècles (710-1600) sur le même sol, aussi bien pendant la période de la domination que pendant celle de la sujétion arabe, la patrie des vainqueurs ne fut jamais celle des vaincus. Et cependant rien de tenace comme ce préjugé qui nous fait exiger de nos sujets algériens le même dévouement que de citoyens français.

En 1881, au début de l'insurrection de Bou-Amama, un de nos plus fidèles caïds dirigea dans le sud de la province d'Oran les colonnes envoyées à la poursuite des premiers dissidents. A son retour d'expédition, il apprit que sa propre tribu avait fait défection, emmenant sa tente, ses femmes, ses enfants et ses troupeaux. Le caïd passa au Maroc pour rejoindre les siens. Il revint un an après, ramenant sa tribu, qu'il avait décidée à faire sa soumission; on le traduisit devant un conseil de guerre pour avoir trahi la France. Sans doute il s'était conduit en sujet déloyal en ne nous sacrifiant pas sa famille et ses biens, mais combien de citoyens français ne voudraient pas soumettre leur patriotisme à pareille épreuve!

Il serait trop long de reproduire toutes les utopies qui ont eu cours sur la question de l'assimilation. N'est-on pas allé jusqu'à rêver d'une Algérie où les indigènes, en chapeaux et en blouses, ayant oublié la langue sacrée de la révélation, réciteraient le Coran dans la version française de Kasimirski[1]! Pour nous, l'abîme existera toujours large et profond entre chrétiens et musulmans; trop heureux serions-nous s'il arrivait à se combler partiellement entre Européens et indigènes. Le rapprochement entre les deux races se fera de lui-même; il résultera de la nécessité où se trouve le colon de recourir à

1. *L'assimilation des indigènes musulmans.* Extrait de l'*Avenir algérien*, 1890.

la main-d'œuvre arabe pour exploiter son domaine agricole. Si les propriétaires algériens traitaient les indigènes sans préventions, avec équité et bienveillance, ils auraient plus fait pour l'assimilation que le gouvernement avec tous ses décrets. Pourquoi faut-il que quelques-uns, démocrates intransigeants dans la métropole, aient fait revivre en Algérie les pires abus de la féodalité? Des auxiliaires précieux pour cette œuvre de rapprochement seront les missionnaires catholiques. C'est par eux que la société indigène, sans abandonner sa foi, pourra accomplir une évolution civilisatrice, évolution faible assurément, mais méritant du moins le nom de progrès. En Kabylie, où les missions catholiques ont une existence moins contestée, les résultats obtenus par ces apôtres sans apostolat sont parfois surprenants.

L'islamisme n'a pas été entamé en Algérie par un demi-siècle d'occupation française; le courant de la civilisation européenne est venu également se briser contre les résistances des congrégations religieuses, qui maintiennent leur influence par une lutte sourde faite à toutes les innovations modernes. Si ces sociétés secrètes entrevoyaient la possibilité de nous jeter à la mer et de substituer un État musulman théocratique à l'ordre de choses actuel, elles chercheraient sans le moindre doute à renverser, dans un suprême effort, la domination chrétienne; mais ce double résultat leur paraissant justement impossible à atteindre, elles se contentent d'entretenir dans l'âme de leurs affiliés un certain esprit de révolte qui trouve le plus ordinairement un dérivatif suffisant dans la récitation de quelques formules haineuses où le dominateur infidèle est voué à toutes les malédictions. Les chefs d'ordres religieux n'opposent pas tous d'ailleurs la même résistance à la civilisation de l'Occident, et quelques-uns, semblables à ces législateurs qui font des lois pour les autres, ont été parfois les premiers à profiter des avantages de ces découvertes européennes qu'ils voulaient interdire à leurs fidèles. La confrérie des

Snoussiya, la plus intransigeante et la plus puissante, serait de beaucoup la plus à redouter ; mais l'habile réformateur, regardé par quelques-uns comme le chef du mouvement panislamique, a reconnu qu'il serait impuissant dans une lutte directe contre notre domination, et plutôt que de reconquérir l'Algérie, il a voulu conquérir un terrain à l'Islam [1]. Sidi Snoussi, comme un nouveau Moïse suscité par Dieu, a vu la grande affliction des musulmans asservis par les chrétiens ; il veut les délivrer des mains des infidèles et les conduire du *dar el harb* (pays infidèles) dans le *dar el islam* (pays d'Islam pur). « Quittez votre pays ! dit-il à ses affiliés. Est-ce que la terre de Dieu n'est pas vaste ? » C'est en effet dans une terre vaste et inoccupée qu'il a donné rendez-vous à tous les musulmans irréconciliables, désireux de fuir le contact ou la domination infidèles. Mais dans cette terre de promission « il ne coule pas du lait et du miel », comme

---

[1]. *Les sociétés secrètes chez les Arabes*, par d'Estournelles de Constant.

au pays du Chananéen et de l'Héthéen; c'est l'immense désert de Libye qui doit remplacer pour les croyants fervents l'Algérie, la Tunisie, l'Égypte et le Bosphore enchanteur. Cependant l'exode se poursuit, chaque jour plus nombreux, de tous les pays musulmans; les nouveaux venus s'installent dans les sables libyens sans murmurer, comme autrefois les Hébreux sortis de la terre d'Égypte, sans regretter le kouskous qu'ils mangeaient à satiété sous le joug de l'infidèle. Le désert se transforme par cette immigration continue : des puits sont creusés, des palmiers sont plantés; tel autrefois dans le Sahara l'aride plateau du Mzab fut colonisé par d'autres puritains musulmans, les Abadites[1].

Il y a dans cette concentration autour de Djarboub de tous les musulmans révoltés contre les chrétiens un danger signalé par nos consuls

[1]. Vers le milieu du xᵉ siècle. Cf. sur le Mzab : *Histoire de l'établissement des Arabes dans l'Afrique septentrionale*, par E. Mercier, 1875; *le Mzab*, par Coyne, 1879; *Chronique d'Abou Zakaria*, par Masqueray, 1879; *Législation mozabite*, par Zeys, 1889.

de Tripoli et contre lequel les puissances européennes doivent être en garde. Quant à l'Algérie, ennemis pour ennemis, il est peut-être préférable pour elle de les avoir au dehors qu'au dedans, et elle gagne en sécurité à cet exil volontaire des indigènes les plus fanatiques. Cependant, si une guerre continentale obligeait un jour la France à grossir son armée du contingent des troupes africaines, si quelque puissance jalouse de notre colonie méditerranéenne profitait de notre faiblesse momentanée en Afrique pour exciter contre la domination chrétienne les Snoussiya et les autres confréries musulmanes, il pourrait se produire en Algérie des soulèvements sérieux ; mais, même dans cette hypothèse, la plus noire que l'on puisse faire sur l'avenir de la colonie, les compétitions des chefs d'ordres et les rivalités des tribus empêcheraient encore la conflagration de s'étendre à toute l'Algérie. L'anarchie est le mal endémique de l'Islam et, jusqu'à un certain point, des peuples sémitiques : Ismaël dresse toujours sa tente à l'encontre de celle de son frère. C'est aux discordes et aux luttes intestines qui se produisirent dans l'empire arabe que la chrétienté a dû autrefois son salut; ces mêmes causes diminuent le danger d'un mouvement panislamique; c'est à elles que la France devra, en dépit des fautes commises, de conserver en paix son domaine de l'Afrique septentrionale, qui, par un accroissement régulier, arrivera à compter un jour près de vingt millions de musulmans.

Un soulèvement général des indigènes ne semble pas une éventualité à redouter pour l'Algérie, mais elle sera longtemps encore exposée au danger des insurrections partielles. Ces révoltes éclatent en dehors des influences religieuses; ce sont rarement les marabouts ou les chefs des confréries islamiques qui les décident, et elles se produisent le plus souvent malgré leurs conseils. Très au courant de nos moyens de répression, ils sont loin de pousser les indigènes dans des révoltes également funestes à leurs affiliés et à eux-mêmes. Les causes les plus fréquentes de ces soulèvements partiels sont, d'une part, dans le sud, le mécontentement des grands chefs arabes, derniers représentants de la féodalité indigène, qui luttent pour leurs privilèges héréditaires, et d'autre part, dans le Tell, le malaise et la détresse des tribus, ou bien quelque mesure administrative dont l'application est rendue vexatoire par des fonctionnaires maladroits. Cependant, dès qu'une levée de boucliers s'organise dans un douar remuant, les meneurs cherchent à abuser les tribus voisines en donnant au mouvement un mobile religieux; le grand mot de guerre sainte est prononcé; on se sert du nom et quelquefois de la personne d'un marabout, dont on fait, de gré ou de force, le chef de l'insurrection[1]. Ces révoltes, peu importantes à leur début, prennent parfois une certaine extension à la suite des fautes commises par

---

1. Ce furent les Rezaïna et les Trafis, partis en défection en 1881, qui forcèrent Bou-Amama à se mettre à la tête du mouvement insurrectionnel. Ils lui représentèrent que leur fidélité à sa doctrine les avait compromis vis-à-vis des autorités françaises.

l'autorité chargée de les réprimer. Un maniement plus équitable et plus intelligent des populations indigènes, la suppression définitive de la féodalité arabe, la pénétration des voies ferrées dans le sud, le perfectionnement de notre armement, contribueront à rendre ces insurrections de plus en plus rares et assureront la pacification de nos sujets musulmans, des bords de la Méditerranée jusqu'aux rives du Niger.

CONCLUSION

La première conclusion à dégager de ces pages est la nécessité pour les nations européennes, entraînées dans l'expansion coloniale, de mieux connaître la religion de leurs sujets ou de leurs alliés musulmans. Elles en sont encore aujourd'hui, à l'exception d'un petit nombre d'orientalistes sans influence sur la politique, aux préjugés du moyen âge et regardent la religion musulmane comme une variété du paganisme. Cependant, s'il est permis d'établir au point de vue philosophique une hiérarchie entre les dogmes religieux de l'humanité, c'est immédiatement après celui de la Trinité, si incontestablement supérieur pour les spéculations de la pensée, qu'il faudrait placer le monothéisme absolu de Mahomet. Le christianisme ne saurait accuser d'idolâtrie une religion qui présente avec lui assez de points de contact pour que saint Jean Damascène la regardât comme une hérésie chrétienne. Les musulmans n'admettent pas la divinité du fils de Marie, mais ils l'honorent comme le plus grand des Prophètes [1], ils reconnaissent sa naissance miraculeuse [2]; Gabriel est pour eux le divin messager de l'Annonciation autant que l'ange de la révélation coranique; le juif est abhorré pour avoir persé-

---

1. « O Jésus, j'élèverai ceux qui s'attacheront à toi et j'abaisserai ceux qui te méconnaîtront. » Coran, III, 51.

Les vers suivants d'un poëte persan permettront d'apprécier les sentiments élevés avec lesquels les musulmans s'expriment sur Jésus :

- « Le cœur de l'homme affligé, *ô Jésus*, tire toute sa consolation de vos paroles.
- « L'âme reprend sa vie et sa vigueur, entendant seulement prononcer votre nom.
- « Si jamais l'esprit peut s'élever à la contemplation des mystères de la Divinité,
- « C'est de vous qu'il tire ses lumières pour les connaître et c'est vous qui lui donnez l'attrait dont il est pénétré. »
  D'Herbelot, *Bibliothèque orientale*, art. Issa.

2. Coran, XIX, 16-33.

cuté Jésus (Aïssa) et avoir *voulu* le faire mourir [1]. La parenté des deux religions avait frappé la grande intelligence de l'émir Abd-el-Kader, et, dans les longues heures de l'exil, il rêvait d'un rapprochement entre elles. « Si les musulmans et les chrétiens me prêtaient l'oreille, écrivait-il, je ferais cesser leur divergence et ils deviendraient frères à l'extérieur et à l'intérieur [2]. » Il comparait « les trois prophètes du monothéisme à trois hommes dont le père est unique et qui ont plusieurs mères [3] ». Ne nous flattons pas de voir un jour le rêve de l'émir se réaliser; les divisions qui naissent au sein d'une même famille sont les plus irréconciliables et les ressemblances de quelques dogmes ne sont pas pour combler l'abîme qui sépare les

---

1. « Les Juifs n'ont point cru à Jésus; ils ont inventé contre Marie un mensonge atroce. Ils disent : Nous avons mis à mort le Messie, Jésus fils de Marie, l'envoyé de Dieu. Non, ils ne l'ont point crucifié; un homme qui lui ressemblait fut mis à sa place... Ils ne l'ont point tué réellement. Dieu l'a élevé à lui. » Coran, IV, 156. Comme on le voit par ce texte, les musulmans ne croient pas à la mort de Jésus.
2. *Rappel à l'indifférent*, par l'émir Abd-el-Kader. Traduction de M. Gustave Dugat, 1858.
3. *Rappel à l'indifférent*.

chrétiens des musulmans; les premiers, revenus de leurs préventions, pourront voir dans l'islamisme une religion voisine de la leur; les seconds n'admettront jamais que la Trinité ne soit pas un *trithéisme*[1]. N'espérons pas non plus, pour l'Algérie, l'assimilation complète de nos sujets musulmans; mais cherchons plutôt les moyens de vivre avec eux dans les meilleurs termes. Pourquoi cette solution si simple et si naturelle de la question algérienne a-t-elle si peu de partisans, pourquoi prétendre à tort que l'indigène est condamné à choisir entre la double alternative de l'assimilation ou de la disparition? Au fond, cette assimilation flatte surtout notre goût déplorable pour l'uniformité :

1. Le mystère initial du dogme chrétien, l'énormité du péché d'Adam, répandant dans le genre humain, suivant les paroles de Bossuet, la concupiscence qui les produit tous, est repoussé par leur intelligence. Partant, ils ne peuvent admettre la Rédemption et l'Incarnation qui en sont la conséquence. La génération du Fils, disent presque tous leurs théologiens, est manifestement inutile, si elle ne produit qu'un même Dieu et manifestement contradictoire, si elle en produit un autre qu'il soit nécessaire d'associer au premier. Les théologiens catholiques sont d'ailleurs partagés eux-mêmes sur la question de savoir si l'Incarnation aurait eu lieu, sans la faute originelle.

tout fonctionnaire rêve d'une Algérie qui, malgré son sol, son climat et sa population, serait absolument semblable à la métropole; nous nous habituons à considérer comme un progrès la transformation de communes indigènes en communes mixtes et de celles-ci en communes de plein exercice. Ces misérables objectifs nous empêchent de voir les véritables besoins de l'Algérie. La naturalisation des indigènes est au rang de ces fictions qui ne répondent qu'à des aspirations administratives; elle changerait quelques apparences, produirait un fort bel effet dans les statistiques et les documents officiels; elle ne ferait pas en réalité des citoyens français de nos regnicoles musulmans. La convention d'Alger ne nous laisse pas libres de la leur imposer et nous persistons à la leur offrir, à titre de faveur [1], comme s'ils pouvaient regarder comme un privilège une mesure qui

1. Un député vient tout récemment de demander, dans la plus louable intention, que le privilège de la naturalisation fût au moins accordé, comme témoignage de reconnaissance, aux indigènes ayant servi sous les drapeaux français.

porte atteinte à la pratique de leur religion. M. Roussel voit cependant dans la naturalisation des indigènes la solution du problème algérien, il estime qu'avec le temps la fusion s'opérera et que la majorité de la population arabe accomplira cette évolution assimilatrice; « le reste, incapable de subsister désormais sur un sol dont les conditions économiques auront changé avec les dispositions de ses habitants, le laissera à des occupants plus dignes » et émigrera vers les espaces illimités du sud[1]. Cette émigration volontaire des tribus vers les régions sahariennes est une utopie analogue à celle du refoulement, dont le temps a fait justice[2]. Quant à la disparition lente de l'indigène par le seul fait de son contact avec la civilisation, nous n'y croyons que médiocrement; ce contact a comme résultat de rendre plus précaires les conditions

---

1. D. Roussel, *la Naturalisation des indigènes juifs et musulmans en Algérie*, 1873.
2. Si important que soit l'exode des adeptes de Sidi Snoussi vers les solitudes de Libye, il ne faut pas confondre cette émigration individuelle des musulmans fervents avec le déplacement en masse de nos tribus vers le Sahara.

d'existence de l'élément indigène, mais il ne diminue pas sa natalité, qui reste très supérieure à celle de l'élément européen. Ajoutons que l'alcool, ce puissant agent de destruction dont se sont servies quelquefois les races civilisées pour hâter la disparition de peuples aborigènes, ne saurait être employé vis-à-vis de gens qui réprouvent l'usage des boissons fermentées.

Il faut donc nous résigner à vivre sur le sol de l'Algérie à côté de ses anciens occupants et renoncer à la chimère de l'assimilation et de la naturalisation. Cette perspective n'est pas autrement effrayante et l'on pourrait redouter davantage les conséquences d'une mesure qui conférerait aux musulmans nos droits politiques. Si nos gouvernants veulent étudier cette population indigène qu'ils connaissent si mal, si leurs efforts tendent à satisfaire quelques-unes de ses aspirations et à alléger quelques-unes de ses charges, elle cessera d'être un danger et la colonisation trouvera en elle son plus précieux auxiliaire. Une telle politique semble vague, et elle doit l'être en effet; les programmes bien définis ont coûté plus cher à l'Algérie que les tâtonnements; mais une idée générale doit dominer cette politique et l'inspirer tout entière : elle doit être anti-juive [1], il y va de la sécurité de notre colonie. L'acte par lequel M. Crémieux a fait des citoyens français de tous les Israélites algériens a été à jamais néfaste; mais ce n'est pas, comme on le croit généralement, parce que les Arabes ont été froissés de voir accorder aux Israélites un privilège qui leur était refusé à eux-mêmes. Cet acte a été funeste parce qu'il a été considéré par l'indigène comme l'émancipation d'une race qu'il jugeait devoir lui être éternellement asservie, parce qu'il a heurté directement le sentiment de profond mépris de l'Arabe pour le Juif, enfin parce qu'il a permis à celui-ci de prendre sa revanche des humiliations du passé. L'Arabe, comme nous l'avons dit, repousse la naturalisation, qui, pour le faire

---

1. Je ne puis employer ici le terme consacré d'*antisémite*, puisque les Arabes comme les Juifs sont issus de Sem.

l'égal de son conquérant chrétien, l'oblige à parjurer sa foi; mais il nous en voudra toujours d'avoir accordé ce privilège à ceux qu'il avait l'habitude de voir ramper à ses pieds. Aujourd'hui la prépotence, pour ne pas dire l'insolence des Juifs, est arrivée en Algérie à un point tel que des conflits sont imminents : les musulmans ne toléreront pas ce qu'ont supporté les nations chrétiennes et le moment est proche où ils surgiront en masse pour réduire en servage les fils d'Israël. Il sera trop tard alors pour faire rentrer les Juifs dans leurs *mellahs* (ghetto), et les chrétiens ne seront peut-être pas épargnés dans ces vêpres algériennes.

Il est pour notre politique dans l'Afrique centrale une autre conclusion pratique à dégager de cette étude. Sans aller jusqu'à s'allier avec les musulmans, quoique cette politique ait été celle de François Ier avec les Turcs, la France doit reconnaître l'obligation qui s'impose à elle d'apporter les plus grands ménagements dans ses relations avec l'Islam africain. Les populations foulbé et haoussa avaient jeté leur dévolu sur les vastes contrées formant au nord l'hinterland de notre colonie du Congo. Nous les avons vues s'avancer d'une marche constante du Tchad à l'équateur, en convertissant au Coran les tribus fétichistes. Il nous sera bien difficile, sinon impossible, d'arrêter un mouvement d'expansion si puissant; efforçons-nous de le diriger au mieux de nos intérêts. Ne nous immisçons pas dans ce travail de décomposition et de reconstruction qui se fait aux confins des peuples musulmans et des tribus fétichistes; surveillons de loin cette grande mêlée des races africaines. Laissons les Foulbés grouper en États rudimentaires ces populations barbares; imitons les souverains musulmans et superposons seulement notre protectorat à celui qu'ils exercent sur ces races inférieures; évitons avant tout ce défaut de la politique coloniale, qui est de prendre une sphère d'influence pour une sphère d'action.

Que si l'on prétend qu'un tel rôle ne peut être celui de la France chrétienne et que celle-ci doit repousser par tous les moyens l'expansion du Coran dans l'hinterland de nos possessions africaines, je me retrancherai derrière une puissante opinion, celle du cardinal Hergenrœther. L'historien de l'Église regarde cette absorption progressive du fétichisme par l'islamisme comme rentrant dans le plan providentiel. « L'islamisme, écrit-il, doit préparer à la civilisation les peuples les plus avancés dans la barbarie et *notamment les Africains. Ces peuples qu'il fallait amener du fétichisme au monothéisme avaient besoin, dans leur degré inférieur de culture, dans leur sensualisme brutal, de cette transition ou d'une transition analogue pour arriver au christianisme* [1]. » Comment se fera cette transition du Coran à l'Évangile? Comment, après cette islamisation des populations fétichistes, arrivera-t-on à déraciner la foi musulmane, si tenace dans les âmes où elle s'est une fois implantée? C'est là, nous l'avouons, où l'éco-

1. Cardinal Hergenrœther, *Histoire de l'Église*, Rôle de l'islamisme dans le plan providentiel.

nomie du plan providentiel nous échappe. Mais, alors même que la religion de l'Islam n'aurait d'autre résultat que de transformer ces idolâtres en monothéistes et d'élever leur niveau moral, la doctrine du moindre mal ne suffirait-elle pas à justifier à son égard une politique de tempéraments et de modération?

APPENDICES

APPENDICE I

Les idées du moyen âge sur Mahomet et la religion musulmane.

Il y aurait à écrire sous ce titre un long et intéressant chapitre, car ce sujet, qui a sa place marquée parmi les travaux de reconstitution de l'époque médiévale, n'a encore tenté aucun des savants historiens de la littérature au moyen âge [1]. En rapprochant et en comparant les textes, on arriverait probablement à trouver l'explication de ce panthéon bizarre dont les trouvères et même les chroniqueurs

[1]. M. Gaston Paris a côtoyé le sujet dans ses intéressants articles intitulés *la Légende de Saladin* (*Journal des Savants*, avril, mai, juin et juillet 1893). Il est regrettable que M. Léon Gautier, pour qui l'âme du moyen âge n'a plus de secrets, et qui, dans son récent ouvrage *la Littérature catholique et nationale* (Lille, 1894), a étudié l'idée de Dieu dans l'épopée française, n'ait pas donné, comme pendant à ce sujet, un chapitre intitulé : *l'Idée de Mahomet dans le cycle de la Croisade*.

ont affublé la religion musulmane : les fictions de nos vieilles épopées romanes recouvrent presque toujours une idée, si dénuées de sens qu'elles nous paraissent quelquefois.

M. Pigeonneau, dans sa thèse *le Cycle de la Croisade*, a attribué le luxe de fables qui ont eu cours sur les divinités sarrasines à la grande diversité des sectes musulmanes. Cette explication semble difficile à admettre, car les sectes islamiques n'ont altéré en rien le monothéisme du Coran ; elles n'étaient que des écoles de théologie professant des doctrines différentes sur certains points de métaphysique, sur des questions abstraites comme la nature de Dieu, l'incréation du Coran, le libre arbitre, etc., toutes questions qui devaient échapper aux chroniqueurs et bien plus encore aux ménestrels.

Je n'ai pas l'intention d'étudier à cette place la légende des idoles musulmanes : Mahom, Apollin, Tervagant, Noiron, Baraton, Margot, etc. ; j'ai voulu seulement rassembler dans cet appendice, sans m'astreindre à un ordre méthodique, sans discuter les textes, quelques passages de nos épopées et quelques extraits de nos chroniques, choisis parmi ceux qui m'ont paru faire le mieux ressortir les idées si singulières de nos ancêtres sur l'Islam et son prophète. Ceux pour qui le sujet serait dépourvu d'intérêt ressentiront au moins le charme de ce style de nos pères, langage « à fleur d'âme »[1], qui séduit et cap-

---

1. Villemain, *Tableau de la littérature au moyen âge.*

tive au point de faire oublier les idées qu'il sert à exprimer.

Li coronemens Looys. — Dans la plupart des épopées françaises, même dans celles antérieures aux croisades, figure un épisode où le sort de la chrétienté et celui de la « païenie » se décident dans un combat singulier ; le plus généralement, pour la grande joie des auditeurs, c'est le païen qui mord la poussière. De grands coups sont portés et rendus, les corps dévalent par-dessus les arçons, les hauberts se démaillent et le combat finit par quelque belle estocade : une épée si bien plantée par le milieu du corps

> Que d'autre part en parut le fer hors.

Entre temps, les deux champions discutent théologie, font de l'apologétique, comparent la religion du Christ et celle de Mahomet et tentent parfois de se convertir l'un l'autre. Un modèle en ce genre est le récit du combat singulier entre Guillaume d'Orange, surnommé Guillaume au Court-Nez[1], et le géant sarrasin Corsout, récit qui est la grande attraction du joli poème intitulé *Li coronemens Looys*[2].

---

1. Il est aussi appelé Guillaume Fièrebrace, Guillaume Tête-d'Étoupes et Saint Guillaume de Gellone. Il est fils de Aimeri, vicomte de Narbonne.
2. Cf. *Le couronnement de Louis*, chanson de geste publiée d'après tous les manuscrits connus, par E. Langlois. Société des anciens Textes Français, Paris, 1888. *Le couronnement de*

Guillaume, envoyé en mission auprès du pape par le roi Charlemagne, se trouvait à Rome avec quarante chevaliers. Comme il visitait pieusement le tombeau de Saint Pierre « en pré Noiron[1] », la nouvelle se répand de l'arrivée des Sarrasins vainqueurs de l'Apulie. — Grande désolation! Une armée est réunie en hâte par l'apostoile qui en confie le commandement à Guillaume; les troupes sarrasines conduites par les émirs Galafre et Marsile sont déjà aux portes de Rome et les deux armées vont en venir aux mains, quand on décide de remettre le sort des deux parties entre les mains de deux guerriers : le géant Corsout (Corsolt, le membru) est le champion des musulmans et Guillaume, celui des chrétiens. Alors, commence dans le poème un mer-

Louis (Louis le Débonnaire) est la cinquième branche d'une geste considérable ayant pour titre : *Guillaume d'Orange*, comportant dix-huit branches et 117 300 vers, et dont quelques-unes seulement ont été publiées. Presque toutes renferment des détails intéressants sur les mœurs et la religion des Sarrasins. Les branches publiées par la Société des anciens Textes Français sont : *La mort Aymeri de Narbonne*, par J. Couraye du Parc, 1884; *Aymeri de Narbonne*, par Louis Demarson, 1887; *Le couronnement de Louis*, par E. Langlois, 1888. Cf. *Histoire littéraire de la France*, vol. XXII, p. 481-483, notice de P. Paris; *Guillaume d'Orange, chansons de geste des XI° et XII° siècles*, publiées par M. W.-J.-A. Jonckbloet (La Haye, 1854-1867, 3 vol. in-8), le 3° vol. est une traduction en français moderne. *Journal des Savants*, janvier 1857. Analyse du Coronnement Loois, par Littré. *Les épopées françaises* de L. Gautier, IV° vol. Anciens poètes de la France, par Guessard et de Montaiglon, 1870, in-16.

1. Prata Neronis. Les trouvères ont fait de Néron (Noiron) une idole musulmane.

veilleux récit, digne de l'Iliade : d'un côté l'armée chrétienne avec le pape, les vaillants compagnons de Guillaume et les otages païens; de l'autre les troupes sarrasines avec leurs brillants émirs et les otages chrétiens. Quand Guillaume chancelle ou paraît en danger, « ceux de Rome » poussent des cris de rage, un frisson de terreur agite l'apostoile, tandis que du camp des Sarrasins s'élèvent de joyeuses clameurs. Si Corsout est blessé, c'est trait pour trait la scène inverse. Il faut lire en entier ce récit dont nous ne donnons que quelques courts extraits.

Corsout commence par revêtir « *une broigne d'acier et desur la broigne un blanc hauberc doblier* », puis il enfourche sa superbe monture. *Dieu quel cheval!* ne peut s'empêcher d'exclamer le trouvère. Quant à Guillaume au Court-Nez, c'est moins de ses armes et de son destrier que nous entretient le poète, que d'une cérémonie très particulière. L'apostoile apporte au pieux champion une relique vénérée, le bras de Saint Pierre, conservée dans une gaine précieuse; la relique est mise à découvert et Guillaume se l'applique sur toutes les parties du corps :

Contre le cuer et devant et derier,

à l'exception de la moitié du nez.

Corsout marche contre son adversaire; mais Guillaume, voyant le païen s'approcher, met pied à terre et commence une interminable oraison dans laquelle il remonte jusqu'à la création du monde :

> Glorieus pères, qui me féistes né,
> Féis la terre tot à ta volonté
> Si la closis environ de la mer
> Adam formas et puis Evain sa per,
> En Paradis les en menas ester;
> Li fruiz des arbres lor fu abandonéz
> Fors un pomier, icil lor fu veéz [1];
> Il en mangièrent, ce fu granz foletéz...

La prière se continue pendant quatre-vingts vers et se termine par une invocation au Christ; s'il est vrai qu'il est mort et ressuscité, il doit défendre Guillaume :

> Si com c'est veir, beaus rois de majesté
> Deffent mon cors que ne soie afolé.
> Qui doi combatre encontre cel maufé (diable),
> Qui tant est granz, parcreüz et membrez!

Mais le géant trouve la prière un peu longue; il interpelle Guillaume et les deux champions se portent de mutuels défis :

« Di moi, Françoi, garde ne soit celé,
A cui as-tu si longuement parlé? »
— « Veir, dist Guillaumes, jà orras vérité :
A Deu de gloire, le roi de majesté
Qu'il me conseilt par la seue bonté,
Et que tu sois par moi en champ maté. »

1. Défendu.

Dist li païens : « — Tu as moult fol pensé
Cuides-tu donques tes Deus ait poesté,
Que il te puist vers moi en champ tenser (protéger)?
— « Gloz [1] (misérable), dit Guillaumes, Deus te puist mal [doner!
Qar s'il me velt maintenir et garder,
Tost en sera tes granz orguelz matez. »
— « Veir, dit li Turs, tu as moult fier penser.
Se tu volois Mahomet aorer,
Et le tuen Deu guerpir et deffier,
Ge te dorroie avoir et richetez :
Plus que n'ot onques trestoztes parentez. »
— « Gloz, dit Guillaumes, Deus te puis mal doner!
Que jà par moi n'iert mès Deus deffiez. »

Guillaume, invité à se faire connaître, énumère longuement ses noms et ses titres ainsi que ceux de sa famille. Il raconte les prouesses de ses parents qui ont détranché force Sarrasins et Slaves et termine par ce vers :

La vostre gent ne puet il point amer.

Corsout, irrité, roule les yeux et fronce les sourcils ; puis, s'adressant à son adversaire :

« Di va [2], Guillaume, moult as fol escient
Quant celui croiz qui ne te vaut néant.
Deus est la sus desor le firmament,
Ca jus (à bas) de terre, n'ot onques un arpent [3],

---

1. Gloz = glos, gluz, glot, glous, glouton, signifie misérable! (Lacurne de Sainte-Palaye.)
2. Interjection = Allons!
3. Dieu est au-dessus du firmament, et sur terre il n'a

Ainz est Mahom et son comandement.
Totes voz messes et vostre sacrament,
Voz mariages et voz esposement
Ne pris-ge mie ne qu'un trespas (souffle) de vent
Crestienté est tot foloiement. »
— « Gloz, dist Guillaumes, licors Deu te cravent!
La toe lei torne tote à neient;
Que Mahomez, ce sèvent plusor gent,
Il fu profètes à Jesu omnipotent,
Il vint en terre, le non Deu anonçant,
Et vint à Meques trestot premièrement;
Mès il but trop par son enivrement,
Puis le mengièrent porcel vilainement [1]
Qui en lui croit, il n'a nul bon talent. »
Dist li paiens : « Trop mentez malement
Si tu veus fère tot mon commandement
Et Mahomet croire veraiement
Ge te dorrai onor et chasement (établissement)
Plus que n'en orent onques tuit ti parent.
Quar ton lignage est moult de haute gent.
De tes proesces oï parler sovent :
C'iert granz domaiges, si tu muers ci vilment;
Se tu veus fère, di le moi bonement
Ou se ce non, jà morras errament. »
« — Gloz, dist Guillaumes, le cors Deu te cravent!
Or te pris mains que au commencement
En menacier n'a point de hardement »

jamais possédé ne fût-ce qu'un arpent. Cet argument est celui que les auteurs du moyen âge placent le plus volontiers dans la bouche des musulmans : Dieu du haut des cieux ne s'occupe pas des affaires du monde d'ici-bas. Voir page 311 les extraits de Pie II au sultan Mahomet II : « Vos fortuita esse quæ hic in terra geruntur arbitramini nec curare de his Deum. Nos gubernare eum qui creavit omnia non dubitamus. »

1. Voir sur la mort de Mahomet, p. 53 et seq.

Le combat s'engage devant les chrétiens et les musulmans assemblés, mais au moindre répit, les conversations et les défis reprennent; Guillaume, entre une parade et une riposte, explique à son adversaire les droits de Charlemagne sur la Romagne, la Toscane et la Calabre ainsi que la souveraineté temporelle du pape. Grand est l'émoi des chrétiens qui le croient en danger, les prières redoublent et l'apostoile demande à Dieu

> Qu'il nos ramaint Guillaume Fièrebrace
> Tot sain et sauf dedenz Rome la large!

Mais Corsout est transpercé par l'épée de Guillaume; cependant « le membru » a encore toutes ses forces quoique

> De mendre plaie fust uns autres homs morz.

Il fait à part lui de longues réflexions que rapporte le trouvère. Quant à Guillaume il retombe en prière et, reprenant le thème de sa première oraison, il décrit la création de la terre et de la mer salée, il mêle les deux Testaments dans ses pieux élans et rappelle successivement l'entrée du Christ dans Jérusalem, Jonas sauvé « el ventre del poison », la conversion de Saint Paul, le repentir de la Madeleine, etc. Le combat reprend et l'épée de Corsout frappe Guillaume de telle sorte

> Que le nasal et l'eaume li derront
> Tranche la coiffe de l'auberc fremillon

> Et les cheveus li tranche sor le front
> Et de son nés abat le someron.

A cette blessure, qui valut à Guillaume son surnom, les chrétiens gémissent et l'apostoile adjure Dieu de secourir son champion.

> Saint-Père, sire, secor ton champion!
> Se il muert mal iert la retraiçon (le reproche);
> En ton mostier, por tant com nos vivon,
> N'aura mès dit né messe né leçon.

Mais les paroles et les défis cessent; on sent que la lutte à mort s'engage, Guillaume, évitant Corsout qui le charge, lui fend le crâne d'un rude coup d'épée et voyant le navrement de son adversaire : « Dieu, s'écrie-t-il, comme j'ai mon nez vengé! »

« Ceux de Rome » l'entourent, le félicitent; les comtes, ses parents, lui demandent s'il est sain et sauf.

> « Oï! fait il, la merci Deu del ciel,
> Mais que mon nés ai un peu acorcié
> Bien sai mes nons en sera alongiez. »

Le Chevalier au Cygne[1]. — La mère de Corbaran, roi de Jérusalem, va consulter l'idole Mahom

---

1. *Le Chevalier au Cygne* est le premier des poèmes du cycle de la Croisade et précède celui de *Godefroid de Bouillon*. Il est attribué à Jean Renaut ou Renax, trouvère normand de la fin du XIIe siècle. Cette chanson de geste a été publiée pour la première fois à Bruxelles, en 1846, par le baron de Reiffenberg, dans la collection intitulée : *Monuments pour servir à l'histoire des provinces de Namur, de Hainaut et*

qui lui prédit l'arrivée des croisés et la prise de Jérusalem par Godefroy de Bouillon.

> La mere Corbarant revint de pasmoison;
> Del vergier est issue n'i fait demoroison;
> Tote nuit atendi, moult fu en grant frichon,
> Par matin se leva, moult reclaime (prie) Mahon,
> Margot et Apollin, Jupiter et Noiron.

Les Chétifs[1]. — Richard de Caumont lutte en champ clos contre deux chefs sarrasins, Golias et Mourgalé (Émir Khaled); Golias est tué; Mourgalé blessé à mort s'avoue vaincu, il demande à Richard de le baptiser et ensuite de l'achever en lui coupant la tête.

> « Richars, ce dist li Turs, or entent envers mi.
> Ocirre te quidai, mais tes Dex t'a gari;
> Li miens, que j'ai tos tans honoré et servi,
> M'a or bien en cest jor à mon besoin fali,
> Et moi et mon lignage en cest siecle honi.

de Luxembourg. *Légendes historico-poétiques*; t. IV, Le Chevalier au Cygne; t. V, Godefroid de Bouillon. M. C. Hippeau en a donné une édition sous le titre : *La Chanson du Chevalier au Cygne et de Godefroid de Bouillon*, 2 vol. in-8°. Paris, Aubry, 1877. Le passage cité se trouve dans le t. II de cette édition p. 80, vers 2201 et seq.

1. *Les Chétifs* (les captifs) font partie des petites gestes. L'auteur du poème serait Guillaume IX, comte de Poitiers, qui l'aurait composé au XII° siècle. Graindor de Douai aurait remanié et développé la première rédaction. Le sujet des *Chétifs* est le récit fabuleux des aventures arrivées à sept croisés prisonniers des Sarrasins. La chanson des *Chétifs* a été publiée par M. C. Hippeau à la suite de la *Conquête de Jérusalem*, Paris, Aubry, 1868. Cf. *Histoire littéraire*, t. XXII et XXIII.

> Voir ne croi en Mahon ne qu'en .I. chien porri,
> Ains croi en Jhesu-Crist qui de Virje nasqui,
> Et qui ala par terre et mor i recoilli
> Sus el mont de Cauvaire où Longis le feri
> De la lance el costé que li sans en sali,
> La perre qui dure est en trancha et fendi
> Et qui fu el sepulcre et qui i surrexi [1]. »

Dans une entrevue entre Godefroy de Bouillon et Cornumaran, le chef croisé explique au roi sarrasin ce qu'il pense de la religion musulmane.

> « Car vous n'iestes que chien en nostre loi nommés.
> Vous n'avez point de Dieu, come biestes vivez.
> Ordenanche ne foi en rien ne maintenez,
> Fors que de Mahomet qui vous a asotés [2]. »

La conquête de Jérusalem [3]. — Godefroid de Bouillon aperçoit dans la plaine un parti de cavaliers, il s'élance sur eux « à esperons brochant » et dès qu'il est à portée de voix, il les interpelle pour savoir s'ils sont chrétiens ou musulmans.

> « Va? quels gens estes vos? Crées en Deu le grand,
> « Le fil Sainte Marie, le glorios poissant?
> « Ou crées Apollin, Mahon et Tervagant,
> « Ices malvaises idles que croient li Persant [4]? »

---

1. *Histoire littéraire*, t. XXII, p. 387, et *Chanson du chevalier au cygne*, édition Hippeau, t. II, p. 208.
2. *Histoire littéraire*, t. XXV, p. 533.
3. *La Conquête de Jérusalem*, faisant suite à la *Chanson d'Antioche*, composée par le pèlerin Richard et renouvelée par Graindor de Douai au XIIIᵉ siècle, publiée par C. Hippeau; Paris, 1868.
4. *La Conquête de Jérusalem*, édit. Hippeau, chant I, vers 233 et seq.

Pendant le siège de Jérusalem deux chefs sarrasins, Malcolon et Ysabras, tombent au pouvoir des croisés; le duc de Bouillon tente de les convertir à la foi chrétienne.

> Li Turc entrent el tref qui fu de paile bis;
> De l'ost i assamblerent li prince et li marchis
> Por oïr des paiens lor raisons et lor dis.
> Li bons dus de Buillon les a à raison mis :
> « Païen, car crées Deu, qui en la crois fu mis,
> « Et qui fu nés de Virge et de mort surrexis.
> « Tos les jors de ma vie en serai vos amis. »
> Ysabras li respont, qui noirs ot les sorcis :
> « Par Mahon! jo ne sai se por ce serai vis,
> « Et se vos nos doniés tot l'or dusc' à Paris,
> « Ne seroit nus de nos à vo loi convertis!
> « Moult est puissans nos Dex, mais or fu endormis;
> « Sil estoit esveilliés, de ce soit chascuns fis,
> « Jà puis ne demorriés en trestot cest païs[1]. »

Le roi sarrasin Sucamans, grièvement blessé par les croisés, invoque le secours de Mahomet et d'Apollin.

> Quant li roi Sucamans voit s'oreille perdue,
> Et le brach et le poing o l'espée molue,
> A haute voix s'escrie : « Mahomet sire, aïue!
> Apollin, riche Deu! quel perte ai rechéue[2]! »

Une légende qu'on retrouve dans toutes les chansons de geste et les chroniques du moyen âge est celle du cercueil dans lequel le corps du Prophète

1. *La Conquête de Jérusalem*, chant IV, vers 3393 et seq.
2. *Ibid.*, chant VI, vers 5306 et seq.

aurait été déposé. Ce cercueil, d'après l'opinion générale, était en aimant naturel et se maintenait en équilibre entre ciel et terre sous une voûte dont les parois étaient recouvertes de fer.

> Droit à Mecque le firent Salehadin porter
> A.I. riche Juis, qui moult sot d'encanter.
> En l'almaine le firent et metre et sécler :
> N'est à ciel, ne à terre; en l'air le font torner.
> Encore le vont là li païen aorer [1].

L'émir et cent cinquante mille hommes font escorte aux idoles Mahon et Tervagant.

> Li Amirax chevalce o son empire grant;
> .C. et .L. mile sont ens el chief devant.
> Chil conduient les Dex Mahon et Tervagant
> Et le riche tresor à l'amiral Sodant [2].

Le soudan presse Pierre l'Hermite de se faire musulman.

> En romans commencha Perron à demander
> S'il voloit Mahomet servir et aorer.
> Et la loi crestiene guerpir et deffler [3].

Pierre l'Hermite feint de vouloir abjurer la foi chrétienne et l'amiral commande qu'on amène l'idole Mahom.

---

1. *La Conquête de Jérusalem*, chant VI, vers 5333 et seq.
2. *Ibid.*, chant VII, vers 6006 et seq.
3. *Ibid.*, chant VII, vers 6446 et seq.

Alés tost, si me faites Mahomet aporter [1].

. . . .

Mahom fu aportés ens el tref l'Amiral.
De Jor qui i reluist, des perres de cristal,
Resclarcist tos li trés el paveillon roial.
Devant lui sont espris plus de mil estaval [2].

C'est ensuite Godefroid de Bouillon qui conseille à un chef sarrasin de renier sa foi; celui-ci proteste avec force et déclare qu'il ne croira jamais à un Dieu que les Juifs ont pendu.

Li païens li respont : « Fol plait avés méu;
« Car jo ne li faurole por tot l'or qui ains fu,
« Que guerpisse Mahon ne la soie vertu,
« Tervagan, n'Apollin, por vo Deu malostru;
« Ja ne cresrai en Deu, que Jeu aient pendu [3]! »

Baudouin de Sebourg [4]. — Dans Baudouin de Sebourg nous trouvons l'apostasie de la comtesse de Ponthieu qui commence la légende de Saladin. La « belle chétive » devient en effet la femme de Saladin son maître et lui donne un fils qui n'est autre que le fameux Saladin, le fléau de la chrétienté.

A le loy Sarrasine li Soudan l'espousa;
La nuit jut o la dame .ij. enfans engenra :

---

1. *La Conquête de Jérusalem*, chant VII, vers 6157.
2. *Ibid.*, chant VII, vers 6162 et seq.
3. *Ibid.*, chant VII, vers 6666 et seq.
4. *Li Romans de Baudouin de Sebourg, 3ᵉ roi de Jérusalem*, poème du xivᵉ siècle. Valenciennes, édition Bocca, 1841, 2 vol. gr. in-8°, xiv et 334, vii et 448 p.

.I. fils et une fille, à che qu'on me conta;
Salatie ot a nom ichelle fille là,
Li fiex Salehadins qui cristiens greva [1].

Cette origine de Saladin, descendant par les femmes des comtes de Ponthieu, se retrouve dans *Jehan d'Avesnes*, poème du xive siècle, dont le vrai titre est :

Histoire des très vaillants princes monseigneur Jehan d'Avesnes, comte de Ponthieu, de son fils le comte Jehan, de son beau-fils, monseigneur Thibaut di Dommart, et du pieux et vaillant turc le soudan Saladin qui d'eux et de leur lignée descendit [2].

La comtesse de Ponthieu, en femme habile, prit un grand empire sur le soudan; elle obtenait de lui tout ce qu'elle désirait en le circonvenant par de bonnes paroles, en le menant, comme dit le trouvère, « de quoquet en fablel ». C'est ainsi qu'elle lui demanda la permission de faire venir son frère le comte de Ponthieu, se faisant fort de lui faire renier sa foi.

Renoier le ferai et Dieu et saint Daniel
Et s'aoura Mahon.

Le sultan accéda à son désir et

.xxx. fois la baisa tout droit en son musel.

1. *Loc. cit.*, chant III, vers 329 et seq.
2. Cf. sur Jehan d'Avesnes : *Trouvères brabançons*, Arthur Dinaux, 1863; Chabaille; Abbeville, 1845, petit in-8°. *La Légende de Saladin*, *Journal des Savants*, G. Paris, 1891.

Le voyage du comte de Ponthieu est raconté tout au long dans un autre roman intitulé *Voyage du comte de Ponthieu ou chronique d'outre-mer* [1].

Quant au grand Saladin, le héros sarrasin, il est chanté en vers et en prose, en latin et en français, par tous les auteurs de l'époque. Dans *Jehan d'Avesnes*, il discute religion avec un chrétien et les grands reproches qu'il adresse au christianisme sont l'adoration du pape et la confession.

> Vous aourez, dit-il, un homme comme moy ou un aultre; qu'il ait puissance de pardonner ce que avés meffet à aultruy, ce ne croiray-je de ma vie [2].

Cependant, au dire de Gilles de Corbeil [3], le roi sarrasin se fût converti au christianisme, s'il n'avait été détourné de sa bonne résolution par le spectacle des désordres du clergé, et le médecin de Philippe-Auguste composa sur ce thème une virulente satire

---

1. Roman publié par Méon dans le t. I de son *Nouveau Recueil de fabliaux et contes inédits des poëtes français des XII°, XIII°, XIV° et XV° siècles*; Paris, 1824, 2 vol. in-8°, par MM. Moland et d'Héricault, dans leurs *Nouvelles françaises du XIII° siècle*, 1856. Criti de la Guette avait donné une traduction de la *Chronique d'outre-mer* dans son *Histoire de la conquête du royaume de Jérusalem sur les chrétiens*, Paris, 1679.
2. G. Paris, *loc. cit.*
3. Gilles de Corbeil (Œgidius Corboliensis), professeur, chanoine, médecin et poëte, vivait à la fin du XII° et au commencement du XIII° siècle. Il est l'auteur de poëmes médicinaux (*carmina medica*) ayant pour titres : *De Pulsibus, De Urinis, De compositis medicamentis*.

contre les mœurs des prêtres, qu'il intitula : *Iera-pigra ad purgandos prelatos (La médecine sacrée à l'usage des prélats)* [1].

Ménestrel de Reims [2]. — Le ménestrel de Reims croit toutefois pouvoir affirmer que le grand Saladin se convertit à son lit de mort. C'est l'oncle du sultan qui conte l'aventure.

Mais une chose fist à la mort qui mout nous ennuia; car quand il fu si apresseiz que il vit bien que mourir le convenoit, si demanda plein bacin d'iaue.

Et maintenant li courut uns varlez aporteir en un bacin d'argent, et li mist à la main senestre. Et Salehadins se fist drecier en son seant, et fist de sa main destre croiz par deseure l'iaue, et toucha en quatre lieus sour le bacin et dist : « *Autant a il de ci, jusques ci, comme de ci, jusques ci.* » Ce dist il pour qu'on ne se perceüst. Et puis reversa l'iaue sour son chief et sour son cors, et dist entre ses denz trois moz en françois que nous n'entendimes pas mais bien sembla, autant comme j'en vi, qu'il se bautizast.

Traité sur le passage dans la Terre Sainte [3]. — L'auteur du mémoire, le crétois Emmanuel Piloti,

1. G. Páris, *Ibid.*, et *Hist. littéraire de la France*, t. XXI.
2. Edit. N. de Wailly, 1876, § 212.
3. Emanuelis Piloti Cratensis de modo, progressu, ordine ac diligenti providentia habendis in passagio christianorum pro conquesta Terræ sanctæ, cujus rei gloriam Deus asseret sanctissimo pontifici maximo, Eugenio quarto, ut simul confundat infideles Occidentis, tractatus. Incipit millesimo quadringentesimo vicesimo, vulgari sermone translatum in lingua francigena millesimo quadringentesimo XLI°. Collection Reiffenberg, t. IV, p. 312.

avait habité le Caire ainsi que « les aultres lieux de payens » et avait eu avec les musulmans « très grant acointance ». Le jugement qu'il porte sur leur religion passait pour celui d'un homme bien informé.

Puis pour ce que je véoye qu'ilz estoient purs et non malicieulx, je prennoye plus grande ardiesse et leur disoye si la leur foi ne parloit de nulz ensengnemens pour l'amme; disoyent non, ma tout à joysseté de cors, che pourquoy elle se peut appeller foy de bufles et de chameaulx et de toutes aultres bestes.

Dans une autre partie de son traité, l'auteur explique pourquoi Mahomet a interdit à ses disciples l'usage des boissons fermentées.

Mahommet, qu'estoit grant chief des Arabes, se meust de la Mecca avecques xij de ses conseillers, et eust grant suit de gens, et alla conquestant ces pays à grant prosperité. Et auprés de luy avoit ung caloero (caloyer), qu'est autant à dire comme ung vieux moyne cristien, lequel il aimoit comme son pere, et tousjours dormoit en son pavillon auprés delluy; et les xij conségliers dormoyent dehors entour le pavillon, pour ce que Mahommet se conseilloit au desussdit moyne tous les jours quelle foy il deust donner au peuple qu'il acquestoit; et le moyne le conseilloit toujours de la foy crestienne, et les conseilliers disoyent le contrayre; et de la foy crestienne disent qu'elle estoit griefve et estroicte et qu'elle porroit mal observer, par tel maniere que trestous les jours estoyent en division entre les conseilliers et le moyne, pour ce que Mahommet gardoit fort aux paroles du moyne. Et avecques cessi, le temps passoit, et les conseilliers estoyent très fort couroussiés voyant que ung moyne empêchoit l'opinion de xij qui se tenoyent estre grant maistres auprès de Mahommet; par tel maniere que ung jour Mahommet s'en alla à la taverne, et là il s'enyvra fort; et quant il fust bien yvre, il s'en alla dormir en son pavillon, et ledit moyne dormait avecques luy : dont les conseillers entre eulx, la nuit, délibérarent de donner la mort au moyne en tel maniere que l'ung des xij conseilliers entra ou pavillon, et prist l'espée de Mahommet, et la tira hors de la gayne, et s'en allaist là ou estoyt le moyne couchié qui dormoit, et luy tailla la teste; et puis retorna l'espée toute plaine de sangs en la gayne. De quoy le matin, quand Mahommet se leva et vist le moyne mort, il eust très grant doleur et volsist du tout savoir la verité et trouver celluy qui l'avoit tué : dont les xij conseilliers respondirent et dirent : « Seigneur, vous fustes hyer trestout le jour en la taverne et beutes plus que n'aviés acoutusmé; et puis vous en alastes dormir, et quant se vint alla migenuit, vous levastes sus, très couroussiés, et tirastes vostre espée hors de la gayne et alastes menant par tout le pavillon, et nous doubtions que vous ne tuassiés ung de nous, et nous ne osâmes aprochier de vous, et pour ce, ségneur, prennés vostre espée que vous la trouverés ancores toute sanglante comme nous vous disons. » Et Mahommet prinst son espée, et la tira hors de la gayne et la trouva sanglante : de quoy il creust qu'il fust vray qu'il l'eust mort. Et tantost fist promesse de non boire jamais vin ne luy ne aultres payens, et ainsi se garde par peur, mais non pas par devotion, pour ce que là qu'ilz en treuvent ilz se noyent dedans : dont, seigneurs, depuis la mort du moyne, ne fust nulz aultre conseillier que remembrast la foy crestienne, en tel maniere que les xij conseilliers obtindrent la leur très maulvaise intention, et donna celle foy bestielle alla ruyne de leurs ammes et dommage de la foy crestienne, pour ce que celle foy bestielle multiplique, et aquesta la sainte foy de Jhésu-Crist.

Itinéraire de la grande expédition en langage de Pavie[1]. — Nous reproduisons la biographie du Prophète donnée par l'auteur anonyme de cet ouvrage; elle est intitulée : *De Mahomet. Par quelle ruse il séduisit l'Arabie et les autres pays d'Orient.*

Au temps d'Héraclius, empereur, Mahomet faux et perfide imposteur, se donnant, sous les dehors d'une vie austère, pour un prophète envoyé de Dieu, séduisit l'Arabie, puis les autres régions orientales. Et pour perpétuer son nom et sa puissance, se glorifiant dans son œuvre diabolique, et afin de répandre plus loin sa pestilence, il fit en sorte que ses successeurs n'eussent besoin, pour se confirmer dans leurs erreurs, ni de prédications, ni d'exhortations. Mettant l'éperon à qui ne demandait qu'à courir, c'est l'épée à la main qu'il fit entrer dans sa secte tant de peuples divers. Plus dangereuse, sans comparaison, que ne sera la séduction de l'Antéchrist, cette secte durera jusqu'à ce que, avec une puissance supérieure, on puisse chanter le premier article du code, où le grand empereur dit : « Nous voulons et nous commandons au peuple, à peine de vie, de garder la loi chrétienne [2]. » Et leur œuvre en vint à tel point que, se mettant au-dessus de la vérité, ils dédaignèrent d'écouter la parole de Dieu. Et le renom de ce ribaud atteignit cette grandeur que recherchait avec tant de scélératesse, à

---

1. *Itinerario di la gran militia à la Parese.* Traduction du comte Riant, revue par M. le docteur Dell' Acqua de Pavie. Ce document, texte et traduction, a été publié dans le *Recueil des historiens des Croisades*, t. V, seconde partie, in-folio, 1895.

2. *Cod. Justin.*, l. I, t. I (éd. Galisset, p. 6), reproduisant une loi de Gratien et de Théodose, 380. (Code Théodose, I, XVI, tit. II; éd. Godefroy, VI, p. 5.) (Note des éditeurs.)

défaut de vertu, cet incendiaire du temple de Diane à Éphèse, dont les Éphésiens, suivant Xénophon [1], abolirent par décret la mémoire.

Guibert de Nogent [2]. — L'historien de la première croisade rapporte l'opinion de son temps sur Mahomet et la religion musulmane.

Plebeia opinio est, quemdam fuisse, qui si bene eum exprimo, Mathomus nuncupetur, qui quondam eos a Filii et Spiritus Sancti prorsus credulitate diduxerit, solius Patris personæ, quasi Deo uni et creatori, inniti docuerit, Jesum purum hominem dixerit; et ut breviter ejus dogma concludam, circumcisione quidem decreta, totius eis impudicitiæ laxavit habenas [3]. Quem profanum ho-	L'opinion de la foule est qu'il y a eu un homme dont le nom, si je l'exprime bien, est Mathomet, et qui jadis a complètement détourné le peuple de la croyance au Fils et au Saint-Esprit, enseignant que tout procédait de la seule personne du Père, Dieu unique et créateur, et disant que Jésus n'était qu'un homme. Pour en finir brièvement avec sa religion, j'ajouterai qu'ayant établi la circoncision, il

1. Xénophon ne dit rien de semblable, car il est mort l'année même (356 av. J.-C.) de la destruction du temple de Diane; c'est probablement à Valère Maxime (VIII, 14) que l'Anonyme a emprunté cette allusion. Cf. Strabon, p. 640. (Note des éditeurs.)

2. Historia quæ dicitur *Gesta Dei per Francos* edita a venerabili domno Guiberto, abbate monasterii Sanctæ Mariæ Novigenti. *Recueil des historiens des Croisades*, t. IV, p. 113-263.

3. Il semblerait, à lire ce passage de Guibert de Nogent, que la circoncision n'ait été instituée que pour faciliter les plaisirs de la chair, en supprimant la dernière entrave. On sait que le Coran ne renferme rien sur ce précepte religieux,

minem parvæ multum antiquitatis existimo, non ob aliud scilicet, nisi quia ecclesiaticorum doctorum neminem contra ejus spurcitiam scripsisse repperio. Cujus mores vitamque quum nusquam scripta didicerim quæ a quibusdam disertioribus dici vulgo audierim, si dicere velim, nulli debet esse mirum. Frustra plane ab aliquo si falsa an vera sint discutiatur, dum hoc solummodo attendatur quantus ille magister fuerit, de quo tam nobilium facinorum gloria propagatur. Securus enim qui de eo male cantat, cujus malignitas quicquid pravi dicitur transcendit et superat [1].

lâcha les rênes à l'impudicité. Je ne pense pas que cet impie remonte à une très lointaine antiquité, pour cette seule raison que je ne trouve aucun des docteurs de l'Église ayant réfuté son infâme doctrine. N'ayant connu par aucun écrit la vie et les mœurs de cet homme, nul ne pourra s'étonner que, voulant en parler, je m'en réfère à ce que j'ai communément entendu rapporter par des personnes lettrées. Il serait d'ailleurs absolument puéril de discuter ce qu'il y a de faux ou de vrai dans son histoire, nous avons voulu seulement montrer combien grand fut ce docteur dont tant d'événements célèbres ont propagé la renommée. On peut être en toute sécurité quand on parle mal d'un homme dont la scélératesse dépasse et excède tout ce qu'on en peut dire.

dont l'observance ne repose que sur la Tradition. Voici les paroles prononcées par le fakih (docteur) procédant à l'opération : « Louange à Dieu qui nous a anoblis et nous a purifiés par la circoncision des mâles. Grâce à elle, il ne reste aucune place aux impuretés et nous devenons plus forts. »

1. Nous avons reproduit dans la note 2, page 53, le passage de Guibert de Nogent relatif à la mort de Mahomet.

Chronique de la première croisade de Tuebeuf continuée par un anonyme [1]. — Le continuateur anonyme de Tuebeuf raconte l'entrée des croisés dans Jérusalem ; ce fut Tancrède de Sicile qui pénétra le premier dans la ville ; il courut immédiatement au temple et l'auteur de l'*Historia peregrinorum* décrit l'horreur du héros chrétien à la vue de l'idole Mahomet remplaçant l'image du Christ.

Patefacto itaque templo, ille (Tancredus) ingressus, ecce videt simulacrum argenteum Machumeth, quod erat fusile, stans in excelso throno, quod videlicet tanti ponderis erat, ut vix sex viri fortissimi ad portandum, vix etiam decem ad levandum sursum sufficerent. Quod curiosius Tancredus intuens : « Proh pudor, inquit, quid sibi vult præsens imago, quæ stat in sublimi ? quid sibi vult hæc effigies ? quid gemma, quid aurum, quid sibi vultostrum ? » Erat quippe ipse Machumeth omnibus his redimitus. Rursusque ait : « Numquid enim hæc figura Christi est ? Non. Nam Chris-

On ouvre le temple et Tancrède s'y précipite : voici qu'il aperçoit l'idole d'argent Machumeth ; elle avait été coulée en métal et placée debout sur un trône élevé qui était d'un tel poids que six hommes des plus forts avaient peine à le mouvoir et que dix même suffisaient à peine à le porter. Tancrède examinant la statue avec plus d'attention : « Oh honte ! s'écrie-t-il, que signifie cette image que je vois se dresser à cette place élevée ? Que signifie cette figure ? ces pierres précieuses, cet or ? que signifie cette pourpre ? » Car Machumeth était revêtu de toutes ces richesses. « Est-ce là,

---

1. *Historia peregrinorum euntium Jerusolymam seu Tudebodus imitatus et continuatus.* (*Recueil des historiens des Croisades*, t. III, 1866, p. 222-223.)

tus quum in ligno suspensus fuisset, pedes ejus clavis affixi sunt, latus vero illius lancea perfossum. Ergo non est hic Christus, sed est pravus Machumeth, pristinus Antichristus. O si ille Antichristus, qui futurus est, hic esset cum isto! ambo vero pedibus meis cito nunc supprimerentur. Heu dolor! Machumeth quomodo apud inferos torquetur, nunc in templo Domini per imaginem ipsius dominari videtur! Qui vernaculus est barathri, nunc in templo Dei, tanquam sit Deus, sedere conspicitur! » Dixitque ad suos circumstantes : « Ascendite ergo cito, eumque deorsum mittite : quod utinam jamdudum factum fuisset! nam ita ipse superbus stare videtur, ac si Deus absorbere vellet. » Tunc milites, jussum ipsius audientes, confestim ascendunt, abripiunt, trahunt, dirumpunt atque obtruncant. Mox ergo metallum, quod erat carum materia et forma vile, postquam dissectum est, de vili factum est pretiosum. Denique interior paries templi Do-

reprend-il, la figure du Christ? Non. Car le Christ lorsqu'il eut été suspendu sur le bois, ses pieds furent fixés avec des clous, son côté fut percé d'une lance. Celui-ci n'est donc pas le Christ, mais c'est cet infâme Machumeth, le premier Antéchrist. Oh! si cet autre Antéchrist qui doit venir était là avec celui-ci! Tous deux certes sous mes pieds, bientôt je les écraserais! Oh douleur ! Ce Machumeth torturé dans les enfers, voici qu'il paraît, grâce à cette image, régner dans le temple du Seigneur; lui, l'esclave du Barathron, on le voit dans le temple de Dieu, comme s'il était Dieu! » Et Tancrède dit aux siens qui l'entouraient : « Montez donc vite et jetez-le bas : plût à Dieu que cela fût déjà fait! car il se dresse si insolemment aux regards de tous qu'il semblerait vouloir remplacer Dieu lui-même! » Alors les chevaliers sur son ordre montent promptement à l'idole, l'arrachent, l'entraînent, la brisent, la mettent en pièces. Et bientôt le métal qui était cher

mini per circuitum ad honorem ipsius Machumeth lamina argenti radiabat, quæ fere uno cubito lata, atque quasi pollice uno densa cernebatur; pondus vero ipsius erat quasi septem millia marcæ. Hoc quoque vir sapiens Tancredus, quasi segne et inutile manens, convertit in usum. Nam hinc et nudo vestivit et pavit egentes; hinc et inermes armavit, hinc et militiæ numerum auxit. Reperiuntur et ibi quingentæ caldariæ de argento diversæ quantitatis, quæ ad officium Machumeth deputatæ fuerant; sed et diversa vasa argentea absque numero quæ illic servabantur reperta sunt quæ cuncta ab eo recipiuntur[1]. Paries et columnæ templi sub gemmis, multaque alia sub auro et ar-

par la matière, mais vil par la forme, fut découpé, et de vil qu'il était, rendu précieux. Enfin sur tout le pourtour intérieur du temple du Seigneur brillait en l'honneur du même Machumeth une lame d'argent large d'environ une coudée et d'un pouce à peu près d'épaisseur; son poids était de sept mille marcs. Le sage Tancrède jugeant que cet argent restait improductif et stérile, voulut le faire servir utilement; il l'employa à revêtir ceux qui étaient nus et à rassasier les affamés, ainsi qu'à armer de nouveaux soldats et à augmenter ses troupes. On trouva également dans le temple cinq cents bassins d'argent de diverses contenances qui étaient affectés au service de l'idole Machumeth, et l'on y

1. Le chroniqueur ne doutait pas un seul instant que le service de l'idole Mahumet n'exigeât des vases sacrés! « C'est une illusion fréquente chez les sectateurs ignorants d'une religion que de reporter naïvement sur les religions inconnues les formes qui leur sont familières. Les peintres jusqu'au xvii⁰ siècle dessinent des clochers au milieu des toits de Jérusalem. Ils habillent en Turcs les soldats romains qui crucifient Jésus, puisque ces soldats sont des païens et que les Turcs sont païens. » A. Réville, *Une apologie anglaise de l'Islamisme.*

gento latitabant, quæ ex-crustata a Tancredo diripiuntur. Sed et alia quæque pretiosa, quæ longo tempore ibi clausa fuerant, sub oculis omnium ad lucem prodeunt, quæ ipse rursus omnia accepit.

découvrit d'innombrables vases d'argent de toute sorte qui y étaient gardés et qui tous furent pris par Tancrède. Les murs et les colonnes du temple étaient cachés sous les pierreries et beaucoup d'autres parties étaient couvertes d'or et d'argent. Tancrède arracha et emporta tout. Tous les autres objets précieux enfermés depuis si longtemps furent produits au grand jour, sous les regards de tous, et furent remis à Tancrède.

Voyage en Terre Sainte de Ludophe de Sudheim [1]. — Ce voyageur allemand du xıv^e siècle donne sur Mahomet et les musulmans les détails qui suivent dans le chapitre vıı de sa relation, intitulé *De Sarracenis*.

Nota quod, anno Domini sexcentesimo xx., dyabolus, permittente Deo, heresim seminavit Machumetistarum tali modo : Nam prius seduxit Sergium mona-

Remarquez que l'an du Seigneur 620, le diable, avec la permission de Dieu, sema l'hérésie des mahométans de la manière suivante : il séduisit d'abord le moine

---

1. Relation écrite en 1342 intitulée : *De itinere Terre Sancte*. (*Archives de l'Orient latin*, t. II, p. 305-316.)

chum [1], qui erat de ordine Benedicti, sed ejectus propter heresim Nestorii, ut pro honoribus ecclesiasticis, in Romana curia laboraret. Cum igitur quod voluit obtinere nequiret, desperatus abiit in Arabiam ad Agarenos vel Ismaelitas, qui propter nobilitatem Sare, que primo Ysmaelem in filium adoptaverat, se *Sarracenos* vocant; qui utique non sunt, sed magis vocandi sunt Magumete, a profano quodam Magumeto, per quem sunt decepti tam homines rudes in desertis vagantes.

Sergius qui était de l'ordre de saint Benoît, mais qui en avait été chassé pour avoir embrassé l'hérésie de Nestorius, et il le poussa à intriguer à la cour de Rome pour des honneurs ecclésiastiques. Comme il ne pouvait obtenir ce qu'il voulait, Sergius désespéré s'en alla en Arabie chez les Agariens ou Ismaélites; ceux-ci se sont appelés Sarrasins en l'honneur de Sara qui avait tout d'abord adopté Ismaël pour son fils, mais ce nom ne leur convient aucunement et on doit plutôt les appeler Magumètes, d'après celui d'un certain Magumet par qui ont été trompés ces grossiers nomades du désert.

Predictus autem Sergius in odium ecclesie Romane et amore primatus sui invenit hominem rudem et stultum nomine Magume-

Or le susdit Sergius, en haine de l'église romaine et par esprit de domination, découvrit un homme ignorant et sot du nom de Ma-

1. Le moine Sergius ou le caloyer d'Emmanuel Piloti (p. 273) se retrouve dans tous les récits du moyen âge sur Mahomet et il joue les rôles les plus divers. Cf. *Roman de Mahomet* et *Miroir Historial* de Vincent de Beauvais. Quelques auteurs arabes mentionnent un ermite chrétien du nom de Bohaïra avec lequel Mahomet aurait eu des relations pendant ses voyages en Syrie.

tum, quem sic deviavit, ut se prophetam crederet. In cujus aurem dextram grana posuit et columbam in scapulas docens, ut de aure cottidie grana traheret. Cepitque predicare populo, quod Deus celi de Agarenorum [1] — que pre aliis gentibus fuit humilis et abjecta — suscitare vellet prophetam omnium prophetorum, cui spiritus [S.] in specie columbe visibiliter loqueretur. Cumque populus sic illud esse crederet, et cum esset Magumetus in medio populi, ecce! dimisit columbam, que mox volavit fame urgente super scapulam Magumeti, in auricula grana querens. Sicque Sergius designavit eum esse prophetam à Deo illi genti transmissum. Et quod nulli hominum notus erat, qui ipse de propria parentela nihil scivit, sed erat de orphanis expositus, inventus in deserto, ab aliis sustentatus et tandem factus est custos camelorum — ideo tam — quam cunctis ignotum crediderunt celitus advenisse.

gumet et le dévoya au point qu'il se crut prophète. Il lui plaça quelques graines dans l'oreille droite et dressa une colombe à venir chaque jour sur ses épaules pour lui prendre ces graines. Sergius se mit alors à prêcher à la foule que le Dieu du ciel voulait du milieu des Agariens — alors le plus humble et le plus abject des peuples — susciter le Prophète des Prophètes, auquel le Saint-Esprit parlerait visiblement sous la forme d'une colombe. Le peuple le crut, et comme Magumet se trouvait au milieu de la foule, soudain Sergius lâcha la colombe, qui, pressée par la faim, alla bientôt se poser sur l'épaule de Magumet, cherchant des graines dans son oreille. Sergius le désigna comme le Prophète envoyé par Dieu au peuple. Or Magumet n'était connu de personne, il ignorait lui-même sa propre famille; il avait été exposé comme orphelin, dans le désert, recueilli et élevé par des étrangers, puis

---

1. *Agariens*, c'est-à-dire les descendants d'Agar.

Fama vero Magumeti ubique volabat, ita quod de loginquis ad ipsum cottidie populus conveniret. Tunc Sergius suasit ducisse Arabie nomine Candugagii [1], que erat vidua, ut ipsum susciperet maritum, quo facto ipse per potentiam et dolum totum sibi populum subjugavit; et cum per vindictum Dei epilepticus fieret, [et] in morbo caduco caderet, dixit se illam pestem ab Angeli colloquio sustinere. Post hec precepit prophanas leges condere et librum quem vocant Alteria-

était devenu gardeur de chameaux; c'est pourquoi ignoré de tout le monde, il passa facilement pour être arrivé du ciel.

Or la renommée de Magumet volait partout de telle sorte que de très loin le peuple venait tous les jours vers lui. Alors Sergius persuada à une femme d'Arabie du nom de Candugagia et qui était veuve, de prendre Magumet pour mari et, cela fait, celui-ci, par violence et par ruse, soumit tout le peuple à son autorité. Comme il était devenu épileptique par la vengeance de Dieu et qu'il tombait du mal caduc, il disait que ce mal terrible lui venait de ses entretiens avec un ange. Ce

---

1. C'est Khadidja, femme de Mahomet. Le mariage de Mahomet avec la veuve Khadidja fut au moyen âge le thème de nombreuses fables. Dans le *Miroir historial*, Mahomet est représenté comme un riche commerçant qui séduit par ses enchantements la princesse Cadigan (Khadidja) pendant que celle-ci admire les marchandises étalées devant elle : « *Et si comme elle se merveilloit de diverses manières de choses qu'il avoit apportées avec soy, si se commencea celle dame à accointer de luy plus aimablement et Mahommet si la commencea tousjours plus à enlacer par ses enchantements et à la mettre petit à petit en erreur par la chaleur de son enfantosmement.* » Traduction de 1531.

num ¹ componere, quem Sergius dictavit et Magumeto ascripsit, qui omnino litteras ignoravit.

Alterianum librum vero incepit sic : « In nomine Domini Dei misericordis et miseratoris. Gloria Deo creatori gencium, qui nos plasmavit, qui et nobis monstravit viam rectam, non illorum quibus irratus est, condempnatorum ². »

In hoc libro multa posuit de lege Moysi et de ewangelico, quod ad litteram intelligi debet sed mistice et referende non. Et habet multas burdas metaforicas, quas nemo potest intelligere. Et inter cetera sic scripsit de Christo : « Nos novimus bene Ihesum, Marie filium, virum sanctum et Spiritu Sancto corroboratum in matris utero, qui legem dedit christianis. Et sicud Ihesus obfuscavit ³ legem Moysi, ita nos sumus missi a Deo [ad] corrigendum legem ejus. » Legitur eciam ibi quod Ihesus est

fut alors qu'il entreprit d'instituer des lois impies et de composer le livre appelé *Altérian* que Sergius dicta et que Magumet écrivit, car il était absolument dépourvu d'instruction.

Or voici ce qu'il écrivit en tête du livre de l'Altérian : « Au nom du Seigneur clément et miséricordieux. Gloire à Dieu créateur du peuple qui nous a formés et qui nous a montré la voie droite, à l'exclusion de ceux contre lesquels il est irrité, les damnés. »

Il a fait dans ce livre de nombreux emprunts à la loi de Moïse et à l'Évangile, interprétant dans un sens littéral beaucoup de passages qui doivent être entendus dans un sens mystique et détourné. On y trouve beaucoup d'allégories absurdes, impossibles à comprendre. Voici entre autres ce qu'il écrit au sujet du Christ : « Nous connaissons bien Jhésus, le fils de Marie, l'homme saint qui fut formé

---

1. C'est-à-dire le Koran.
2. Citation incomplète de la première Sourate.
3. Il veut dire : Tantopere superavit ut eam in « umbra poneret ». (Note de l'éditeur.)

à Judeis crucifixus, sed non vere passus sed fantastice suscitatus, quod Magumetiste credunt[1]. Item quod non sit Dei filius, sed homo sanctus in celum assumptus, et post Magumetum super omnes exaltatus : que omnia in Alteriano continentur.

par l'Esprit Saint dans les entrailles de sa mère, qui a donné la loi aux chrétiens. Mais, de même que Jésus a relégué dans l'ombre la loi de Moïse, ainsi nous, nous sommes envoyés par Dieu pour corriger la loi de Jhésus. » On lit aussi dans ce livre que Jésus a été crucifié par les Juifs, mais qu'il n'a pas souffert en réalité et que sa résurrection est fictive, ce que les Magumétistes croient. On y trouve également que Jhésus n'est pas fils de Dieu, mais un homme saint enlevé au ciel et qui est exalté au-dessus de toutes les créatures après Magumet : toutes ces choses sont contenues dans l'Altérian.

Magumetiste igitur credunt in Deum omnipotentem ejusque legem, Magumetum et sanctum Michakelem quibus de vespere peccata sua confitentur in montibus. Feria quinta jejunant usque

Les Magumétistes croient donc en Dieu tout-puissant et en sa loi, en Magumet et saint Michel, auxquels le soir ils confessent leurs péchés dans les montagnes. Ils ont cinq fêtes pendant

1. Voir le verset 156 de la Sourate IV, cité page 245, note 1. Cette légende sur la mort du Christ avait eu cours chez beaucoup d'hérétiques chrétiens. Les manichéens, les marcites et les marcionites avaient déjà admis ce fait de la substitution d'un inconnu à Jésus. Cf. Marraci, *Refutatio Alcorani*. T. II, p. 119.

ad vesperam, sed tota nocte reficiuntur et sic faciunt omni jejunio suo. Feria sexta habent festum propter Venerem, quam eciam colunt ut gentiles. Circumciduntur et porcum non comedunt ut Iudei. Utuntur habitu et [faciunt] rasuras et genuflexiones ut monachi. Septem vel plures possunt habere uxores et, quas nolunt, repudiant ut pagani: et ideo plures [1] se invicem toxicantes propter odium, quod habent invicem. Similiter viri sunt debiles et libidinosi, abutentes masculis [2], nec possunt uni uxori satisfacere in reddendo debitum, et tamen multas cupiunt habere et ideo frequenter ab uxoribus intoxicantur. Propter hec omnia in generando deficiunt, quam vis libidini multum vacent. Hec omnia docuit et servavit perfidus Magumetus sordidus et immundus.

. . . .

lesquelles ils jeûnent jusqu'au soir, mais ils réparent leurs forces pendant toute la nuit, et ainsi font-ils dans tous leurs jeûnes. Ils ont une sixième fête en l'honneur de Vénus, qu'ils adorent également comme les gentils. Ils pratiquent la circoncision et s'abstiennent de viande de porc comme les Juifs. Ils s'habillent, se rasent et se prosternent comme des moines. Ils peuvent avoir sept épouses et même davantage et ils répudient, comme des payens, celles dont ils ne veulent plus. Et ainsi beaucoup d'entre elles s'empoisonnent mutuellement dans leur haine jalouse. De même pour les hommes, ils sont énervés et sensuels, abusant des mâles ; ils ne peuvent satisfaire une seule épouse en lui donnant son dû et pourtant ils veulent en avoir plusieurs, de telle sorte qu'ils sont souvent empoisonnés par elles. Pour toutes ces raisons ils ne

1. Peut-être : *urores*. (Note de l'éditeur.)
2. Voir page 119, note, les peines prescrites par la loi musulmane contre les crimes de sodomie.

peuvent engendrer, quoiqu'ils s'adonnent immodérément aux plaisirs des sens [1]. Voilà tout ce qu'a enseigné et prescrit d'observer le perfide Magumet, homme infâme et immonde.

. . . .

Habent etiam Sarraceni cados et episcopos in civitatibus, qui regunt et ordinant suos prophanos presbyteros, quos cadi ostendit esse filios episcoporum. Et quidem talem ortum habent. Isti cadi duri sunt christianis, cum accusantur apud eos de ingressu misticarum et ecclesiarum suarum vel de blasphema Magumeti, pro quibus in quator frusta secant eos, sed pro aliis causis faciliter incarcerant eos. Soldano tamen	Les Sarrasins ont aussi dans leurs villes des cadis et des évêques qui dirigent et ordonnent leurs prêtres impies; un cadi prétend que ce sont les fils des évêques. Et en effet telle est leur origine. Ces cadis se montrent très sévères à l'égard des chrétiens lorsque, à leur tribunal, plainte est portée contre ces derniers pour être entrés dans les églises musulmanes, pour avoir assisté aux cérémonies de cette religion ainsi que pour

1. Cette appréciation sur la polygamie musulmane est conforme aux idées d'Occident, elle est encore très répandue et c'est elle que nous avons voulu combattre dans notre chapitre sur la polygamie et surtout dans l'appendice VI. On admet sans difficultés que le mari monogame ne soit pas uniquement occupé des plaisirs des sens, mais on se refuse à admettre qu'il en soit ainsi pour le mari polygame : ce dernier est représenté passant sa vie au milieu de son harem. Rien n'est plus faux que cette légende entretenue par des artistes et des poëtes dont les tableaux et les vers ne peuvent être en pareil cas que des œuvres d'imagination.

displiceret, si hoc fieri sciret injuria christianorum.

avoir blasphémé Magumet. Pour ces faits, ils condamnent les chrétiens à être coupés en quatre ; mais ils les emprisonnent aussi volontiers pour tout autre motif. Néanmoins le sultan verrait d'un mauvais œil que des mesures vexatoires soient prises contre les chrétiens.

Sudheim termine sa relation par le récit de la mort de Mahomet.

De morte Machumeti sciendum, quod vij annis in Arabia dominatus fuit et cum esset epilepticus et sordidus, a propria uxore intoxicatus fuit ; de quo veneno, cum esset solus in deserto, sicut sepe facere consuevit, solus cecidit et periit. Cujus corpus a lupis et bestiis devoratum fuit. Legitur tamen alibi, quod ipsum porci silvestres devoraverunt ; quod potuit religi de reliquiis que lupi reliquerunt, nilque inventum fuit nisi vestes. Verum, quod Sarraceni dicunt, quod sepultus sit cum ossibus suis in templo, quod est in civitate Mocha (sic), et pendeat in aere, verum non

De la mort de Machumet, il faut savoir qu'après avoir régné sept années en Arabie, il fut, comme il était répugnant et épileptique, empoisonné par sa propre femme ; or ce poison, un jour qu'il se trouvait seul dans le désert, suivant son habitude fréquente, le fit tomber et mourir loin de tous. Son corps fut dévoré par les loups et les bêtes féroces. On lit pourtant ailleurs que des porcs sauvages le mangèrent ; les seuls restes qu'on put recueillir et qu'avaient laissés les loups furent ses vêtements. Mais le récit des Sarrasins, d'après lequel ses ossements auraient été en

est, sicut testati sunt Sarraceni ad fidem Christi conversi, qui in eodem templo fuerunt et nullum sarcum conspexerunt. Et nota quod Sarraceni, qui peregrinando adorant Mecha, non faciunt propter sepulcrum Machumeti, quod ibi esse credunt : sed dicunt quod prius s. Adam instituit ibi et quod Machumetus adorandum esse docuit. Cum autem illuc veniunt, nihil aliud faciunt quam quod contra templum projiciunt pro dyabolo lapidando lapides.

sevelis dans la ville de Mocha où ils seraient suspendus en l'air, est faux ainsi que l'ont attesté des Sarrasins convertis à la foi du Christ qui sont allés dans ce même temple et n'y ont point vu de cercueil. Et remarquez que les Sarrasins qui vont en pèlerinage prier à Mecha ne le font pas parce qu'ils croient y trouver le tombeau de Machumet; mais ils disent que c'est là que fut le premier sanctuaire d'Adam et que Machumet enseigna qu'il fallait y prier. Or, quand ils y vont, ils ne font rien d'autre que de jeter des pierres contre le temple pour lapider le diable.

Lettres de Ricoldo[1]. — Les lettres de Ricoldo contiennent des exposés de la religion musulmane; l'auteur y exhale l'indignation et l'affliction que lui

1. *Ricoldi de Monte Crucis ordinis prædicatorum epistolæ V commentatoriæ de perditione Acconis*, 1291. Cinq lettres de Ricoldo de Monte-Croce (dominicain italien né aux environs de Florence à Monte-Croce en 1232, mort le 31 octobre 1320), commentant la prise de Saint-Jean-d'Acre. Ces lettres, retrouvées dans le cod. Vatican n° 3717, ont été publiées pour la première fois en 1884 par R. Röhricht dans les *Archives de l'Orient latin*, t. II; 2° partie, p. 264 et seq.

cause la vue de cette secte sacrilège; c'est Dieu lui-même que le zélé dominicain prend parfois pour confident de ses épanchements. L'une de ces lettres est intitulée : *Epistola admirantis anime ad Deum verum et vivum qui gubernat mundum et de blasfemis Alcorani*. En voici quelques extraits :

Ipsi autem Sarraceni credunt salvari per suum tyrannum dampnatum Machometum, quem de latrocinio et tyrannide transtulerunt prophetam, et talem sequentes non Sarracenos appellant sed messalammos quod interpretatur salvati.

Et ut de ceteris sileam, hec duo tibi non taceo, quia tuam sanctissimam Trinitatem et misterium incarnacionis totaliter evacuare conatur. Tollit enim a patre filium et a filio patrem et ab utroque spiritum sanctum. Nam te presente legi arabyco in predicto alchorano, quod non uno loco sed pluribus locis ponit et repetit pro efficasisimo argumento dicens: *Impossibile est Deum habere filium quia non habet uxorem* (Sourate VI, 101; cf. LXXII, 3). Qui vero filium negat nec patrem habet. Si vero nec pater, nec filius,

Or les Sarrasins eux-mêmes croient être sauvés par leur tyran damné Mahomet qui, à force de violence et de despotisme, est arrivé à passer auprès d'eux pour un prophète et ceux qui suivent un tel homme ne se nomment pas Sarrasins, mais bien musulmans, ce qui signifie : sauvés.

Et sans parler du reste, je ne puis vous taire deux points, savoir qu'il (Mahomet) s'efforce d'anéantir complètement votre très sainte Trinité et le mystère de l'Incarnation. Il ôte en effet au père le fils, au fils le père et à tous deux le saint Esprit. Car j'ai lu devant vous en arabe et dans le susdit Alcoran ce qu'il établit et répète non seulement en un seul verset, mais dans de nombreux passages, le donnant pour un argument très efficace à

cujus erit Spiritus sanctus? In alio vero loco in alchorano scriptum legi, *quod omnes peccatores obtinebunt à Deo veniam, dummodo non dixerint quod Deus habet filium* [1]; dicit enim in pluribus locis sicut ibi legi, quod *Deus orat pro Machometo* [2].

savoir que : *il est impossible que Dieu ait un fils puisqu'il n'a pas d'épouse*. Or qui nie le fils n'admet pas le père. Si donc il n'y a ni père ni fils, de qui procédera le Saint Esprit? De même j'ai lu dans un autre passage de l'Alcoran que *tous les pécheurs obtiendront de Dieu leur pardon, pourvu qu'ils n'aient pas dit que Dieu a un fils*; il le dit en effet dans plusieurs endroits et j'y ai lu aussi que *Dieu prie pour Mahomet*.

Une autre lettre de Ricoldo a pour titre : *Epistola afflicte anime de ecclesia militante ad totam ecclesiam triumphantem et celestem curiam contra blasphemiam Alchorani*. L'auteur implore les saints et les saintes du Paradis, il invoque, en terminant, saint

---

1. Ce passage n'est pas la traduction littérale d'un verset du Coran; c'est probablement un corollaire tiré de ce verset : « Quiconque (dans son culte) associe à Dieu un autre Dieu, Dieu lui refusera l'entrée du Paradis. » Sourate V, 76. (Note de l'éditeur.)

2. Sourate XXXIII, 56. Il y a ici une faute de traduction; la phrase que Ricoldo traduit ainsi peut en effet, dans le cas où l'acte qu'elle implique s'applique à un homme, avoir la signification de *prier*, par la raison que le mot *zalla*, pris dans son acception générale, signifie *prier*, mais appliqué à Dieu, il doit s'entendre : *s'incliner vers* (par commisération, pour bénir); voir Reland, *De Relig. Moh.*, 1re éd., p. 120; 2e éd., p. 167. (Note de l'éditeur.)

Dominique et saint François et s'étonne qu'à eux deux ils n'aient pu terrasser son ennemi.

Et quis est adversarius meus? Machometus, isto scelerosus, lubricus et blasphemus contra Deum et sacram scripturam! Certe miror quod soli vos duo [1] ipsum totaliter jam pridem non destruxistis ad nihilum. O sancta Maria Magdalena, tu singulariter Christo dilecta, tuum patrocinium invoco contra Machometum et Machometistos Sarracenos. Scis enim, domina, quia pulcram ecclesiam tuam quam in honorem tuum edificaverunt christiani in Magdalon stabulatam inveni a Sarracenis et quasi vile stabulum animalium brutorum, pulcram eciam ecclesiam quam christiani edificaverunt tibi in Bethania, ubi Jhesus amor divinius flevit et fratrem tuum Lazarum de monumento vocavit, ipsam inquam ecclesiam stercoratam et stabulum animalium brutorum inveni [2].

Et qui est mon adversaire? — Mahomet, ce criminel, ce fourbe, ce blasphémateur de Dieu et de la Sainte Écriture! Certes je m'étonne que tous deux vous ne l'ayez pas, à vous seuls, déjà réduit à néant. O Sainte Marie Madeleine, vous tout particulièrement chérie du Christ, c'est votre patronage que j'invoque contre Mahomet et les Sarrasins mahométans. Vous savez en effet, sainte dame, que votre belle église que les chrétiens ont élevée en votre honneur à Magdala, je l'ai trouvée convertie en étable par les Sarrasins et servant d'écurie immonde à des bêtes brutes; et la belle église que les chrétiens vous ont édifiée à Béthanie où Jésus versa des larmes d'amour divin et rappela du tombeau votre frère Lazare, je l'ai trouvée, cette église, souillée d'immondices et servant d'étable à des bêtes brutes.

1. Saint François et saint Dominique, invoqués plus haut par Ricoldo.
2. Fait inconnu jusqu'ici (Tobler, *Topogr.*, II, 456; Robinson, *Palæst.*, II, 312). (Note de l'éditeur.)

O patroni nostri, non potestis vos juvare christianos contra Machometum, an non vultis? Certe credo, quod potestis et non vultis. Numquid et verum est quod sitis facti Sarraceni? Certissimum reputatur quasi in omnibus partibus orientis, quod alchoranum sit verbum Dei. Quod si verum est, quod alchoranum sit verbum Dei, procul dubio verum est et firmum, quod vos apostoli facti estis Sarraceni et imitatores Machometi. Ita enim legi in alchorano capitulo tertio[1], quod *quando Jhesus, filius Marie percepit heresim in filiis, quesivit dicens :* « *Quis defendit Deum?* » *Et responderunt apostoli tumquam perfectiores dicentes :* « *Nos defendimus Deum, nos sumus fideles Dei, nos testificamur quod sumus Sarraceni et quod sumus imitatores Machometi* ».

O nos patrons, ne pouvez-vous donc aider les chrétiens contre les Mahométans, ou bien ne le voulez-vous pas? Certes je crois que vous le pouvez et ne le voulez pas. A moins qu'il ne soit vrai que vous ne soyez devenus Sarrasins! C'est un fait qui passe pour très certain dans presque toutes les parties de l'Orient que l'Alcoran est la parole de Dieu. S'il est vrai que l'Alcoran soit la parole de Dieu, il est sûr et certain sans aucun doute que vous êtes devenus des apôtres Sarrasins et des imitateurs de Mahomet. C'est qu'en effet j'ai lu dans l'Alcoran au chapitre III que *quand Jésus, le fils de Marie, vit l'hérésie parmi ses enfants il demanda :* « *Qui défend Dieu?* » *et ses apôtres répondirent comme devenus plus parfaits par cette profession de foi :* « *Nous défendons Dieu, nous sommes fidèles à Dieu, nous*

---

1. Sourate III, 45. « Mais Jésus vit leur infidélité (des Juifs) et dit : « Qui sera mon soutien dans la voie qui mène à Dieu? » Les apôtres répondirent : « Nous sommes les soutiens de la cause de Dieu, nous avons cru en Dieu, sois-nous témoin que nous sommes musulmans (soumis à la volonté de Dieu). »

attestons que nous sommes Sarrasins et que nous sommes les imitateurs de Mahomet. »

Voyage du seigneur d'Anglure [1].

Le dimanche ensuivant, xxxj° jour d'octobre et vigile de Toussains, alasmes oultre tout le jour.

Le lundi ensuivant, jour de la Toussains, alames jusques environ nonne que nous venismes passer pardevant la fontaine du Soudan, et alasmes loger ung pou oultre environ deux mille. Sy ont usage tous les pèlerins de loger sur celle fontaine pour prendre rafreschissement d'eau doulce, car depuis que l'en est partis de Gaza jusques à Saincte Katherine l'en ne treuv eaue qui soit bone ne proffitable que en ces cestedicte fontaine du Soudan. La cause pourquoy nous n'y peusmes estre logiez si est telle, qu'il y avait dix mille Sarrasins logiez tout entour, qui retournoient de Mecha et illec se raffreschissoient. Encor y en avait plus de LX^m darrier qui tous retournoient dudit Mecha; et y ont coustume d'aler chascun an adourer leur maistre prophète Machoumet. Et il y a du Caire jusqu'à Mecha environ cinquante journées de desers. Mecha, si comme l'en dit ou pays de par delà, est moult grant ville et est ainsi comme l'entrée d'Inde.

. . . .

En celle dicte cité (le Caire) a, si comme il nous fut dit pour vérité, XII^m églises de Sarrasins que l'en appelle muscas, esquelles ilz font et dient leur devocions.

. . . .

Et sachiés que ainsi come au Caire a XII^m muscas, ainsi il y a, si come il nous fut dit, XII^m estuves qui ser-

1. *Le saint royage de Jhérusalem du seigneur d'Anglure*, publié par François Bonnardot et Auguste Longnon, Paris, 1878, in-8°. Ce fut en 1395 que le seigneur Ogier d'Anglure accomplit son voyage.

vent à icculx muscas, a chascun muscat son étuve[1]. Et dient que nul Sarrasin n'ose entrer en leur horatoire puis qu'il a habité à femme charnellement, qu'il ne soit avant lavés et estuvés car leur loy le commande a ainsi faire. Et, pour ce, les plusieurs si vont laver en icelles estuves, et espécialement les riches; et les povres gens se vont laver en la rivière. Et sachiés que nous les veismes laver; mais ilz se lavent moult deshonnestement et devant les gens.

Chroniques de Saint-Denis[2]. — Le chroniqueur, racontant *coment Damiete fu prise des gens au roy de France* (1249), parle de la destruction des idoles musulmanes.

Le legat vint premièrement à la Mahommerie, et en fist jetter les faux ymages qu'il y trouva, et reconcilia la place en l'honneur Nostre-Dame-Saincte-Marie, et chanta une messe de Nostre-Dame.

Marcabrus[3]. — Marcabrus ou Marcabrun est le seul troubadour connu pour avoir chanté la croisade

---

1. Le seigneur d'Anglure confond les fontaines qui se trouvent à l'entrée de chaque mosquée avec les bains maures.
2. *Histoire de France par les écrivains contemporains comprenant les annales de la monarchie française depuis les grandes chroniques de Saint-Denis jusqu'aux mémoires de la Révolution*, publiée avec notes et commentaires par Paulin Paris et Mennechet, Paris, 1836-1838, 6 vol. in-18. Le passage cité est tiré du t. IV, p. 312.
3. Cf. *Le Parnasse occitanien ou choix de poésies originales des troubadours*, tirées des manuscrits originaux par M. de Rochegude, Toulouse, 1819, in-8, et *Histoire de la poésie provençale*, par C. Fauriel, Paris, 3 vol. in-8, 1846. Le passage cité est tiré du t. II de cette histoire, p. 146 et seq.

espagnole (1114-1121) dont Alphonse VII (le Batallador) fut élu chef avec le titre d'empereur [1]. Son poëme débute ainsi :

« *Pax in nomine Domini* » Marcabrus a composé ce chant vers et musique écoutez ce qu'il dit : [2].....
Le Seigneur, qui sait tout ce qui est, tout ce qui fut et sera, nous promet ses récompenses par la voix de l'empereur (d'Espagne). Oh! savez-vous quelle sera la splendeur de ceux qui se purifieront au lavoir, et vengeront Dieu des outrages que lui ont fait les païens d'Arabie? Leur splendeur sera plus vive que celle de l'étoile guide-navire.
La race des chiens du (faux) prophète, les hommes félons du chef (imposteur) abondent tellement (en deçà des ports) qu'il n'y reste personne pour honorer Dieu. (Chassons-les) par la vertu du (saint) lavoir, guidés par Jésus Christ; refoulons en arrière ces chétifs qui croient aux sortilèges et aux augures.

1. On sait que les Espagnols, occupés à lutter sur leur propre territoire contre l'islamisme, ne prirent pas part aux croisades de l'Occident. Les papes comprenaient bien que la lutte de l'Espagne contre les Maures importait autant à la chrétienté que celle des croisés en Orient : aussi Pascal II défendit-il aux Espagnols de quitter leur patrie, même pour aller en Palestine. Beaucoup de volontaires du midi de la France vinrent grossir les armées d'Aragon et de Navarre pour accomplir leurs vœux de combattre les infidèles, sans aller jusqu'en Terre Sainte. Alphonse VII le Batailleur fut vainqueur des Maures dans plus de trente combats.
2. Le poëme est essentiellement religieux : la guerre contre les infidèles y est mystiquement figurée comme une sorte de piscine ou de lavoir spirituel où chaque chrétien est invité à courir se purifier de ses péchés. Le terme de lavoir (*lavador*) qui revient à une place fixe dans chaque couplet a valu à la pièce le titre de *Lavador*. Cf. Fauriel, *loc. cit.*

Joinville[1]. — Le sire de Joinville donne dans ses *Mémoires* les formules des serments que les émirs durent prêter au roi saint Louis.

Les serments que les émirs devaient faire au roi furent mis en écrit et furent tels : que s'ils ne tenaient pas leurs conventions avec le roi, ils voulaient être aussi honnis que celui qui pour son péché allait en pèlerinage à Mahomet, à la Mecque, la tête découverte; et aussi honnis que ceux qui laissaient leurs femmes et les reprenaient après. En ce cas nul ne peut laisser sa femme, selon la loi de Mahomet, sans renoncer à la ravoir jamais, s'il ne voit un autre homme coucher avec elle avant qu'il la puisse ravoir.

Leur troisième serment fut tel : que s'ils ne tenaient leurs conventions avec le roi, ils voulaient être aussi honnis que le Sarrasin qui mange de la chair de porc. Le roi prit en gré les serments dessus dits des émirs, parce que maître Nicole d'Acre, qui savait le sarrasinois, dit qu'ils ne les pouvaient faire plus forts selon leur loi.

Les émirs, d'après le bon sénéchal, auraient agité le projet de se défaire du roi pour obéir aux préceptes du Coran.

Un autre Sarrasin, qui avait nom Sebreci, qui était natif de Mauritanie, parlait à l'encontre et disait : « Si nous tuons le roi après que nous avons tué le soudan, on dira que les Égyptiens sont les plus mauvaises gens et les plus déloyaux qui soient au monde. » — Et celui qui voulait qu'on nous occît, disait à l'encontre : « Il est bien vrai que nous nous sommes très méchamment

---

1. Édition N. de Wailly, Paris, Didot, 1874. — Texte et traduction.

défaits de notre soudan que nous avons tué; car nous sommes allés contre le commandement de Mahomet, qui nous commande que nous gardions notre seigneur comme la prunelle de notre œil; et voici en ce livre le commandement tout écrit. Or écoutez, fait-il, l'autre commandement de Mahomet qui vient après. » Il leur tournait un feuillet du livre qu'il tenait, et leur montrait l'autre commandement de Mahomet, qui était tel : « Pour la sûreté de la foi, occis l'ennemi de la loi. — Or regardez combien nous avons méfait contre les commandements de Mahomet, de ce que nous avons tué notre seigneur; et nous ferons pis encore si nous ne tuons le roi, quelque sûreté que nous lui ayons donnée; car c'est le plus fort ennemi qu'ait la loi païenne. »

Joinville raconte dans un autre endroit comment un artilleur du roi et un vieux musulman, s'étant rencontrés au bazar de Damas, échangèrent leurs idées religieuses [1].

Jean l'Ermin, qui était artilleur du roi, alla alors à Damas pour acheter des cornes et de la glu pour faire des arbalètes; et il vit un vieil homme, très âgé, assis dans le bazar de Damas. Ce vieil homme l'appela et lui demanda s'il était chrétien; et il lui dit qu'oui. Et le vieux lui dit : « Vous devez vous haïr beaucoup entre chrétiens; car j'ai vu telle fois que le roi Baudoin de Jérusalem, qui fut lépreux, déconfit Saladin; et il n'avait que trois cents hommes d'armes et Saladin trois milliers : or vous en êtes amenés par vos péchés à ce que nous vous prenons dans les champs comme des bêtes. »

Alors Jean l'Ermin lui dit qu'il se devrait bien taire sur les péchés des chrétiens, à cause des péchés que les Sar-

[1]. *Loc. cit.*, p. 211.

rasins faisaient, qui sont beaucoup plus grands. Et le Sarrasin répondit qu'il avait répon[du sage]ment. Et Jean lui demanda pourquoi. Et il lui dit qu'il le lui dirait, mais qu'il lui ferait avant une demande. Et il lui demanda s'il avait un enfant. Et Jean lui dit : « Oui, un fils. » Et le Sarrasin lui demanda de quoi il se chagrinerait le plus, s'il recevait un soufflet, ou de lui, ou de son fils. Et Jean lui dit qu'il serait plus irrité contre son fils, s'il le frappait, que contre lui.

« Or je te fais, dit le Sarrasin, ma réponse en telle manière : c'est que vous autres chrétiens, vous êtes fils de Dieu, et de son nom de Christ êtes appelés chrétiens; et il vous fait une telle grâce qu'il vous a baillé des docteurs, par quoi vous sachiez quand vous faites le bien et quand vous faites le mal. C'est pourquoi Dieu vous sait plus mauvais gré d'un petit péché, quand vous le faites, que d'un grand à nous, qui ne connaissons rien, et qui sommes si aveugles que nous pensons être quittes de tous nos péchés, si nous pouvons nous laver dans l'eau avant que nous mourions, parce que Mahomet nous dit qu'à la mort nous serions sauvés par l'eau. »

Il est intéressant de connaître quelle était l'opinion des croisés sur la secte des *chiites*[1]. Le frère

---

[1]. L'islamisme à son origine, de même que la plupart des religions à leurs débuts, s'est contenté d'un livre sacré, le Coran, comme élémentaire et unique règle de foi; mais, par la suite, l'enseignement doctrinal, remontant à cette seule source, s'est trouvé insuffisant et de là est né dans l'islam cet autre critère de la foi : la Tradition (Sunna). C'est sur la valeur et l'autorité de ces deux sources : Livre sacré et Tradition, que se sont créées dans la plupart des religions les deux grandes sectes dissidentes. Les *sunnites* de l'islam sont absolument assimilables aux catholiques du christianisme et aux tamuldistes du judaïsme; comme eux, ils sont partisans fervents de la Tradition. Cette Tradition se com-

Yves le Breton « qui savait le sarrasinois » rapporta les détails suivants sur la croyance du Vieux de la Montagne (cheikh-el-djebel) [1].

Et frère Yves trouva que le Vieux de la Montagne ne croyait pas en Mahomet, mais croyait en la loi d'Ali, qui fut oncle de Mahomet.

Cet Ali mit Mahomet au degré d'honneur là où il fut, et quand Mahomet se fut établi le seigneur du peuple, alors il méprisa son oncle, et l'éloigna de lui. Et Ali, quand il vit cela, attira à lui ce qu'il put avoir du peuple et leur apprit une croyance autre que Mahomet n'avait enseignée : d'où vient encore à présent, que tous ceux qui croient à la loi d'Ali disent que ceux qui croient à la loi de Mahomet sont mécréants; et aussi tous ceux qui croient à la loi de Mahomet disent que tous ceux qui roient à la loi d'Ali sont mécréants.

L'un des points de la loi d'Ali est que quand un homme se fait tuer pour faire le commandement de son seigneur, son âme va dans un corps plus heureux qu'elle n'était devant; et pour cela les Assassins ne balancent pas à se faire tuer quand leur seigneur leur commande, parce qu'ils croient qu'ils seront plus heureux, quand ils seront morts, qu'ils n'étaient devant.

L'autre point est tel qu'ils croient que nul ne peut mourir avant le jour qui lui est fixé; et cela nul ne le doit croire, car Dieu a pouvoir d'allonger ou de raccourcir

---

pose de deux éléments : hadith (paroles, actes, réticences et exemples du Prophète) et décisions concordantes des premiers Khalifes; elle sert à expliquer et à confirmer les lois du Coran. Les *chiites*, comparables aux protestants du christianisme et aux caraïtes du judaïsme, accordent une moindre autorité aux hadith et contestent celle des premiers Khalifes en matière d'interprétation coranique.

1. *Loc. cit.*, p. 231 et seq.

nos vies [1]. Et c'est un point auquel croient les Bédouins ; et pour cela ils ne veulent pas mettre d'armures quand ils vont à la bataille, car ils penseraient agir contre le commandement de leur loi. Et quand ils maudissent leurs enfants, ils leur disent : « Ainsi sois-tu maudit comme le Franc qui met une armure par crainte de la mort. »

Frère Yves trouva un livre, au chevet du lit du Vieux, où étaient écrites plusieurs paroles que Notre Seigneur dit à Saint Pierre, quand il était sur terre. Et frère Yves lui dit : « Ah! pour Dieu, sire, lisez souvent ce livre; car ce sont de très bonnes paroles. » Et il dit qu'ainsi faisait-il : « Car j'aime beaucoup monseigneur Saint Pierre; car au commencement du monde, l'âme d'Abel, quand il fut tué, vint dans le corps de Noé, et quand Noé fut mort, alors elle revint dans le corps d'Abraham; et du corps d'Abraham, quand il mourut, elle vint dans le corps de Saint Pierre quand Dieu vint en terre. »

Quand frère Yves ouït cela, il lui montra que sa croyance n'était pas bonne, et lui enseigna beaucoup de bonnes paroles; mais il ne le voulut pas croire.

Chronique du faux Turpin[2]. — Cette chronique fabuleuse, sans valeur au point de vue de l'authenticité[3], présente un tableau fidèle des mœurs

---

1. « L'article essentiel de sa foi (de Joinville), c'est que Dieu peut prolonger la vie des hommes qui le prient. Aussi, en toute circonstance critique, quand la nef est en danger, ou quand l'armée est inquiète du comte de Poitiers, Joinville a le remède : trois processions feront l'affaire et avant la troisième, la nef sera au port, le comte aura rejoint l'armée. » (Lanson, *Histoire de la Littérature française*, 1893.)

2. Le véritable Turpin (Tilpin ou Tilphin) est le prélat français de la *Chanson de Roland*. Il mourut le 2 septembre 800.

3. Cette chronique apocryphe, fabriquée vraisemblablement au xe siècle, a pour titre dans la traduction de 1527 : *Chro-*

du IXᵉ siècle et, à ce titre, elle a, pour le sujet qu nous occupe, le même intérêt qu'un document historique. Il y est fait longuement mention de l'idole de Mahomet et l'auteur apocryphe raconte *Comment l'ydole de Mahommet ne peult estre destruite par Charlemaigne ne par auscun aultre des chrestiens.*

Les ydoles et simulachres, lesquelles Charlemaigne trouva en Espaigne, furent toutes destruictes par son commandement, fors l'ydole qui est en la terre nommée Allaudans [1]. c'est le lieu proprement auquel est Salam [2]

---

nique et histoire faicte et composée par révérend père en Dieu Turpin, archevesque de Reims, l'ung des pairs de France, contenant les prouesses et faicts d'armes advenus en son temps du très magnanime Roy Charles le Grant, autrement dit Charlemaigne, et de son nepveu Raouland, etc. » Pendant plusieurs siècles, dit l'*Histoire littéraire*, on a fait à Tilphin un phantôme d'honneur d'un roman ou chronique fabuleuse qui se trouve imprimé sous son nom un peu corrompu et ce titre : *Histoire de la vie de Charlemagne et de Roland*, mais aujourd'hui cette chronique passe généralement parmi tous ceux qui ont connaissance de l'histoire pour une pièce supposée et fabriquée à plaisir. » *Hist. litt.*, t. IV, p. 207.

1. On trouve *Alendaluf* dans le *Miroir historial*, où cette histoire est rapportée presque textuellement au chapitre intitulé : *Des ydoles que subvertit Charlemaigne et des ydoles* (probablement *églises*) *qu'il édifia* (traduction de 1531, t. IV, liv. 23). *Alenduf* ne serait-il pas la transcription du mot *Andalous* prononcé par les Arabes *al Andalous*?

2. On trouve dans le *Miroir historial* : « Laquelle (idole) est appelé Salacaude, c'est-à-dire Dieu de cause, car ce nom *code* vault à dire comme lieu, et *salam* en langue sarabite est interprété Dieu ». Salam est sans doute le mot arabe qui revient si souvent dans les formules de salut; il aura été retenu par quelque chrétien à cause de son usage fréquent

et est dict Salam dieu en langue arabique. Les Sarrazins disent que celluy ydole forgea leur législateur Mahommet, lequel ilz honorent en son nom et commencèrent à l'honorer dès quant il vivoit encore. Le dict Mahommet faulz législateur, scella et signa en celluy simulachre une légion de dyables par son art magique [1] et à celluy faulz ymage si grand force et vertu par celluy art que jamais personne ne la peult rompre, car, quant aulcun crestien s'approche de ladicte statue magique, il périt incontinant, mais quant aulcun des Sarrazins va en celluy lieu pour adorer et deprier le dict Mahommet, il s'en retourne sans auculne lesion et blesure. Si aulcun oyseau d'adventure se met sur ledict ymage Machommetiste, il meurt soubdainement. Là est une pierre ancienne et très bien forgé selon l'art et ouvrage de Sarrazinesme et est au rivage de la mer, sur terre située et mise toute quarrée par dessoubz et moult large et si est droicte contremant [2], aussy haulte que ung oyseau peult voller en hault. Sur laquelle pierre est ledict ymage esleue de tres bon metal de leton, faict à la semblance d'ung homme dressé sur les piedz, qui a la face dressée vers mydy, et tient en sa main dextre quelque grande clef, laquelle clef, selon que lesdictz Sarrazins afferment, tombera des mains dudict ymaige en l'an que ung roy naistra en Gaulle, lequel subjuguera toute la terre d'Espaigne et reformera aux loix cres-

dans la conversation entre musulmans et le pseudo-Turpin en aura fait le nom de Dieu. Quant à Vincent de Beauvais, l'auteur du *Miroir historial*, il aura peut-être adopté, sur les dires de quelques autres chrétiens, le mot Salacaude, contraction de la formule de politesse *Salam alikoum*. Il est bien entendu que je donne cette explication sous toutes réserves.

1. On reconnaît l'origine de la fable rapportée dans la *Chanson d'Antioche*.

2. C'est-à-dire : *tournée à droite*, contremant = du côté de.

tiennes ès temps nouveaulx et extremes. Et adonc les Sarrazins voyons icelle clef tombée cacheront leurs trésors en terre et s'en fouyront incontinent [1].

Le Miroir hystorial [2]. — Le dominicain Vincent de Beauvais (1200-1264), l'auteur du *Speculum majus*, vaste encyclopédie rédigée à la demande de saint Louis, consacre, dans la partie historique de son œuvre intitulée *Speculum historiale*, un livre tout entier (livre 24, tome IV) à l'histoire de Mahomet. Vincent de Beauvais, qui, d'après l'*Histoire littéraire* (t. XVIII, p. 483), a mis à contribution pour cette histoire les auteurs arabes, nous paraît avoir fait encore de plus larges emprunts à la Chronique du faux Turpin [3] et au poème d'Hildebert [4]. Voici les titres des principaux chapitres du livre 24.

---

1. *Loco cit.*, f° 4 recto et verso.
2. Le *Miroir historial* fut imprimé pour la première fois en 1483. Il a été traduit par Jean du Vignay en 1495-1496. Une autre traduction en a été faite en 1531; elle comprend cinq tomes en deux volumes. Le premier vol. comprend les tomes I et II et le deuxième volume les tomes III, IV et V.
3. Voir p. 302.
4. Hildebert, évêque du Mans (1035-1134), est l'auteur d'un poème latin sur Mahomet qu'on peut regarder comme une des principales sources des fables qui avaient cours au moyen âge sur Mahomet. Dom Beaugendre, qui a publié les œuvres d'Hildebert (*Hildeberti opera*, Paris, 1708, in-fol.), regarde ce poème comme une pièce faite pour quelque exercice de collège plutôt que comme une véritable histoire de Mahomet. Cf. *Hist. littér.*, t. XI, p. 230-412.

De l'hérésie Heracle [1] et de la princesse [2] et la loy de Mahomet.

D'aucuns livres esquels il est traicté des fallaces de luy.

On y trouve la fable de la colombe dressée à manger des grains dans l'oreille de Mahomet et celle du taureau apprivoisé reproduite par le *Roman de Mahomet* [3].

Des larrecins et des roberies de celluy Mahommet de la cruaulté de celluy.

Ce chapitre dans lequel Mahomet tue et étrangle tout est l'origine de la légende qui a fait de Mahomet un tyran cruel.

De l'ordure et des mauvaistiez de luy.
Comme il la donna (sa loi) par fallace.
Comment le livre de Alcoran fut fait.

Dans ce chapitre est racontée l'histoire du moine nestorien Serge apprenant à Mahomet l'Ancien et le Nouveau Testament.

De la sotie et de la faintise de ceulx qui se prindent à luy.

1. Hérésie du monothélisme.
2. Cadigan = Khadidja, la veuve épousée par Mahomet.
3. Roman de Mahomet, édit. 1831, p. 59 et seq. — Le grand étonnement des auteurs du moyen âge, partagé d'ailleurs par des biographes arabes de Mahomet, a été l'absence complète de miracles dans la vie du Prophète. C'est à en inventer que l'imagination des uns et des autres s'est le plus exercée.

Des faulses jeunes et des lavements des Sarrazins.

Du pelerinage à sa maison de Maques.

De ce que ilz dient que miracles sont faictz en celle maison.

Des ydoles que subvertit Charlemaigne et des ydoles (sic) qu'il ediffia.

Lettre du pape Pie II au sultan Mahomet II[1]. — Constantinople venait de tomber au pouvoir des Turcs, l'Empire d'Orient était détruit, la Grèce et l'Italie menacées; une foule indisciplinée et sans ressources se rassemblait à Ancône (1464) pour aller grossir la croisade qui devait être commandée par Scander-Beg et Mathias Corvin. Le pape Pie II, effrayé des progrès alarmants des Turcs pensa qu'il ne serait peut-être pas impossible de convertir Mahomet II à la religion chrétienne et de l'arrêter ainsi au milieu de ses conquêtes. C'est dans cette intention qu'avant de s'embarquer pour la croisade, il écrivit d'Ancône au sultan la lettre dont nous donnons les extraits qui suivent[2].

---

1. Pie II, 1458-1464. — Mahomet II, 1451-1481.
2. Les extraits que nous donnons de cette intéressante lettre sont tirés du manuscrit de la Bibliothèque Nationale, ancien fonds latin n° 18128, ch. xv. Ils ont été collationnés avec un texte de cette même lettre imprimé à Trévise en 1475 (petit in-4 de 56 feuillets, édition non décrite par Brunet). On lit en tête du manuscrit : « Epistola Pii pape secundi eloquentissimi ad illustrem principem Turcorum. Pius papa secundus hui obiit anno M. CCCC. LXIIII in Anchona dum proficisci proposuerit contra Turcos, composuit. » On trouvera la lettre de Pie II dans les manuscrits suivants : Bibliothèque Nationale, ancien fonds latin 16524, ch. xv, et fonds italien

Pius episcopus servus servorum Dei illustri Machumeti principi Turcorum timorem divini nominis et amorem. Scripturi ad te aliqua pro tua salute et gloria proque communi multarum gentium consolatione et pace. Hortamur ut benigne audias verba nostra.....

Nec rursus te sine Deo censemus, sicut olim de Calletis[1] in Hyspania traditum est qui nullum colebant deum.... Sed arbitramur te deum nostrum confiteri et in cum credere qui celum creavit et terram et omnia que in eo sunt et quod que creavit non negligit. Nec te ignorare censemus incorruptibiles esse animas hominum et cum e nostris corporibus migrant in alias regiones transferri et bonas leta sortiri loca, malas ad supplicium rapi, quod non solum in evangelio nostro

L'évêque Pie, serviteur des serviteurs de Dieu, à l'illustre Machumet, prince des Turcs, amour et crainte du nom de Dieu. Nous voulons vous écrire ces quelques conseils pour votre salut et votre gloire et en général pour la consolation et la paix de beaucoup de peuples. Nous vous exhortons à écouter avec bienveillance nos paroles.....

De plus nous ne vous croyons pas sans Dieu, comme on le rapportait des anciens habitants de Calletune en Espagne, lesquels n'adoraient aucune divinité... Nous estimons que vous reconnaissez notre Dieu et que vous croyez en Celui qui a créé le ciel et la terre et tout ce qu'ils renferment et qui n'abandonne pas ce qu'il a créé. Nous ne pensons pas non plus que vous ignoriez l'incorruptibilité des âmes humaines, qui, lorsqu'elles quittent nos corps, sont transportées

---

661; *Pio II lettera a Mahumeta*, 1470; Bibliothèque de l'Arsenal, 1091 (H. L. 83), XV. Brunet indique une édition de cette lettre imprimée vers 1470 avec les caractères gothiques d'Ulric Zell (Brunet, I, col. 66).

1. Le texte imprimé porte : *Gallecis*.

scriptum est et in prophetis. Sed tuaque lex idem docet, quamvis in hoc mundo temporalia que putantur bona casu quodam fortuito evenire non recte arbitratur.....

Tua lex ut aiunt, in sua quemque religione salvari homines censet, si alioquin caste justeque vivet aut si Mahumetea traditione relicta ad aliam transierit; dicunt et in tua lege scriptum esse (est enim sibi ipsi sepe contraria) nulli salutem patere nisi in ea. Nos contra sentimus et certi sumus viam vite soli christanio, si bene agat, apertam esse. Ait enim veritas nostra in evangelio : « Qui crediderit et baptizatus fuerit salvabitur, qui non crediderit condempnabitur. »

dans d'autres régions, les bonnes ayant en partage un séjour bienheureux, les coupables étant jetées dans les supplices; cette doctrine n'est pas particulière à notre évangile et aux prophètes. Votre loi l'enseigne de même, quoiqu'elle commette une erreur en disant qu'en ce bas monde ce qu'on regarde comme le bonheur n'est guère que le fait du hasard.....

Votre loi, dit-on, pense que les hommes peuvent être sauvés chacun dans sa religion, pourvu que par ailleurs ils mènent une vie chaste et honnête, et cela même si, abandonnant la tradition mahométane, ils viennent à en suivre une autre; votre loi, dit-on, écrit aussi (car elle se contredit souvent elle-même) qu'aucun homme ne peut parvenir au salut si ce n'est par elle. Nous, au contraire, nous avons la conscience et la certitude que la voie de la vie est ouverte au seul chrétien s'il a bien agi. Car voici ce que dit la vérité qui nous a été révélée dans l'Évangile : « Celui qui aura cru et aura été baptisé sera sauvé, celui qui n'aura pas cru sera condamné. »

Le pape rappelle les principaux événements de l'histoire des Hébreux d'après l'Ancien Testament et ajoute :

| Verax igitur et tuo et nostro judicio lex judeorum. Verax Moyses et David et Salomon et Isayas et Jheremias et Ezechiel et Daniel. Veraces omnes prophete domini, vera Judeorum fides qui ante Christum manserunt, mendaces omnes gentes qui coluerunt ydola. | Véridique est donc à votre avis comme au nôtre la loi des Juifs. Véridiques sont Moïse et David et Salomon et Isaïe et Jérémie et Ezéchiel et Daniel. Véridiques tous les prophètes du Seigneur, vraie la foi des Juifs qui vécurent avant le Christ, mensongères toutes les nations qui ont adoré des idoles. |

Pie II donne ensuite un résumé du Nouveau Testament et insiste sur la mission du Christ confirmée par de nombreux miracles, tandis que celle de Mahomet n'a été prouvée par aucun témoignage divin.

| Vos Mahumeti et Alcorano ejus fidem tantummodo adhibetis et hominem mortuum sine conteste, sine racione, sine miraculis sequimini, nos vivo credimus... | Vous n'ajoutez foi qu'à Mahomet et à son Alcoran et vous suivez sans témoignages, sans preuves, sans miracles, la loi d'un homme mort ; nous, c'est en un vivant que nous croyons..... |

Le pontife fait observer au sultan que c'est en la croyance à la Trinité que réside la principale différence des deux religions chrétienne et mahométane.

…et quesit inter nos de divinitate dissensio latius exponemus. Nos in Deo tres dicimus esse personas patrem et filium et spiritum sanctum, vos unam tantum quam nec patrem nec filium dicitis sed Deum tantummodo appellatis et hunc unicum esse dicitis creatorem celi et terre et omnium que in eis sunt…..

Multa sunt que de Deo aliter christiani dicunt, aliter Sarraceni seu Turci. Vos Deum corporeum dicitis, nos incorporeum. Vos fortuita esse que hic in terra geruntur arbitramini nec curare de his Deum. Nos gubernare eum qui creavit omnia non dubitamus. Vos patrem in divinitate negatis. Nos patrem et filium cognoscimus, vos spiritum sanctum ex divina majestate rejicitis, nos ponimus, veneramur…….. Nos Christum filium dicimus,

et quel est notre dissentiment sur la divinité, c'est ce que nous allons exposer plus longuement. Nous disons qu'il y a en Dieu trois personnes, le Père, le Fils et l'Esprit Saint; vous, vous n'en reconnaissez qu'une, que vous m'appelez ni père, ni fils, mais seulement Dieu, et celui-là vous le dites unique créateur du ciel et de la terre et de tout ce qu'ils renferment…..

Il y a sur Dieu beaucoup de divergences d'opinions entre les chrétiens et les Sarrasins ou les Turcs. Pour vous Dieu est corporel, pour nous incorporel. Pour vous ce qui se passe sur la terre est l'effet du hasard et Dieu ne s'en occupe pas. Nous, nous ne doutons pas que celui-là gouverne toutes choses qui en est le créateur. Vous reniez le Père dans la divinité; nous, nous reconnaissons le Père et le Fils. Vous rejetez l'Esprit Saint de la

vos negatis. Cur negatis? sane quia nec uxorem habet deus ex qua filium procreare posset, quod si uxor fuerit illiosque genuerit, mundus qui unius imperio regitur in plures divisus dominos diu stare non posset; in unitate concordia est, quæ servat imperia; in pluritate discordia quæ maxime regna subvertit. Sed quid? tam rudis, tam vecors, tam demens christianus est qui generare deum ex connubio et permixtione feminæ arbitretur : Non sumus adeo ebetes christiani ut tantum nephas admittamus : Sarracenis suaderi hoc posset qui Deo et corpus et caput et manus et cetera membra concedunt : Nos Deum spiritum esse asserimus, incorporeum, immortalem, eternum et incomprehensibilem......

divine majesté; nous y affirmons sa présence et nous l'adorons......... Nous disons que le Christ est le fils (de Dieu); vous le niez. Pourquoi le niez-vous? sans doute, parce que Dieu ne peut avoir une épouse de laquelle il pourrait procréer un fils; que s'il y avait eu une épouse et si elle avait engendré des fils, le monde, qui est régi par la volonté d'un seul, se trouvant divisé entre plusieurs maîtres, ne pourrait subsister longtemps; c'est dans l'unité que réside la concorde qui protège les empires; dans la pluralité, la discorde qui surtout cause leur ruine. Mais quoi! le chrétien est donc si grossier, si insensé, si fou, qu'il puisse penser que Dieu engendre par le mariage et le commerce avec une femme? Nous ne sommes pas, nous chrétiens, assez faibles d'esprit pour admettre une telle énormité : cela pourrait bien être enseigné aux Sarrasins, qui donnent à Dieu un corps, une tête, des mains, des membres! Mais nous, nous affirmons que Dieu

Ad illud transimus quod in vestra lege dulcissimum esse putatis : uxores multas ducere quod si Deo placuisset, creato homini ab inicio non unam tantum sociam prebuisset sed plurimas. Nec dixit Deus : « relinquat homo patrem matrem et adherebit uxoribus suis », sed *uxori suæ* dixit. Nec amicicia inter virum et uxorem vera esse potest ubi non est equalitas. Cum vir pluribus misceatur (uxoribus) mulier vero uni tantum adhereat, et cujus est in alias plures distractus amor; nec propterea numerus hominum augetur quia plures uni nubant femine, nam totidem viri privati conjugio sine prole decedunt et presertim cum mulieres numero pauciores existant. Iniqua insuper res videtur et naturali adversa libertati unius orbis civium alios multiplici matrimonio uti, alios in solitudine degere; nec propterea laudenda consuetudo quod in veteri lege plerosque sanc-

est esprit, incorporel, immortel, éternel et incompréhensible......

Passons à cette disposition de votre loi que vous trouvez la plus agréable et la plus utile : si la polygamie avait plu à Dieu, il eût donné dès le début à l'homme, sa créature, non pas une seule compagne, mais plusieurs. Et Dieu n'a pas dit : « que l'homme quitte son père, sa mère et s'attache à ses épouses » ; mais, *à son éou se*, a-t-il dit. Et la vraie amitié ne peut exister entre l'homme et sa femme, quand il n'y a pas entre eux d'égalité. Or tandis que l'homme se donne à plusieurs épouses, la femme au contraire s'attache à un seul homme dont cependant l'amour est partagé par plusieurs autres. D'ailleurs le genre humain ne s'accroît pas par ce fait que beaucoup de femmes s'unissent à un même homme, car il se trouve tout autant d'hommes qui meurent sans postérité, étant donné surtout que le nombre des femmes est moins grand que celui des hommes. En outre c'est

tos viros pluribus uxoribus fuisse conjunctos legimus, quia non id ex lege aut ex voluptate fecerunt, sed divina quadam dispensatione ad sobolem procreandam que cresceret in cultu Dei. Tacemus de divorsio quod permittitur apud vos contra legem evangelicam et de adulterio et fornicatione et aliis sceleribus, quos licet antiqua lex detestetur et nova prorsus abhominetur apud vos tamen concessa videntur.

un fait qui paraît injuste et contraire à la liberté naturelle d'un chacun, que parmi les habitants du monde les uns usent de la polygamie, les autres passent leur vie dans le célibat; et ce n'est pas une raison pour approuver cette coutume si dans l'ancienne loi nous lisons que la plupart des saints patriarches furent unis à plusieurs épouses, car ils ne l'ont fait ni d'après la loi, ni par sensualité, mais par une sorte de privilège divin, afin de procréer une descendance qui grandit dans le culte de Dieu. Nous passons sous silence le divorce, qui est permis chez vous contre la loi évangélique, et l'adultère, la fornication, d'autres crimes encore, qui, quoique maudits par l'ancienne loi et réprouvés encore par la nouvelle, paraissent cependant chez vous l'objet d'une tolérance...

Pie II compare la félicité promise aux élus dans les deux religions et termine en engageant le sultan à se convertir à la foi chrétienne :

Boni eternam beatitudinem consequentur non in

Les bons obtiendront une béatitude éternelle, non pas

carnalibus desideriis aut impudicitiis, non in cubilibus sed in dulcedine mentis et in caritate Christo que superat omnem sensum..... Memento igitur verborum nostrorum et accipe fidele consilium : sume baptismum Christi et lavachrum spiritus sancti : amplectere sacrosanctum evangelium.

.... Quod si respueris consilia nostra peribit tanquam fumus gloria tua et tu more hominum reversus in cinerem totus morieris. Christus regnabit in eternum, cui est honor et gloria in seculorum secula. Amen.

dans les désirs charnels ou les impudicités, non pas sur des lits de repos, mais dans une douce paix de l'âme et dans l'amour du Christ qui surpasse toute espèce de jouissance... Souvenez-vous donc de nos paroles, et acceptez un conseil d'ami : prenez le baptême du Christ et le bain du Saint-Esprit : embrassez le saint évangile. . . . .
... Que si vous rejetez nos conseils, votre gloire périra comme la fumée, et, une fois retombé en poussière comme le reste des hommes, vous serez mort tout entier. Le Christ seul régnera pour l'éternité; à lui est l'honneur et la gloire dans les siècles des siècles. Amen.

APPENDICE II

Lettre de saint Augustin au comte Boniface (417).

Nous reproduisons, d'après la traduction française de M. Poujoulat[1], les principaux passages de la lettre CLXXXV, écrite en 417 par saint Augustin au comte Boniface, alors gouverneur de l'Afrique, pour justifier les mesures de rigueur prises par l'empereur Honorius contre les donatistes[2]. Ceux qui se hâteraient de la blâmer, en la jugeant avec les idées modernes, feraient sans doute mieux de se pénétrer

---

1. *Lettres de saint Augustin*, traduites en français par Poujoulat, 4 vol. in-8°, 1858.
2. L'origine du schisme (311) avait été l'élection au siège de Carthage du diacre Cécilien, dont la personne était antipathique à une fraction de la communauté chrétienne. Les évêques de Numidie, réunis en synode, avaient déposé Cécilien et sacré évêque Majorinus, bientôt remplacé par Donat. Saint Augustin combattit inutilement le donatisme dans de nombreux traités; les mesures de rigueur furent impuissantes contre le schisme, qui ne disparut qu'avec l'église d'Afrique, sous le flot de l'invasion arabe.

de ce principe si sage introduit dans l'histoire par M. Lavisse et qu'il appelle « le principe des légitimités successives [1] ». Il rend l'historien très circonspect dans ses appréciations, car il sait que les doctrines évoluent et que le présent est souvent inhabile à juger le passé. C'est aux idées, bien plus encore qu'aux mots, que s'appliquent les vers du poète :

> Multa renascentur quæ jam cecidere, cadentque
> Quæ nunc sunt in honore vocabula...

Combien d'idées tombées qui renaîtront, combien d'idées en faveur aujourd'hui et qui disparaîtront! « Toutes celles sur lesquelles repose aujourd'hui la société, dit M. A. Franck, ont été subversives avant d'être tutélaires, et c'est au nom des intérêts sociaux que les maximes de tolérance et d'inquisition ont été longtemps combattues. »

Il est arrivé aux donatistes comme aux accusateurs de Daniel. Les lois par lesquelles ils ont voulu opprimer un innocent se sont tournées contre eux comme les lions contre les accusateurs du prophète; seulement, grâce à la miséricorde de Jésus-Christ, ces lois sont meilleures pour les donatistes qu'elles ne leur paraissent; chaque jour elles servent à ramener beaucoup d'entre eux.

. . . .

Un malade frénétique se plaint du médecin qui le lie, un fils indiscipliné se plaint du père qui le châtie, mais tous les deux sont aimés. Les laisser faire, les laisser périr,

---

[1]. *De l'enseignement historique*, Lavisse.

ce serait une fausse et cruelle bonté. Quand le cheval et le mulet, qui n'ont pas l'intelligence, résistent par des morsures et des coups de pied aux hommes qui s'occupent de guérir leurs plaies, et résistent au point de mettre parfois les hommes en péril, on ne laisse pas pour cela ces animaux, on les soigne jusqu'à ce que l'énergie des remèdes leur ait rendu la santé : combien plus encore un homme ne doit pas être abandonné par un homme, un frère par son frère, de peur qu'il ne périsse! Une fois ramené, il peut comprendre que ce qu'il appelait persécution n'était qu'un grand bienfait.

. . . .

Si nous voulons nous en tenir à la vérité, nous reconnaîtrons que la persécution injuste est celle des impies contre l'Église du Christ et que la persécution juste est celle de l'Église du Christ contre les impies. Elle est bien heureuse de souffrir persécution pour la justice et ceux-ci sont misérables de souffrir persécution pour l'iniquité. L'Église persécute par amour, les autres par haine; elle veut ramener, les autres veulent détruire; elle veut tirer de l'erreur, et les autres y précipiter.

. . . .

Une dure situation était faite (par le schisme), non seulement aux laïques et aux clercs, mais encore aux évêques catholiques : ils étaient placés dans l'alternative de taire la vérité ou d'éprouver tout ce que peut la barbarie. Mais le silence sur la vérité n'avait pas seulement pour effet de ne délivrer personne de l'erreur; il pouvait y faire tomber plusieurs des nôtres; d'un autre côté, en prêchant la vérité, on excitait des fureurs qui atteignaient les nouveaux convertis et qui empêchaient les faibles d'entrer dans la bonne voie. En de telles extrémités, peut-on dire que l'Église aurait dû tout souffrir plutôt que de demander le secours de Dieu par les empereurs chrétiens? Il n'y aurait pas eu de bonnes raisons pour justifier une semblable négligence.

Ceux qui n'auraient pas voulu que les lois justes fussent établies contre leurs impiétés nous disent que les apôtres ne demandèrent rien de pareil aux rois de la terre; ils ne font pas attention que c'était alors un autre temps que celui où nous sommes, et que tout vient en son temps. Quel empereur croyait alors en Jésus-Christ et aurait servi sa cause en faisant des lois pour la piété contre l'impiété?

. . . .

Mais lorsqu'on a commencé à voir s'accomplir la parole qui annonçait que tous les rois de la terre adoreraient Dieu et que toutes les nations le serviraient, quel homme sensé dirait aux rois : Ne vous occupez pas de savoir, dans votre royaume, qui défend ou qui attaque l'Église de votre Seigneur; qu'on veuille être religieux ou sacrilège dans votre royaume, cela ne vous regarde pas? Nul n'oserait dire aux rois : Cela ne vous regarde pas qu'on veuille être pudique ou impudique. Et puisque Dieu a donné à l'homme le libre arbitre, pourquoi la loi permettra-t-elle le sacrilège et punira-t-elle l'adultère? Est-ce une moindre faute pour une âme de ne pas rester fidèle à Dieu que pour une femme de ne pas rester fidèle à son mari? Ou bien, si les péchés commis, non point par le mépris mais par l'ignorance de la religion, sont punis moins sévèrement, faut-il pour cela ne pas du tout s'en mettre en peine?

Il vaut mieux — qui en doute? — amener par l'instruction les hommes au culte de Dieu que de les y pousser par la crainte de la punition ou par la douleur; mais parce qu'il y a des hommes plus accessibles à la vérité, il ne faut pas négliger ceux qui ne sont pas tels. L'expérience nous a prouvé, nous prouve encore que la crainte et la douleur ont été profitables à plusieurs pour se faire instruire ou pour pratiquer ce qu'ils avaient appris déjà. On nous objecte cette sentence d'un auteur profane : « Il vaut mieux, je crois, retenir les enfants par la honte et l'honnêteté que par la crainte[1]. » Cela est vrai ; les meilleurs sont ceux qu'on mène avec le sentiment, mais c'est la crainte qui corrige le plus grand nombre...

L'Écriture nous apprend que non seulement le serviteur, mais encore le mauvais fils, doit être châtié et avec grand profit ; car, dit-elle, vous le frappez de la verge, mais vous « délivrerez son âme de la mort »... Plusieurs, comme de mauvais serviteurs et en quelque sorte de méchants fugitifs, sont ramenés à leur seigneur par le fouet et les douleurs corporelles.

. . . .

Que devient donc la plainte accoutumée de ces gens-là qui prétendent qu'on est libre de croire ou de ne pas croire? A qui le Christ a-t-il fait violence? (disent-ils). Qui a-t-il forcé? Qu'ils considèrent l'apôtre Paul : le Christ le force, l'instruit après l'avoir frappé, et puis le console.

. . . .

Pourquoi l'Église ne forcerait-elle pas au retour les enfants qu'elle a perdus, puisque ces enfants perdus forcent les autres à périr? Si, au moyen de lois terribles, mais salutaires, elle retrouve ceux qui n'ont été que séduits, cette pieuse mère leur réserve de plus doux embrassements et se réjouit de ceux-ci beaucoup plus que de ceux qu'elle n'avait jamais perdus. Le devoir du pasteur n'est-il pas de ramener à la bergerie du maître, non seulement les brebis violemment arrachées, mais même celles que des mains caressantes ont enlevées au troupeau, et, si elles viennent à résister, ne doit-il pas employer les coups et même les douleurs?... Ces gens-là (les donatistes), ne pouvant pas montrer que c'est au mal que nous les contraignons, disent que l'on ne doit pas même être forcé au bien.

. . . .

Le Seigneur lui-même commence par ordonner que les

---

1. Térence, *Adelphes*, acte I, scène I.

conviés soient amenés à son grand festin, ensuite il ordonne qu'ils soient forcés; après que les serviteurs lui ont répondu que ses ordres sont exécutés et qu'il reste encore de la place : « Allez, dit-il, allez le long des chemins et des haies, *forcez d'entrer* tous ceux que vous trouverez. » Ceux qui d'abord sont doucement amenés nous représentent la première obéissance dont parle l'Apôtre [1], mais ceux qui arrivent forcés nous représentent la désobéissance châtiée.

Avant la publication en Afrique de ces lois par lesquelles on force les donatistes d'entrer dans le festin sacré, plusieurs de mes frères et collègues et moi-même nous pensions que, malgré la rage de ce parti, il ne fallait pas demander aux empereurs la destruction de l'hérésie en prononçant des peines contre les adhérents... D'autres de mes frères et collègues avancés en âge pensaient autrement; ils voyaient beaucoup de villes et de lieux où notre foi s'était solidement établie, par suite des précédentes lois impériales qui forçaient à rentrer dans l'unité; nous obtînmes cependant qu'on ne demanderait aux empereurs que ce que j'ai dit tout à l'heure [2]; ce fut décrété dans notre concile et des députés furent envoyés à la cour. Mais la miséricorde de Dieu, qui savait que la crainte et le poids de ces lois étaient nécessaires à beaucoup d'âmes perverses et faibles, cette miséricorde qui savait qu'un peu de sévérité triomphe de ce qui résiste à la parole toute seule, permit que nos députés ne réussissent point dans leur mission.

1. « Nous sommes résolus à châtier toute désobéissance, après que nous vous aurons donné tout le temps d'obéir. » Saint Paul, Cor., X, 6.
2. C'est-à-dire que tout évêque ou clerc non catholique soit condamné à une amende de dix livres d'or.

APPENDICE III

Acte de conversion d'un chrétien à l'Islamisme [1].

Le chrétien *un tel* déclare qu'il rejette la religion chrétienne par conviction et qu'il embrasse la religion musulmane par conviction, parce qu'il sait que Dieu n'accepte pas d'égal à lui, et que, par le Coran, il a abrogé toutes les lois qu'il avait antérieurement révélées [2], ainsi que toutes les religions qui étaient pratiquées en conséquence de ces lois. Ledit chrétien témoigne qu'il n'y a pas d'autre dieu que le Dieu; que ce Dieu n'a pas d'associé; que Mahomet est son serviteur et le dernier de ses envoyés et de ses prophètes; que le Messie, fils de Marie, est son serviteur et son envoyé; que Dieu a transmis sa parole par un ange à Marie pour lui annoncer qu'elle serait la mère du Messie, et que c'est Dieu qui ensuite a fécondé Marie de son souffle. — En conséquence ledit chrétien s'est soumis à toutes les prescriptions divines de l'*islam*

---

1. Cet acte est tiré de l'ouvrage de jurisprudence de Ibn Salamonn, cadi de Cordoue, qui vivait au v⁵ siècle de l'hégire. Cf. Cadoz, *Initiation à la science du droit musulman*.
2. Ces lois auraient été révélées principalement dans le Pentateuque et l'Évangile.

concernant les ablutions, la prière, l'impôt zakat [1], le jeûne, etc. Il déclare connaître les sanctions pénales qu'entraîne leur inobservation, et les choses desquelles ces prescriptions lui commandent de s'abstenir. Il s'est donc attaché à l'islam par amour pour cette religion, et il loue Dieu de la faveur qu'il lui a faite en l'inspirant à cet égard. Tout ce qui précède est le résultat de la volonté du déclarant, dégagée de tout sentiment de crainte et de toute contrainte, car personne ne doit être contrarié dans ses convictions religieuses.

Rituel observé dans l'Église grecque pour l'abjuration d'un musulman.

Nous croyons intéressant de mettre en parallèle avec l'acte qui précède une pièce très curieuse donnant le rituel observé dans l'Église grecque pour l'abjuration d'un musulman se convertissant à la foi chrétienne. Elle est tirée des œuvres de F. Sylburg [2]. On remarquera le tissu de fables renfermées

1. Le zakat est l'aumône légale prescrite par le Coran et que doit acquitter tout musulman.
2. *Saracenica sive Moamethica* in quibus :
Ismaeliticæ seu *Moamethicæ* sectæ præcipuorum dogmatum Elenchus ex *Euthymii Zigabeni* Panoplia Dogmatica.
De Saracenorum principe et pseudopropheta Moamethe historia; incerti auctoris.
Saracenorum ad Christianam Ecclesiam sese aggregantium Catechesis et Saracenismi anathematizatio.
Ex Theophanis et Anastasii Ecclesiastica historia de Moamethicæ sectæ primordiis narratio.
Græce et latine nunc primum edita cum Annotationibus et duplici Rerum ac verborum Indice. Opera Friderici Sylburgii ex typographeio H. Commelini, Anno 1595.

dans les formules de malédiction contre Mahomet et sa religion. Certes, le pauvre catéchumène, venu de l'islam au dogme si simple et si concis, ne devait rien comprendre à cette succession d'anathèmes. Il est probable que ce rituel et ces formules furent composés en prévision d'apostasies qui ne se produisirent pas et qu'elles servirent tout au plus à l'abjuration de quelques renégats revenant à la foi chrétienne. L'islam, nous l'avons dit, ne compte pas d'apostats : nos zélés missionnaires du Levant et de l'Algérie sont les premiers à déclarer que les conversions de musulmans au christianisme sont nulles. S'il en est ainsi aujourd'hui, avec la situation prépondérante des nations chrétiennes en pays musulmans, combien plus encore au moyen âge, à l'époque où l'islamisme triomphant menaçait la chrétienté !

Ordo qui observatur super iis qui a Saracenis ad nostram christianorum puram veramque fidem se convertunt.

Rituel que doivent observer ceux qui se convertissent de la religion sarrasine à notre pure et vraie foi chrétienne.

Primum is qui ad rectam fidem accedit, jejunat ad duas septimanas, doceturque nobis à Domino nostro Jesu Christo in divinis sanctisque evangeliis traditam precationem et sacrum Fidei symbolum. Deinde sacerdos sacerdotalem sibi stolam

En premier lieu, celui qui veut se convertir à la vraie foi jeûne pendant deux semaines et apprend de nous la prière enseignée par Notre Seigneur Jésus-Christ dans ses divins et saints évangiles ainsi que le symbole sacré de la foi.

circumponens in Baptisterium, præsentibus etiam aliis fidelibus quotquot adesse voluerint, arcessit illum : et ante sanctam piscinam cum retecto capite statuens ante ipsum ait :

« Tu ille qui a Saracenis hodie ad Christianorum fidem accedis, non vi aliqua vel necessitate neque dolo aut simulatione sed toto animo, corde puro ac sedulo Christum Christique fidem amante [dic] :

« Renuncio toti Saracenorum religioni anathematizoque Moamedem qui Machumet dicitur, quem Saraceni ut Dei Apostolum et Prophetam honorant. »

Illoque assentiente, eademque verba dicente vel per se, vel per interpretem, si ipse græce loqui nesciat; vel per Susceptorem suum si est puer : rursum Sacerdos infert sequentia : iterumque sit responsio ad eundem modum. Totoque anathema-

Puis le prêtre, revêtant l'étole sacerdotale, le fait venir dans le Baptistère en présence de tous les fidèles qui voudront assister à la cérémonie; ensuite, le plaçant, la tête découverte, devant la sainte piscine, il lui dit :

« Toi qui aujourd'hui quittes les Sarrasins pour la foi chrétienne, sans y être aucunement forcé, sans violence et sans contrainte, sans ruse ou dissimulation, mais de toute ton âme et d'un cœur pur et attentif, aimant le Christ et la foi du Christ, *dis* :

« Je renonce à toute la religion des Sarrasins et je maudis Moamed que l'on appelle Machumet et que les Sarrasins honorent comme l'Apôtre et le Prophète de Dieu. »

Et le néophyte ayant marqué son assentiment et répété les mêmes paroles, soit par lui-même, soit par un interprète si lui-même ne sait pas parler grec, soit par son tuteur si c'est un enfant, le prêtre ajoute les paroles qui vont suivre et l'on y répondra de la même

tismo completo, Diaconus ait :

A domino petamus.

Et populus : *Domine miserere* et quæ sequuntur, et post : *Amen,* eum signans dimittit; et die assequente annumeratur catechumenis. Est autem anathematizatio Saracenorum talis.

« Ego ille qui a Saracenis hodie ad Christianorum fidem accedo, non vi aliqua vel necessitate, neque dolo aut simulatione; sed toto animo, corde puro ac sedolo, Christique fidem amante, renuncio toti Saracenorum religioni : anathematizoque Moamedem, qui et Machumet dicitur; quem Saraceni Dei Apostolum et Prophetam honorant. Anathematizo Alim Moamedis generum; et Chasanen Chusenenque filios ejus; item Apupiker qui et Cubiker dicitur : et Ymar et Talchar et Apupacrem Paducem, item Maeuic, et Zubeer, et Adellan, et Zeït, et Izit, et

manière. Puis, l'anathème étant terminé, le diacre dit :

Implorons le Seigneur.

Et le peuple : *Seigneur, ayez pitié,* et ce qui suit, et après : *Amen,* il le bénit et le laisse aller : le lendemain on le compte au nombre des catéchumènes. Or l'anathème des Sarrasins est celui-ci :

« Moi qui aujourd'hui quitte les Sarrasins pour la foi chrétienne, ce n'est pas par quelque contrainte ou par nécessité, ni avec ruse ou dissimulation, mais de toute mon âme, d'un cœur pur et attentif, aimant le Christ et la foi du Christ, je renonce à toute la religion des Sarrasins : et je maudis Moamed que l'on appelle aussi Machumet, que les Sarrasins honorent comme l'Apôtre et le Prophète de Dieu. Je maudis Ali, le gendre de Moamed; et Chasan et Chusen [1], ses fils; de même Apupiker qu'on appelle aussi Cubiker [2]; et Umar et Talchar [3]

---

1. Hassen et Haoussin.
2. Abou-Beker-es-Seddik, père d'Aïcha, femme de Mahomet.
3. Thalha, l'un des compagnons du Prophète.

Saiten, et Uthman, et reliquos omnes symmystas adjutoresque ac successores Moamedis.

« Anathematizo Zadoze et Aïse et Zetheinep et Omkelthim primas ceterasque scelestiores Moamedis uxores et Phatman filiam ejus.

« Anathematizo eum qui Curan dicitur; summam videlicet seu scripturam Moamedis : quam fingit sibi per archangelum Gabrielem (cœlitus) delatam esse : omnemque doctrinam ac

et Apupacres Paduces [1], ainsi que Maeuia [2] et Zubeer [3] et Adellan [4] et Zeït [5] et Izit [6] et Saiten [7] et Uthman et tous les autres confrères, les aides et les successeurs de Moamed.

« Je maudis Zadoz [8] et Aïse [9] et Zetheinep [10] et Omkelthim [11] les premières épouses de Moamed et les autres plus criminelles encore et Phatma sa fille.

« Je maudis ce qu'on appelle le Curan, c'est-à-dire la somme ou le livre de Moamed; qu'il a feint avoir reçu (du ciel) par l'entremise de l'archange Gabriel; ainsi que toute sa

---

1. Probablement encore Abou-Beker-es-Seddik.
2. Moaouïa, le Khalife fondateur de la dynastie des Ommiades.
3. Zoubir, le premier des musulmans qui quittèrent la Mecque pour se réfugier à Médine avec le Prophète. Il succéda comme Khalife à Moaouïa.
4. Abd-Allah, fils de Zoubir, fut proclamé Khalife en l'an 62 de l'Hégire contre Iezid II.
5. Zeid, petit-fils de Haoussin fils d'Ali.
6. Iezid, fils de Moaouïa, reconnu Khalife à la mort de son père, et meurtrier de Haoussin fils d'Ali.
7. Saïd, l'un des Compagnons du Prophète.
8. Saouda?
9. Aïcha, fille d'Abou-Beker.
10. Zeineb.
11. Oumm-Kalthoum.

legum instituta, narrationes apocryphas, mysteria et traditiones ac blasphemias ejus.

« Anathematizo paradisum Moamedis, in quo dicit quattuor esse fluvios, ex aqua turbari nescia, lacte nativam dulcedinem non mutante, vino suavi et melle defæcato : et venturo illo die, quem quingentis annorum milibus circumscribit, Saracenos cum mulieribus suis in eo vitam acturos, carnique et affectibus suis indulturos : et sub umbra quarumdam arborum quæ vocantur Sedre et Talech, comesturos carnes avium quas concupiscunt, omnisque generis fructus autumnales; ac bibituros e fonte caphura, et e fonte zingiber, cui nomen Salsabila : vinumque potaturos cujus crama seu mistura hausta sit e fonte Thesnim : corumque staturas cœlum pre

doctrine et les préceptes de sa loi, ses récits apocryphes, ses mystères, ses traditions et ses blasphèmes.

« Je maudis le paradis de Moamed, dans lequel il y aurait, selon lui, quatre fleuves où couleraient de l'eau toujours limpide, du lait qui n'aigrit point, du vin délicieux et du miel très pur; et où, au jour suprême qui arrivera, d'après lui, dans cinq cent mille ans, les Sarrasins vivraient avec leurs femmes, adonnés aux plaisirs de la chair : et sous l'ombrage d'arbres nommés Sedre [1] et Talech [2], ils mangeraient les viandes des oiseaux qu'ils désireraient, avec toutes sortes de fruits d'automne; et ils boiraient à la source de Kafour [3] et à la source de gingembre [4] dont le nom est Salsabila [5] : ils boiraient aussi du vin dont le mélange serait puisé à la

---

1. Jujubier.
2. Acacia gommier.
3. Kafour = camphre. C'est le nom d'un des fleuves du Paradis.
4. Zendjebil = gingembre. C'est le nom d'un des fleuves du Paradis.
5. Nom d'un fleuve du Paradis.

ceritate sua facturas, virorum pariter et mulierum : membra (genitalia) quadragenum cubitorum fore : et absque (satietatis) tædio coituros in conspectu Dei : propterea (inquit) quia Deus pudore non afficitur.

« Anathematizo eos qui a Moamede nominantur Angeli Aroth et Maroth..... Anathematizo omnia Moamedi testimonia, quotquot e Veteris Testamenti scriptura citat..... Anathematizo apocrypham illam apud Saracenos doctrinam et promissionem Moamedis : quæ dicit eum futurum esse Paradisi clavigerum, et in eum introducturum esse septuaginta milia Saracenorum justorum : at peccatores a Deo judicatum iri; appensisque ad colla eorum pittaciis, ita et ipsos in Paradisum intraturos esse, ac Moamedis *libertos* nominatum iri.

« Anathematizo leges a Moamede latas de matrimoniis et matrimoniorum solutione, de mœchantium mulierum purificatione, de uxorum et pellicum nu-

fontaine Thesnim et leurs corps seraient si grands qu'ils toucheraient le ciel, tant les hommes que les femmes..... et ils jouiraient de l'amour, sans éprouver le dégoût que donne la satiété, en présence de Dieu, parce que, d'après lui, Dieu est au-dessus de la pudeur.

« Je maudis ceux que Moamed appelle les anges Aroth et Maroth.....

« Je maudis tous les témoignages de Moamed, tous ceux qu'il cite de l'Ancien Testament.....

« Je maudis cette fausse doctrine et cette promesse de Moamed, d'après laquelle il serait le porte-clefs du Paradis et il y ferait entrer soixante-dix milliers de justes Sarrasins : mais les pécheurs seraient jugés par Dieu, et s'ils portaient au cou des amulettes, ils entreraient eux aussi dans le Paradis, et s'appelleraient les *affranchis* de Moamed.

« Je maudis les lois portées par Moamed sur les mariages et la dissolution des mariages, sur la purification des femmes adultères, sur le nombre des

mero, omnemque de talibus impuram ejus doctrinam.

« Anathematizo Moamedis blasphema quæ dicit Deum, quem vult, in errorem impellere : et quem vult in bonam viam deducere : et, si Deus vellet, nos inter se bellaturos esse homines : sed ipsum facere quod vult, omnisque boni pariter et mali auctorem ipsum esse : tum Fortunam et Fatum obtinere in omnibus.

« Anathematizo Moamedis futilitatem quæ dicit Dominum Deumque nostrum Jesum Christum, e Maria Mosis et Aaronis sorore absque semine natum esse [conceptum] de Verbo ac Spiritu Dei : et cum adhuc infans esset volucres e luto finxisse, inflatuque suo animantes eas reddidisse.

« Anathematizo Moamedis doctrinam que dicit Christum non esse Filium Dei sed Apostolum et Prophetam : quoniam, inquit,

épouses et des concubines et toute sa doctrine impure sur ces sortes de choses.

« Je maudis le blasphème de Moamed qui dit que Dieu fait tomber dans l'erreur qui il veut, et mène dans la bonne voie qui il veut, et que, si Dieu le voulait, nous autres hommes, nous nous ferions la guerre les uns aux autres : mais que lui-même fait ce qu'il veut et qu'il est l'auteur de tout bien comme de tout mal : et ainsi la Fortune et le Destin l'emporteraient en toutes choses.

« Je maudis l'insanité de Moamed qui dit que notre Seigneur et notre Dieu Jésus Christ est né de Marie, sœur de Moïse et d'Aaron, et *n'est pas né de la chair, mais [conçu]* du Verbe et de l'Esprit de Dieu et que, étant encore petit enfant, il aurait modelé des oiseaux avec de l'argile, puis de son souffle leur aurait donné la vie.

« Je maudis la doctrine de Moamed, qui dit que le Christ n'est pas le Fils de Dieu mais un Apôtre et un Prophète : parce que, dit-il,

APPENDICES

Deus communionis socium non habet, et omnes qui Christum ei communionis socium dicunt, in gehenna ignis punientur.

« Anathematizo Moamedis fabulam in qua dicit Deo domum precationis ab Abrahamo et Ismaele structam esse in Bacche sive Make aut Makech quam nominat Adoratorium observationis; imperatque ut ubicumque sint ac precentur, facies suas ad illam partem convertant.

« Anathematizo etiam ipsum illam precationis domum in Make : in cujus medio jacere aiunt lapidem magnum, Veneris effigiem in se habentem : honorari autem istum lapidem, quasi Abraham super eo cum Agare coierit; aut camelum ei alligaverit, quum Isaacum sacrificaturus erat. Eos autem qui precatum illuc eunt, alteram manum ad lapidem extendere, altera vero aurem suam tenere, atque ita in orbem sese circumagere donec e vertigine offusis tenebris concidant.

Dieu n'a pas d'associé; et ceux qui disent que le Christ est son associé seront punis dans la gehenne du feu.

« Je maudis la fable de Moamed dans laquelle il dit qu'une maison de prière aurait été construite à Dieu par Abraham et Ismaël à Bacche ou Make ou Makech qu'il appelle le Sanctuaire de l'observation, et il ordonne qu'en quelque lieu qu'ils soient ceux qui prient tournent leur visage de ce côté.

« Je maudis encore ce temple de Make lui-même au milieu duquel on dit qu'il y a une grande pierre portant une figure de Vénus : et que cette pierre est honorée comme celle sur laquelle Abraham aurait *connu* Agar, ou aurait attaché son chameau quand il se préparait à sacrifier Isaac. (Et l'on dit) que ceux qui vont prier là-bas étendent une main vers la pierre et de l'autre se tiennent l'oreille et qu'ils tournent ainsi en cercle jusqu'à ce que, le vertige obscurcissant leurs regards, ils tombent à terre.

« Anathematizo etiam ipsum Meke, et totum ejus ambitum, et qui a Saracenis ibi contra Christianos jactantur septem lapides; omnemque ipsorum precationem, cultum, ac rituum solemnia.

« Anathematizo Moamedis doctrinam de camelo fœmino; quam, quum Deo sacra esset, ab ejus temporis hominibus, occisam fuisse dicit, et Deum propterea illos ultum esse.

« Anathematizo eos qui matutinum sidus, sive Luciferum et Venerem adorant : quam Arabum lingua Chabar, id est Magnam nominant.

« Anathematizo omnia Moamedis instituta in quibus probra Christianis dicens, Negatores, Communicatores et Sodalitiarios eos nominat; ac Saracenos ad eos truculenter jugulandos concitat, bellum contra

« Je maudis encore Meke elle-même et tout son territoire, et les sept pierres, que les Sarrasins y jettent contre les Chrétiens, et toutes leurs prières, leur culte et les solennités de leurs rites.

« Je maudis la doctrine de Moamed sur la chamelle; qui, dit-il, ayant été consacrée à Dieu et tuée par les hommes de ce temps fut vengée sur eux par Dieu.

« Je maudis ceux qui adorent l'étoile du matin, c'est-à-dire Lucifer et Vénus qu'on appelle en langue arabe Chabar, c'est-à-dire la grande.

« Je maudis tous les préceptes de Moamed dans lesquels, insultant les Chrétiens, il les appelle des *Négateurs*[1], des *Associeurs*[2] et des *Compagnoneurs*[3] et il excite les Sarrasins à en faire un atroce carnage

---

1. Ceux qui nient la Divinité, les athées. *Negutor* est la traduction latine du mot arabe *Kâfir*, dont la signification primitive était « qui efface ».

2. Ceux qui associent quelqu'un à la Divinité. *Communicator* traduit le mot arabe *Mouchrik*.

3. Ceux qui donnent un compagnon à la Divinité. Les *sodalitiarii* sont peut-être les Ahel ech-Chirk?

Christianos *Viam Dei* nominans; et Saracenos qui in tali bello moriuntur Dei filios et Paradiso dignos vocans.

« Anathematizo scelestum et impurum institutum Moamedis de precibus, in quo et hoc apponit ut, si non in promptu inveniant aquam, tenuem humum capiant, eaque manus ac facies suas fricent.

« Anathematizo Moamedis doctrinam de fictura hominis in qua dicit hominem ex humo, stilla, sanguisugis et materia manducata fictum esse.

« Et præter hæc omnia, anathematizo Deum Moamedis, de quo dicit eum esse unum Deum solidum, qui nec genuerit nec genitus sit nec quempiam ei similem exstitisse.

« Prædicta igitur omnia, ipsumque Moamedem et solidum ejus Deum anathematizo ab eoque me abjungo et conjungo me cum solo vero Christo et credo in Patrem, Filium et Spiritum sanctum.

appelant la guerre contre les Chrétiens la *Voie de Dieu* et les Sarrasins qui meurent dans une telle guerre des fils de Dieu et des hommes dignes du Paradis.

« Je maudis le précepte criminel et impur de Moamed sur la prière, dans lequel il pose ceci en principe que, si l'on n'a pas sous la main de l'eau, on prenne de la fine poussière pour s'en frictionner les mains et le visage.

« Je maudis la doctrine de Moamed sur la formation de l'homme dans laquelle il dit que l'homme a été formé de terre, d'une goutte d'eau, de sangsues et de matière mangée.

« Et par-dessus tout je maudis le Dieu de Moamed duquel il dit qu'il est le Dieu unique, complet, qui n'a pas engendré et qui n'a pas été engendré et que son pareil n'existe pas.

« Je maudis donc tout ce qui a été dit ci-dessus et Moamed lui-même et son Dieu complet, et je me sépare de lui, je me joins au seul véritable Christ et je crois au Père, au Fils et au Saint Esprit.

Suit l'exposé abrégé des dogmes chrétiens, et le catéchumène termine sa profession de foi par cette formule :

« Si vero cum simulatione ac dolo hæc dico, et non ex solida totius animi fide, Christumque amanti corde, sit mihi anathema et calathema, animaque mea collocetur cum Satana et dæmonibus. »

« Mais si je dis ces choses avec dissimulation et fourberie et non par l'entière conviction de toute mon âme et d'un cœur aimant le Christ, que sur moi soit anathème et *calathème* et que mon âme soit avec Satan et les démons »

APPENDICE IV

Les martyrs du Maroc.

La relation authentique du martyre des cinq franciscains exécutés au Maroc [1] le 16 janvier 1220 fut écrite par l'évêque de Lisbonne et le ministre des Frères Mineurs, d'après la déposition d'un témoin oculaire, officier de l'infant Don Pedro. Nous l'empruntons, en y faisant quelques coupures, à l'histoire de saint François d'Assise par M. l'abbé Le Monnier [2].

Ce fut à Séville que la mission arriva en terre musulmane. Pendant huit jours, les Frères restèrent cachés dans la maison d'un chrétien; puis, fortifiés par la prière, ils voulurent commencer leur apostolat par un coup hardi : ils se présentèrent dans une

---

1. Le Maroc et l'Espagne étaient alors réunis sous l'autorité des Almoravides.
2. *Histoire de saint François d'Assise*, par l'abbé Léon Le Monnier, 2 vol. in-8. Cf. *Act. SS.*, t. II, ad 16 janv., *Histoire ecclésiastique*, Fleury, t. XVI, liv. IV, p. 76.

mosquée où les musulmans étaient assemblés pour la prière. A la vue de ces hommes, dont l'habit paraissait étrange, ceux-ci crurent avoir affaire à des fous : ils se contentèrent de les expulser avec assez de rudesse. Repoussés de ce côté, les missionnaires se portèrent vers une autre mosquée plus grande. On ne leur fit pas un meilleur accueil; mais, là encore, ils en furent quittes pour quelques mauvais traitements. Ils pensèrent que leur insuccès venait de ce qu'ils n'avaient pas visé assez haut. « Allons au chef, s'écrièrent-ils; s'il se rend, la victoire sur les membres n'offrira plus de difficulté. » Ils marchèrent au palais, se présentèrent comme des ambassadeurs envoyés par le Roi des rois et prêchèrent librement contre Mahomet. Surpris, puis bientôt irrité de cette audace, le Maure ordonna qu'on les emmenât de force et qu'on leur tranchât la tête. Sur les observations de son fils, il revint sur cette sentence et se borna à les faire enfermer dans une tour. Les intrépides missionnaires montèrent au haut de la tour, et de là, comme d'une chaire, prêchèrent la foi de Jésus-Christ à ceux qui passaient dans la rue. On les condamna à être déportés au Maroc avec un certain nombre de chrétiens.

Cette déportation comblait les vœux des missionnaires. Ils allaient enfin arborer la croix en terre infidèle! Une fortune inespérée qu'ils trouvèrent en débarquant leur fit croire que Dieu les menait au succès. Le frère d'Alphonse de Portugal, l'infant Pedro, à la suite de quelque différend avec le roi, était venu chercher un refuge à la cour du Miramolin[1]; son renom, sa bravoure lui avaient bientôt gagné tous les cœurs; il avait été placé, quoique chrétien, à la tête de l'armée musulmane. Fidèle à l'esprit qui animait toute sa famille, il ne craignit pas d'accueillir publiquement les missionnaires. Il leur promit son assistance, ne leur demandant en retour que d'être très prudents, afin de ne pas attirer sur eux de nouvelles persécutions. Ceux-ci le promirent. Ils étaient sincères; mais un élan dont ils n'étaient pas les maîtres les emporta. Ils sortirent du palais de l'infant dès le lendemain matin et commencèrent à prêcher Jésus-Christ dans les rues. Quelques jours après, le frère Bérard, celui d'entre eux qui savait le mieux l'arabe, parlait au peuple du haut d'un char, lorsque le roi maure vint à passer, allant visiter le tombeau de ses ancêtres. Au lieu de s'interrompre, comme eût fait un musulman lui-même, frère Bérard crut qu'il devait redoubler de véhémence[2]. L'insolence parut grande au prince

---

1. Emir al Moumenin (prince des croyants). C'était Ali ben Ioussef (1106-1143). Ce prince s'environnait complaisamment de chrétiens et leur confiait les plus hauts emplois et les charges les plus intimes de sa cour. Il avait une garde composée de mille chrétiens. « Hali dilexit eos (christianos) super omnes homines orientalis gentis suæ. Nam quosdam fecit cubicularios secreti sui, quosdam vero millenarios et quingentarios et centenarios, qui præerant militiæ regni sui. » (Chron. Adelphonsi, Imp., p. 360, Florez, t. XXI.)

2. De pareils faits ne pourraient se produire aujourd'hui dans une ville marocaine et la population, malgré la crainte des représailles européennes, écharperait tout missionnaire

et, sur ce qu'on lui dit que c'étaient des chrétiens qui prêchaient leur religion, il commanda qu'on les reconduisît immédiatement dans leur pays. L'infant Pedro, plus attristé qu'étonné de cet ordre, ne les abandonna pas; il leur donna des guides pour les accompagner à Ceuta, où ils devaient être embarqués. Les missionnaires échappèrent à ces guides, plus chargés d'ailleurs de les protéger que de les garder, et rentrèrent, en se dissimulant, dans la ville de Maroc. La nouvelle de leur retour eut bientôt transpiré. Le Miramolin crut son autorité bravée et donna ordre de les jeter en prison. Ils y passèrent une vingtaine de jours dans d'extrêmes privations. On les relâcha après ce temps et, sur la demande de l'infant, ils accompagnèrent, en qualité d'aumôniers des troupes chrétiennes, le Miramolin dans une expédition qu'il fit contre des tribus rebelles. A leur retour à Maroc, ils ne purent de nouveau contenir leur zèle et prêchèrent non seulement au peuple assemblé, mais jusqu'en face du prince qu'ils allaient attendre dans les rues où il devait passer. Cette audace ne pouvait manquer de les perdre. Le prince, les jugeant incorrigibles, donna ordre à un de ses officiers, du nom d'Albozaïda (El Bouzaïda), de les faire périr; celui-ci, après avoir vainement tenté de les empêcher de prêcher, les livra aux bourreaux. Ils furent exécutés le 16 janvier 1220.

qui prêcherait le Christ sur la voie publique. La tolérance était beaucoup plus grande au moyen âge, à l'époque de la civilisation musulmane.

Entrevue de saint François d'Assise et du Soudan d'Égypte au camp de Damiette (1216).

Le zèle de l'apostolat avait toujours tourmenté le saint d'Assise et l'évangélisation des musulmans l'attirait particulièrement. Aussi, en 1216, pendant la cinquième Croisade, avait-il rejoint, avec Frère Illuminé, l'armée de Jean de Brienne campée près de Damiette. Après un court séjour au milieu des croisés, François résolut de se rendre au camp du Soudan; on chercha vainement à l'en dissuader, en lui représentant le danger d'un tel voyage; mais le saint persista dans son dessein et s'en fut en compagnie de Frère Illuminé trouver le cardinal légat pour lui faire part de sa résolution. Le continuateur de Guillaume de Tyr raconte ainsi l'entrevue :

Or vous dirai que deus clercs furent en l'ost qui estoit à Damiete et vindrent au cardinal. Si li distrent qu'il iroient au soudan preschier et qu'il i voloient aler par son congié. Le cardinal dist qu'il n'iroient pas par son congié, car il savoit bien que si il y alassent qu'il n'en eschaperoient jà. Toutes voies distrent qu'il soffrit qu'il i allassent et mult l'en prierent. Quand li cardinaus oit qu'il estoient si en grant d'aler, si lor dist : Je ne conois mie vos pensées, més gardés, si vous alés, que vos cuers soient tousiours à dame Dieu. Ils distrent qu'il ni voloient aler, se por mult grand bien nom, si le pooient exploiter.

Dont dist le cardinal qu'il i pooient bien aler s'il voloient. A tant se partirent de l'ost des chrestiens et s'en allerent en l'ost des Sarrazins [1].

Les premiers Sarrasins qui rencontrèrent les deux frères les prirent tout d'abord pour des transfuges, mais quand on eut compris à leurs gestes, car l'un et l'autre ignoraient la langue arabe, qu'ils avaient le dessein de prêcher l'Évangile, on les jeta en prison et on les fit bâtonner. Le saint « criait au milieu des coups : *Soldan, Soldan* [2] », répétant le seul mot arabe qu'il eût à sa disposition. Il finit par se faire comprendre et les deux frères furent conduits à la tente du Soudan d'Égypte, qui était alors Malec Kamel [3].

Si le saluerent et il les salua aussi, pui lor demanda s'il voloient estre Sarrazins, ou s'il venoient en message. Ils respondirent que Sarrazins ne seroient-il ja, ains estoient venu en message de par Dieu et por sa vie sauver s'il les voloit croire. Car nous disons por voir que se vous morés en cette loi, vos estes perdu, et por ce sommes-nous ci venus à vos, et se nos volés oïr et entendre, nos vos montrerons par droite raison, par devant les plus sages homes de votre terre, que vos estes tuit perdus. Li soudan dist

1. Continuateur de Guillaume de Tyr, ap. D. Martène, *Collect. maxima*, t. V.
2. Le mot *soldan*, que les chroniqueurs ont transformé en celui de soudan, était une assez bonne transcription du mot arabe *solthan*, qui a donné finalement dans notre langue celui de *sultan*.
3. Malek Kamel, 5e souverain de la dynastie des Ayoubites, 1218-1238.

qu'il avoit arcevesque et evesques de sa loi, mult bons clers, ne sans eus ne porroit-il oir ce qu'il diroient. Li clers respondirent : « De ce sommes nos mult lies, mandés les querre. » Le soudan les manda querre et vindrent à lui en sa tente, et si i ot des plus haus homes et des plus sages de la terre, et li diu clerc i furent aussi. Et quant il furent venus, si lor dist li soudan porquoi il les avoit mandés querre. Si lor conta ce que li clerc li avoit dit. Ils respondirent : « Sire tu es espées de la loi, si lor doit maintenir et garder, nous te commandons de par Mahomet, qui la nos doné, que tu lor face lor teste couper. Car nos n'orrions chose que il deissent. Car la loi defent con ne croie nul preschement, et por ce te commandons que tu lor face les testes couper. » A tant pristrent congié, si s'en alerent. Li soudan demora et li diu clerc. Dont vint li soudan, si lor dist : « Seignors, il m'ont commandé, de par Mahomet et de par la loi, que je vous face les testes couper. Car ainsi le commande la loi. Més g'irai encontre le commandement. Car mauvais guerridon (salaire) vous rendroi-je de ce que vos vos estes mis en aventure de morir por m'ame sauver [1]. »

1. Continuateur de Guillaume de Tyr, ap. D. Martène, *Collect. maxima*, t. V, col. 689. — Cf. *Histoire de saint François d'Assise*, par l'abbé Léon Le Monnier, 1881, 2 vol. in-8.

APPENDICE V

La polygamie islamique d'après un commentateur du Coran.

Ibn-el-Khazin, célèbre commentateur du Coran et dont les décisions ont une très grande autorité auprès des musulmans, a proposé trois explications [1] pour le passage suivant du troisième verset de la quatrième sourate :

Si vous craignez d'être injustes envers les orphelins, n'épousez parmi les femmes qui vous plaisent que deux, trois ou quatre.

Première explication. — D'après Aroua, qui avait consulté Aïcha, Dieu a voulu empêcher que les orphelines, placées sous la tutelle de leurs beaux-pères et recherchées en mariage à cause de leur beauté et de leur fortune, ne fussent accordées moyennant des dons nuptiaux inférieurs

---

1. Nous empruntons cette traduction, qui reproduit la pensée plutôt que la lettre du commentateur, à l'ouvrage de F. Cadoz, *Initiation à la science du droit musulman*. Oran, 1868.

à ceux qu'elles méritent, et cela par suite de connivence entre les tuteurs et les prétendants. C'est pour déjouer de pareils concerts que les hommes ont reçu de Dieu l'ordre de choisir d'autres femmes moins belles et moins riches, auxquelles conviennent les dons qu'ils veulent offrir, à moins que celui qui recherche de ces sortes d'orphelines ne soit équitable au point de parfaire le juste prix du don revenant à chacune d'elles [1].

Deuxième explication. — El-Hassen rapporte qu'à Médine, des tuteurs avaient comme pupilles des parentes qu'il leur était permis d'épouser et que ces filles, qui ne leur plaisaient nullement, n'étaient par eux demandées en mariage que pour la fortune qu'elles avaient; c'est-à-dire que ces tuteurs possédaient des héritages indivis avec elles; que leur but était de repousser l'immixtion dans ces héritages d'autres parents qui auraient épousé ces filles et qui, en leur qualité de maris administrateurs, auraient exigé des tuteurs des redditions de comptes. Devenus les époux de leurs pupilles, ces tuteurs les maltraitaient et attendaient que la mort les en débarrassât pour hériter de leurs biens. C'est pour flétrir et empêcher à l'avenir une pareille conduite que Dieu a envoyé le verset [2].

---

1. D'après cette explication, le sens du passage du Coran dont il est question serait le suivant :
Si vous craignez d'être injustes envers les orphelins, en ce sens, qu'aspirant à devenir leurs époux, vous ne leur faites pas ou vous ne pouvez leur faire de dons nuptiaux en rapport avec leur beauté et leur fortune, recherchez d'autres femmes moins belles et moins riches, auxquelles vous croirez faire des dons convenables.

2. Cette explication donne le sens suivant à la première partie du verset :
Si vous craignez d'être injustes envers vos pupilles, qui ne vous plaisent point, mais dont la fortune seule vous tente, épousez d'autres femmes qui vous plaisent, quand même elles ne possèderaient aucun bien.

Troisième explication. — Akrima rapporte d'après Ibn-Abbas que, parmi les hommes de Koreïch, il y en avait qui épousaient dix femmes et plus, et qui, réduits à la pauvreté par suite des charges que leur imposait un pareil nombre de femmes, étaient amenés à dissiper les biens de leurs pupilles. C'est pour remédier à ces deux maux : *la pauvreté des maris et la dissipation des biens de leurs pupilles,* que, par ledit verset, il est enjoint aux hommes de ne pas épouser plus de quatre femmes et qu'il leur a été recommandé par le verset 2 de restituer aux orphelins devenus majeurs leurs biens. Le sens de la première partie du verset 3 est donc : « De même que vous devez craindre d'être injustes envers vos pupilles, en dissipant leur fortune, de même vous devez craindre de ne pas être équitables envers vos femmes; et, afin que vous n'ayiez pas ce sujet de crainte à l'égard de ces dernières, n'en épousez pas plus que vous n'en pourrez nourrir et entretenir, car les femmes dans la pauvreté sont comme des orphelins qui sont lésés. » Voilà l'explication que donnent Saïd-ben-Djoubir, Qoutada, ed-Dahak et es-Seddi.

C'est par ces motifs que Dieu a limité à quatre le nombre des épouses, en disant aux hommes : *Ce qu'il vous est permis d'épouser parmi les femmes (au delà d'une), c'est-à-dire ou deux, ou trois, ou quatre,* et qu'il a laissé à chaque homme, d'après sa conscience et ses moyens [1], le soin de choisir lequel de ces nombres lui convient. Mais il faut bien remarquer que ces nombres indiqués

---

1. Voici, d'après cette dernière explication, le sens à donner au passage si épineux du verset 3 :

Si vous craignez d'être injuste à l'égard des femmes, n'en épousez pas plus que le nombre indiqué par Dieu [nombre variable suivant votre condition, mais ne devant pas excéder quatre], car les grandes charges de ménage vous feront tomber dans la pauvreté et vous porteront non seulement à léser vos femmes, mais encore vos pupilles dans leurs biens.

par Dieu sont *limitatifs* et non *indicatifs*; que les Compagnons du Prophète ont été de cet avis que l'homme ne peut épouser plus de quatre femmes; que la faculté d'en prendre un plus grand nombre était un privilège affecté spécialement au Prophète et que, pour toute autre personne que lui, un nombre supérieur à quatre, non seulement n'est pas toléré, mais est formellement prohibé.

APPENDICE VI

Autobiographie de Cheikh-ech-Chârâni.

La polygamie musulmane évoque toujours en nos esprits des descriptions voluptueuses de sérails et il nous paraît impossible que le mari de plusieurs femmes ne vive pas « absorbé dans les plaisirs de la chair », suivant l'expression consacrée. C'est là encore un préjugé sur les mœurs orientales. La pluralité des épouses, ainsi que nous l'avons dit, est pour certains musulmans une obligation de situation [1] et beaucoup de polygames mènent une existence très vertueuse. Qu'il me soit permis de citer, à l'appui de cette opinion, quelques passages de l'autobiographie placée par Cheikh-ech-Chârâni en tête de son ouvrage : *Balance de la loi (Mizan ech-Cherid)* [2].

---

1. Il en était ainsi chez les anciens Germains. « Germani... prope soli barbarorum singulis uxoribus contenti sunt, exceptis admodum paucis, qui *non libidine sed ob nobilitatem plurimis nuptiis ambiuntur.* » Tacite, *Germanie*, XVIII.
2. *Balance de la loi musulmane ou esprit de la législation*

« D'abord Dieu m'a fait la grâce de naître d'une noble lignée. Mais la noblesse est un faible avantage sans la crainte de Dieu... Dès mon enfance, Dieu m'accorda ses grâces. J'appris par cœur le Coran, et, à l'âge de huit ans, je le savais en entier. J'accomplissais exactement mes prières aux heures canoniques et, pendant toute ma vie, je n'en ai jamais retardé qu'une, et sans le vouloir. Il m'est arrivé souvent, étant encore impubère, de réciter le Coran tout entier dans une seule prière.

. . . .

Dieu m'a fait la grâce de me préserver des ardeurs coupables de la concupiscence depuis l'âge où les désirs de la passion s'allument jusqu'à ce que j'eus atteint environ trente ans. Je me sauvai des suites des préoccupations sensuelles, en employant tous mes instants à acquérir la science.

Bien peu d'hommes se sont gardés intacts aussi longtemps; louange à Dieu qui m'a ainsi conservé jusqu'au jour où je me suis marié! Gardez-vous purs et vierges, vous confiant à la puissante bonté de Dieu, non à vous-mêmes. Mais, si vous sentez que les besoins de la chair vous dominent, mariez-vous, dussiez-vous pour cela contracter une dette, afin de vous mettre à l'abri du mal [1]. Si vous le pouvez, jeûner vous sera meilleur et plus utile que de vous marier au prix d'une dette. Ali-el-Khaouas recommandait au célibataire de supporter la faim, ou bien parfois lui donnait une corde dont ce dernier se ceignait et se serrait les reins, et, tant que l'individu restait

---

islamique, par le cheikh ech-Châràni. Traduction du D' Perron, Alger, 1870. Abd-el-Ouaheb-ben-Ahmed, surnommé ech-Châràni (le Chevelu), est un célèbre apologiste de l'Islam (1493-1533).

1. La stipulation d'un don nuptial (*Morgengabe* des Germains) est une condition essentielle à la légitimité du mariage. Le don matutinal est toujours donné par le mari à la femme et devient la propriété de celle-ci.

dans cette étreinte, il ne ressentait pas le besoin de copulation.

Dieu me fit la grâce d'avoir quatre femmes vertueuses, Zeinab, Halima, Fâtima et Oumm-el-Haçan, toutes attentives à leurs devoirs, aimant la propreté et la prière. Les deux plus pieuses étaient Fâtima et Oumm-el-Haçan. Assez souvent Fâtima, pour la prière du soir, se plaçait derrière moi. Nous récitions parfois alors un quart du Coran et elle ne me quittait que si son enfant venait à pleurer et qu'il n'y eût là personne pour la suppléer auprès de lui. Elle n'allait à aucune noce, à aucune réunion, tant elle avait de modestie et de réserve. Ayant été atteinte d'une ophtalmie très grave, elle ne put se résoudre, attendu ses sentiments de pudeur, à laisser voir son œil à l'oculiste. Nous ne pûmes non plus l'y décider. L'ophtalmie se guérit; mais l'angle interne de l'œil resta resserré et l'œil fut disparate avec l'autre. Par raison de pudeur, Fâtima préféra cette difformité... Mes quatre femmes, d'ailleurs, m'encourageaient et m'aidaient à faire le bien, à faire de bonnes œuvres et à donner tout ce que nous pouvions aux nécessiteux. »

APPENDICE VII

Un verset du Deutéronome.

Le verset suivant du Deutéronome est regardé par les théologiens de l'islam comme s'appliquant à Mahomet et prédisant sa mission prophétique :

« Le Seigneur est venu de Sinaï, il s'est révélé de Seïr, il nous est apparu à Faran [1]. »

Le Sinaï serait la montagne de la révélation mosaïque; Seïr, dans la Galilée, celle de la révélation chrétienne, et enfin Faran, située en Arabie, celle de la révélation coranique. Un voyageur arabe du XIIe siècle appelé Abou-el-Hasan-Ali-el-Heraoui donne à ce sujet les explications suivantes dans un itinéraire intitulé *Indications ayant pour objet la connaissance des lieux de pèlerinage* :

---

[1]. Deutéronome, ch. VIII. Cf. Hergenrœther, *Histoire de l'Église*, Note du traducteur sur les rapports de l'islamisme avec l'Évangile, et Ludov. Maracci, *Prodromus ad refutationem Alcorani*, Patav., 1698, in-fol.

Nassirâh (Nazareth) est la ville où se trouve la maison de Meriem, fille d'Imran, qui y naquit. Cette ville a donné son nom aux chrétiens [1]. Non loin s'élève la montagne de Saïr. On trouve dans le Pentateuque une mention relative à Moïse, à Jésus et à Mohammed, que la paix repose sur eux! Car il y est dit : « Dieu est venu de Sina et il a voulu être glorifié par Moïse sur le mont Sinaï. » Il y est dit aussi : « Il a fait paraître à Saïr un signe éclatant, annonçant que Jésus paraîtrait à Nassirâh la Consacrée »; et enfin : « Il a fait paraître dans les montagnes de Faran un signe faisant connaître que Mohammed avait reçu le don de prophétie. » Telles sont les paroles du Pentateuque [2].

1. Les chrétiens sont appelés par les musulmans es Nazaréens (en-Nassara).
2. Traduction de Charles Schefer, membre de l'Institut, publiée dans les *Archives de l'Orient latin*, 1ᵉʳ vol., 1881, p. 596.

INDEX ALPHABÉTIQUE

A

Aba lites, 283.
Abd-el-Kader, 285.
Abdéramo II, 91, 99.
Abd-er-Rezak, 170 et ss.
Abraham, 306, 307.
Abou-Beker, 56, 60, 63, 71, 325, 327.
Abou-Djafar-el-Mansour, 113, 114.
Abou-el-Hasson (Ali-el-Herawi), 319.
Abou-l'Feda, 49, 59, 60.
Abou-Hanifa, 113, 114.
Abou-Horaira, 49, 172.
Abou-Sofian, 49.
Abou-Zakaria, 283.
Acqua (dell'), 275.
Agar, 306, 307, 283, 331.
Agariens, 283.
Aicha, 56, 57, 60, 66, 71, 325, 327.
Aimeri de Narbonne 258.
Aissa (Jésus), 211.
Akrima, 311.
Ali (fils d'Abou-Thaleb), 57, 79, 301.
Ali-ben-Ioussef, 337.
Ali-el-Khaouas, 317.
Alphonso VII (roi de Portugal), 297, 336.

Alvaro, 90, 91.
Anglure (chevalier d'), 235.
Apollin, 15, 256, 265, 266, 267, 322.
Arius, 29, 76.
Aroua, 312.
Assassins, 301.
Augustin (saint), 70, 131, 316.
Averrhoès, 103.
Avidgor Chaikin, 86.

B

Badès, 161 et ss.
Baraton, 91, 256.
Barthélemy Saint-Hilaire, 32, 182.
Basset (René), 9.
Bastars de Bouillon (chanson de geste), 20.
Baudoin de Jérusalem (id.), 299.
Baudoin de Sebourg (id.), 19, 55, 101, 299.
Beaugendre (Dom), 305.
Beder, 61.
Belin, 81.
Bérard (frère), 337.
Berkaoui, 56.
Bermudes, 156.
Bibliander, 21.
Boca, 20, 269.
Bohaira, 282.
Boniface (comte), 70, 316.
Bonnardot (François), 265.

INDEX ALPHABÉTIQUE

Bossuet, 155, 156, 168, 173.
Bou-Amama, 243, 244.
Boukhari, 157, 159, 161.
Boulainvilliers, 30.
Bourmont (maréchal de), 215.
Brienne (Jean de), 339.
Brochart, 94.
Broglie (Abbé de), 66, 108, 110, 117, 118, 207.
Burlo, 81.

C

Cadoz, 79, 114, 116, 120, 322, 342.
Çakia-Mouni, 184.
Calvin, 177.
Cantique des cantiques, 110, 111.
Carthage, 75.
Castries (comte Henry de), 116, 141.
Caumont (Richard de), 265.
Caussin de Perceval, 39.
Cécilien, 316.
Cérinthe, 137.
Chabaille, 270.
Chanson d'Antioche, 17, 18, 19, 266.
Chanson de Roland. Voy. Roland.
Charlemagne, 81, 86, 258, 263, 303, 307.
Charles le Chauve, 95.
Charles-Martel, 103.
Charveriat, 217, 330.
Chatelier (le), 8, 225, 227.
Cheikh-ech-Cbârâni, 315.
Cheikh-el-Alem, 115.
Chétifs (les) (chanson de geste), 265.
Chevalier au Cygne (id.), 26, 261.
Chiites, 300.
Cid (le), 85.
Clément VIII, 166.
Cœur (Pierre), 217.
Conquête de Jérusalem (chanson de geste), 55, 266.
Constantin, 53.
Corbarant, 265.
Cornumaran, 265.
Corsout, 257 et ss.
Corvin (Mathias), 307.
Couraye du Parc, 258.
Crémieux, 219.
Criti de la Guette, 271.
Cyriaque, 81.

D

Dabry de Thiersant, 181.
Damascène (saint Jean), 29.
Delafosse (Jules), 218.
Delaugle, 232.
Delphin, 8.
Demarson, 258.
Deutéronome, 69, 70, 71, 319.
Dinaux (Arthur), 20, 270.
Djabarites, 157.
Djafar-ben-Abou-Thaleb, 38.
Dominique (saint), 346.
Donat, 316.
Donatistes, 71.
Dozy (Reinhardt), 40, 57, 82, 83, 85, 87, 91, 93.
Drougthy, 30.
Dugat, 215.
Duveyrier, 210.

E

Ermin (Jean), 299.
Eschbach, 119, 121.
Estournelles de Constant, 237.
Eugène IV, 272.
Euloge, 75, 91, 93 et ss.
Ezéchias, 70.
Ewald, 41.

F

Fadhol (fils d'Abbas), 57.
Faran, 319.
Fauriel, 296, 297.
Flora, 96 et ss.
Florez (Henrique), 75, 337.
Fleury, 95, 335.
François Ier, 251.
François d'Assise (saint), 100, 293, 335, 339.
Franco (Anatole), 317.
Foulbé, 199 et ss.; 252.
Funk, 76, 80, 91.

G

Ga'afre, 358.
Garcin de Tassy, 31.

INDEX ALPHABÉTIQUE

Gautier (Léon), 14, 16, 20, 88, 255, 258.
Gayraud, 163.
Genèse, 206, 207.
Ghilan, 111.
Gilles de Corbeil, 271.
Godefroy de Bouillon, 20, 264, 265, 266, 300.
Goldziher (Ignace), 150.
Golias, 265.
Gomelins (surnom de Mahomet), 15.
Graindor de Douai, 15, 17, 265, 266.
Grégoire VII, 80.
Guessard, 258.
Guibert de Nogent, 55, 276.
Guillaume de Lorris, 139.
Guillaume d'Orange (chansons de geste), 257 et ss.
Guillaume de Tyr, 300.
Guyard (Stanislas), 170.

H

Hafan, 83.
Hamza, 59.
Hanifes, 33.
Harits, 111.
Hassen (El), 313.
Haoussa, 200 et ss.
Hégel, 172.
Héracle, 306.
Héraclite, 177.
Héraclius, 275.
Herbelot (d'), 51, 117, 159, 211.
Hergenrœther, 31, 94, 252, 253, 319.
Héricault (d'), 271.
Hildebert, 305.
Hippeau, 15, 265, 266.
Honorius, 316.
Hulst (Monseigneur d'), 41, 109.
Hyacinthe. Voy. Loyson.

I

Ibn-Abbas, 311.
Ibn-Hanbal, 152.
Ibn-el-Khazin, 112, 312.
Ibn-Neqqach, 84, 89.
Ibn-Salmoun, 322.
Illuminé (Frère), 339.

Isaac, 205, 331.
Isaac (moine espagnol), 92.
Ismaël, 205, 206.

J

Jean. Voy. Damascène.
Jehan d'Avesnes, 270, 271.
Jérémie, 13.
Joinville, 298 et ss.
Jonckbloet, 258.
Jupin, 21.

K

Kachiri, 145.
Kadarites, 157.
Kant, 177.
Kasimirsky, 231.
Khadidja, 205, 281, 306.
Khaïbar, 59.
Khaled, 58, 71.
Kharchi (el), 69.
Khelil, 69, 79.
Koreïch, 67, 111.
Kuenen, 35, 190, 191.

L

La Baume, 155.
Lacordaire, 121.
Lacurne de Sainte-Palaye, 261.
Langlois (E.), 257.
Janson, 302.
Lavisse, 317.
Le Monnier (abbé), 325, 311.
Léon IX, 80.
Léon XIII, 163.
Leroy-Beaulieu (P.), 232.
Littré, 258.
Longnon, 265.
Lorris (Guillaume de). Voy. Guillaume.
Louis (saint), 298.
Loyson, 11.
Ludolphe de Sudheim, 281.
Luther, 177.

M

Mabillon, 95.
Mac-Mahon, 216, 229.

30.

INDEX ALPHABÉTIQUE

Mahdi, 200.
Mahon, Mahom, 13 et ss., 256, 265, 268, 279.
Mahomet II, 262, 307.
Maistre, 200, 202.
Majorinus, 316.
Makolon, 267.
Malek-Kamel, 310.
Maracci (abbé), 197, 286, 310.
Marcabrus, 276.
Margot, 256, 265.
Marsile, 258.
Martène (Dom), 310, 311.
Masqueray, 338.
Ménestrel de Reims, 277.
Mennechet, 256.
Méon, 271.
Mercier, 103, 258.
Michaud, 102.
Michel, 22.
Michon, 102.
Migne, 63.
Moaouia, 83.
Moet, 133.
Molaud, 271.
Molina, 165 et ss.
Monod, 52.
Montaiglon (de), 258.
Montet, 181, 185, 198.
Mosseilima, 39.
Mouley-Abd-es-Selam-el-Mechich, 13.
Mourgade, 95.
Mzab, 238.

N

Nassirah, 350.
Néron, 258.
Nestorius, 282.
Nicole d'Acre, 268.
Noiron, 258.

O

Ohod, 58.
Okba-ben-Rebia, 38.
Oldiard, 95.
Omar, 66, 101, 328.
Omar II, 83.
Othman, 83, 87.

P

Palgrave, 157, 158.
Paris (Gaston), 17, 255, 270, 271, 272.
Paris (Paulin), 17, 23, 258, 298.
Paul (saint), 63, 72, 116, 131, 321.
Paul V, 166, 167.
Pedro (Dom), 101, 335 et ss.
Pentateuque, 350.
Perron, 79, 107, 317.
Philippe de Valois, 95.
Pio II, 262, 307.
Pierre l'Ermite, 268.
Pigeonneau, 21, 256.
Piloti (Emmanuel), 108, 272, 273.
Poitiers (bataille de), 103.
Polignac (colonel de), 185.
Pont (Alexandre du), 22, 31.
Ponthieu (comtesse de), 20, 271.
Ponthieu (voyage du comte de), 271.
Poujoulat, 316.
Prideaux, 28.

R

Rahman, 9.
Régnon (R. P. de), 163, 167, 171.
Reiffenberg (baron de), 20, 85, 108, 211, 272.
Reinaud, 22, 19, 107.
Reland, 25, 26, 162, 205.
Rémusat (de), 51.
Renan, 50, 103, 141, 201.
Renaud (Renax), 20.
Réville (A.), 15, 121, 280.
Rezainz, 211.
Riaut (comte), 275.
Richard le Pèlerin, 15, 17, 276.
Rinn, 8, 220, 221.
Ricoldo, 290, 292.
Robertson, 73.
Robinson, 293.
Rochegude (de), 106.
Rodrigue, 85.
Röhricht, 21.
Roland (chanson de), 16, 85, 101, 302.
Roman de Mahomet, 306.
Roman de la Rose, 139, 140.

INDEX ALPHABÉTIQUE

Rousseau (Jean-Jacques), 28.
Roussel, 248.
Rozet (Albin), 231.

S

Sainte-Aulaire (marquise de), 17.
Saîr. Voy. Seïr.
Salacaude, 303.
Saladin, 20, 255, 268, 269, 270, 272, 299.
Salam, 303.
Sales, 151, 159.
Scander Beg, 307.
Schefer (Charles), 350.
Scheler (Auguste), 20.
Schneeman, 163, 167.
Schottus (Andreas), 91.
Sebreci, 298.
Seïr, 319.
Sergius (moine), 232, 234, 285, 306.
Sinaï, 319.
Snouk-Hurgronje, 8.
Snoussi (Sidi), 210, 237.
Sophronius, 102.
Strabon, 276.
Sucamans, 267.
Sudheim (de), Voy. Ludolphe.
Sunnites, 300.
Swedenborg, 132.
Sylburg (Frédéric), 323.

T

Tabarie (Hugues de), 21.
Tacite, 316.
Tancrède, 278, 279.
Térence, 320.
Tervagant, 13, 16, 18, 256, 266, 268.
Thibaut de Dommart, 270.
Thomas d'Acquin (saint), 161, 163.
Thouvenin, 217.

Tirman, 209.
Tite, 31.
Tobler, 290.
Tornaw, 119, 121.
Trafis, 211.
Trochon, 42.
Tuebeuf, 278.
Turpin, 302.

U

Urbain, 102.
Usuard, 95.

V

Valère Maxime, 276.
Vasilief, 183, 184.
Vieux de la Montagne, 301.
Vignay (Jean du), 315.
Villemain, 256.
Vincent de Beauvais, 232, 301, 305.
Vivaldo, 25.

W

Wailly (Natalis de), 272, 298.

X

Xénophon, 276.

Y

Ysabras, 267.
Yves le Breton, 301.

Z

Zeinab, 59.
Zeys, 233.

TABLE DES MATIÈRES

Première impression..................................... 1

CHAPITRE PREMIER

SINCÉRITÉ DE MAHOMET

Mahomet et les chansons de geste. — Mahomet et l'histoire. — La genèse de la foi. — La révélation du Coran. — Mahomet n'est pas un imposteur. — Fut-il toujours sincère? — Sa mort......................... 13

CHAPITRE II

L'ISLAMISME PENDANT LES CONQUÊTES ET LA DOMINATION ARABES

Résistance de l'Arabie à l'islamisation. — Saint Augustin et la répression du donatisme. — Expansion et tolérance de l'islam dans l'Orient byzantin. — Les conversions en Égypte sous les Ommiades. — L'islamisme en Espagne. — Persécution de Cordoue. — Flora, vierge et martyre. — Les martyrs du Maroc. — Les conséquences de la tolérance musulmane........................... 63

CHAPITRE III

POLYGAMIE

La polygamie antéislamique. — La polygamie du Coran. — La décence chez les musulmans............. 107

CHAPITRE IV

LE PARADIS MUSULMAN

La vie future. — La vision béatifique d'après l'eschatologie chrétienne. — Allégorie et exégèse. — La vision béatifique d'après l'eschatologie musulmane............ 129

CHAPITRE V

FATALISME

Les contradictions du Coran et la doctrine de l'abrogation. — Le libre arbitre et le fatalisme dans le Coran et dans la Tradition. — Thomistes et Molinistes. — Djabarites et Kadarites............................ 149

CHAPITRE VI

L'EXPANSION DE L'ISLAM DEPUIS LES CONQUÊTES ARABES

Le domaine géographique de l'islam. — Son expansion dans l'Afrique centrale. — Trafiquants musulmans et explorateurs européens. — Islamisme primaire et secondaire. — Les causes de l'expansion. — Les missionnaires musulmans. — Foulbés et Haoussas. — Les causes surnaturelles de la propagation de l'islamisme............ 181

CHAPITRE VII

L'ISLAMISME EN ALGÉRIE

Résistance à l'évangélisation. — Les missionnaires sans apostolat. — Les confréries religieuses de l'islam. Leur objectif. — Évolution de la société indigène. — L'assimilation. — Les insurrections................. 209

Conclusion... 243

APPENDICES

Appendice I. — Les idées du moyen âge sur Mahomet et la religion musulmane.................................. 235
    Li Coronemens Looys.. 257
    Le Chevalier au Cygne... 261
    Les Chétifs.. 265
    La Conquête de Jérusalem...................................... 266
    Baudouin de Sebourg... 269
    Ménestrel de Reims.. 272
    Traité sur le passage dans la Terre Sainte................. 272
    Itinéraire de la grande expédition en langage de Pavie..... 275
    Guibert de Nogent... 276
    Chronique de la première croisade de Tacheuf continuée par un anonyme... 278
    Voyage en Terre Sainte de Ludolphe de Sudheim......... 281
    Lettres de Ricoldo... 290
    Voyage du seigneur d'Anglure................................. 295
    Chroniques de Saint-Denis..................................... 296
    Marcabrus.. 296
    Joinville.. 298
    Chronique du faux Turpin...................................... 302
    Miroir hystorial... 305
    Lettre de Pie II... 307

Appendice II. — Lettre de saint Augustin au comte Boniface... 316

Appendice III. — Acte de conversion d'un chrétien à l'islamisme.. 322
    Rituel observé dans l'Église grecque pour l'abjuration d'un musulman... 323

Appendice IV. — Les martyrs du Maroc....................... 335
    Entrevue de saint François d'Assise et du Soudan d'Egypte au camp de Damielle (1216)...................... 339

Appendice V. — La polygamie islamique d'après un commentateur du Coran.. 342

Appendice VI. — Autobiographie de Cheikh-ech-Châranî.. 346

Appendice VII. — Un verset du Deutéronome............... 349

Index alphabétique.. 351

Coulommiers. — Imp. Paul BRODARD. — 655-96.

Armand COLIN & Cⁱᵉ, éditeurs, 5, rue de ...zières, Paris.

Introduction à l'Histoire de l'Asie ...urcs et Mongols; (des origines à 1405), par M. Léon Cahun, c... ...rvateur adjoint à la Bibliothèque Mazarine. Un volume in-8° cav... ...r, broché.. **10 fr.**

Ouvrage couronné par l'Académie française ... ix Montyon).

Le Saint Empire romain germa...que et l'Empire actuel d'Allemagne, par M. James Bryce, an... ...professeur de droit romain à l'Université d'Oxford, membre d... ...rlement, traduit de l'anglais par M. Domergue, avec une préfac... M. Ernest Lavisse, de l'Académie française. Un volume in-8°, b... ...é............ **8 fr.**

Histoire de l'Église, par le d...eur Funk, traduite de l'allemand par M. l'abbé Hemmer, licencié... ...n théologie de l'Institut catholique de Paris, avec une préface de M. ...abbé Duchesne, membre de l'Institut, professeur à l'Institut catho...que de Paris. Les deux volumes in-18 jésus, brochés............. .... **8 fr.**

Histoire générale de l'Euro...par la Géographie politique, par M. Edward A. Freem... ...membre honoraire du collège de la Trinité, à Oxford, traduite... ...e l'anglais par M. Gustave Lefebvre, avec une préface de M. En... ...Lavisse, de l'Académie française, professeur à la Faculté des ...tres de Paris. Un volume in-8°, broché (avec atlas in-4°, cartonné ...cartes ou cartons, **30 fr.**

La guerre du Nord et la P...d'Oliva (1655-1660), par M. Émile Haumant, docteur ès lett... ...professeur adjoint à la Faculté des lettres de Lille. Un volum... ...8°, broché....... **7 fr. 50**

Le Comte de Frontenac. É...e sur le Canada français à la fin du XVIIᵉ siècle, par M. Henri Lori... ...ncien élève de l'École normale supérieure, docteur ès lettres. Un vo... ...e in-8°, broché....... **10 fr.**

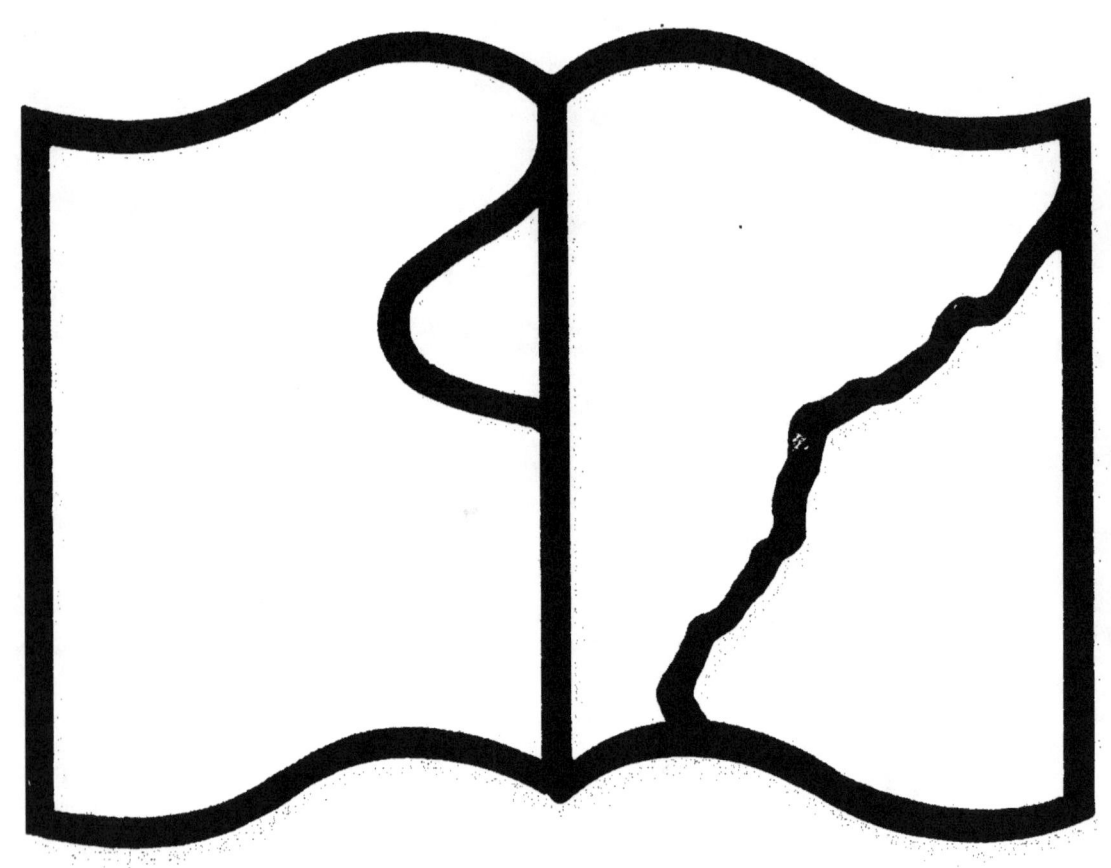

Texte détérioré — reliure défectueuse

NF Z 43-120-11

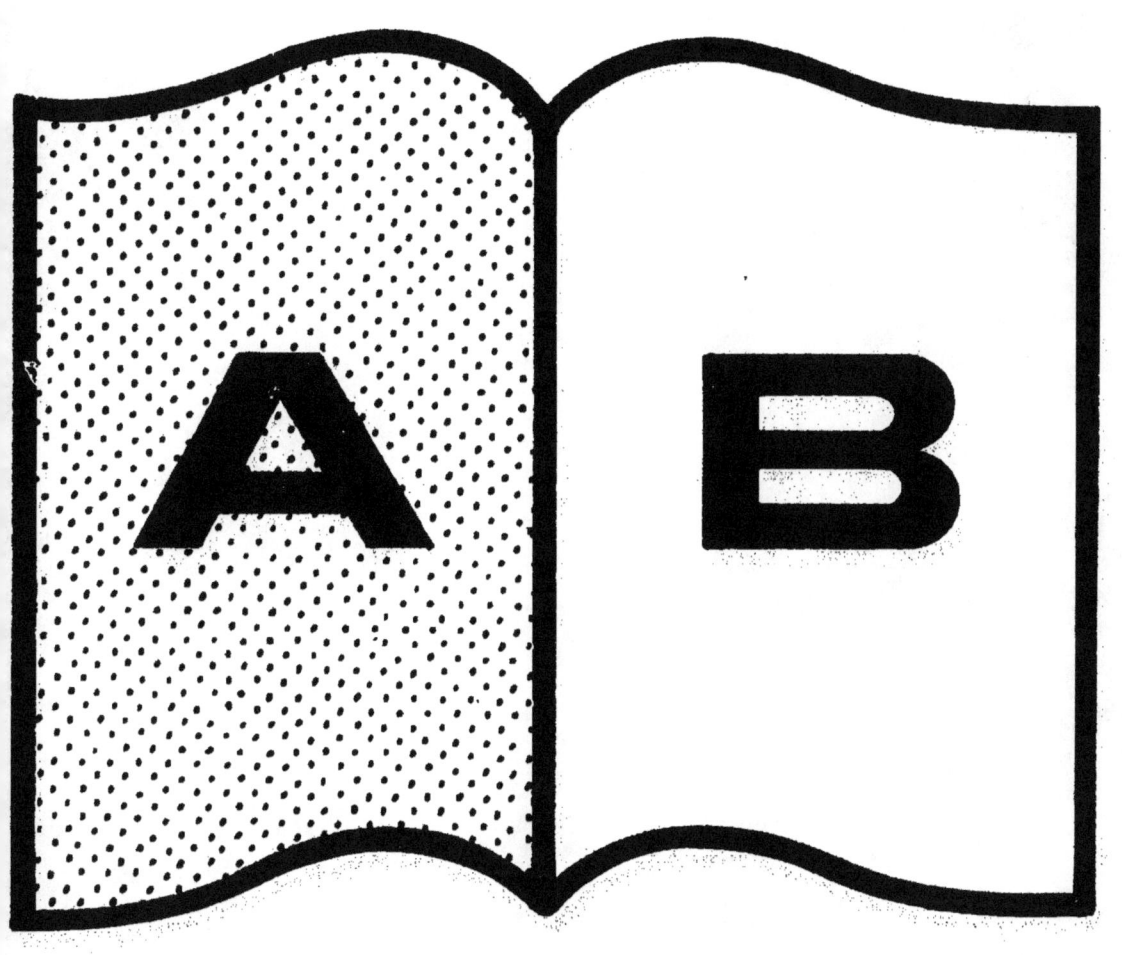

Contraste insuffisant

NF Z 43-120-14

www.ingramcontent.com/pod-product-compliance
Lightning Source LLC
Chambersburg PA
CBHW070842170426
43202CB00012B/1909